先立后破

走好中国经济稳定发展之路

中央党校（国家行政学院）经济学部　编著

曹　立　主编

人民出版社

目　录

导　论　必须把坚持高质量发展作为新时代的硬道理　001

　　一、认识起点：发展是硬道理　002

　　二、重点任务：培育和发展新质生产力　004

　　三、科学方法：一切从实际出发　010

第一章　深化新时代做好经济工作的规律性认识　019

　　一、"五个必须"规律性认识是中国共产党理论
　　　　创新的历史自觉　020

　　二、"五个必须"规律性认识是发展理论的系统创新　023

　　三、以"五个必须"规律性认识为指引推动
　　　　高质量发展　027

第二章　发展新质生产力　039

　　一、生产力发展是社会进步的根本动力　041

　　二、新质生产力的内涵特征与形成条件　045

　　三、打造新质生产力的战略路径　050

第三章　统筹新型城镇化与乡村全面振兴　055

　　一、理论逻辑：城乡发展道路的不同选择　056

二、历史逻辑：从城乡二元到城乡一体　063

三、现实逻辑：城乡融合发展的突破口　068

第四章　以科技创新引领现代化产业体系建设　081

一、以科技创新引领现代化产业体系建设的学理内涵　082

二、以科技创新引领现代化产业体系建设的战略定位　087

三、以科技创新引领现代化产业体系建设的政策取向　091

第五章　形成消费和投资相互促进的良性循环　099

一、消费和投资相互促进的理论逻辑　100

二、实现消费和投资相互促进的具体挑战　104

三、实现消费和投资相互促进的主要抓手　110

第六章　深化重点领域改革　115

一、深化重点领域改革为稳定社会预期提供制度基础　116

二、激发各类经营主体活力　120

三、构建全国统一大市场　124

四、推进和深化财税金融体制改革　128

第七章　扩大高水平对外开放　133

一、深化外贸体制改革，加快建设贸易强国　134

二、完善推进高质量共建"一带一路"机制　139

三、稳步扩大制度型开放　142

四、进一步优化营商环境　146

第八章　加快建设金融强国　　151

一、全面建成社会主义现代化强国的必然要求　　152

二、社会主义现代化金融强国的科学内涵　　154

三、深化金融体制改革　　161

第九章　持续有效防范化解重点领域风险　　169

一、防范化解重点领域风险的重要意义　　170

二、重点领域风险的主要表现　　173

三、防范化解重点领域风险的对策建议　　179

第十章　学习浙江"千万工程"经验　　187

一、"千万工程"提出的时代背景　　188

二、"千万工程"的发展历程和主要成效　　190

三、"千万工程"的深刻内涵　　193

四、"千万工程"的经验启示　　198

第十一章　加强国家战略腹地建设　　203

一、加强国家战略腹地建设的重大意义　　204

二、国家战略腹地建设面临的主要挑战　　208

三、加强国家战略腹地建设的政策建议　　213

第十二章　大力发展海洋经济　　219

一、大力发展海洋经济的重大意义　　220

二、我国海洋经济发展的成效及问题　　224

三、加快培育海洋经济成为新的增长点　　231

第十三章　积极稳妥推进碳达峰碳中和　　239

一、碳达峰碳中和的政策体系逐步成型　　240

二、积极稳妥推进碳达峰碳中和的重点工作　　245

第十四章　发展银发经济　　255

一、把握发展银发经济的实际情况　　256

二、发展银发经济的重大意义　　258

三、发展银发经济的实践路径　　263

第十五章　开辟低空经济新赛道　　271

一、开辟低空经济新赛道的重要意义　　272

二、发展低空经济的难题和挑战　　278

三、构建促进低空经济发展的政策体系　　281

参考文献　　285

后　记　　289

导　论

必须把坚持高质量发展作为新时代的硬道理

习近平总书记强调："我们党领导人民治国理政，很重要的一个方面就是要回答好实现什么样的发展、怎样实现发展这个重大问题。"党的十八大以来，以习近平同志为核心的党中央立足新的历史方位，根据时和势的变化，在理论和实践上不断探索、创新、突破，立足新发展阶段、贯彻新发展理念、构建新发展格局、推动高质量发展，科学回答这个重大问题。在 2023 年 12 月召开的中央经济工作会议上，习近平总书记发表重要讲话，深入总结新时代做好经济工作的规律性认识，明确提出"必须把坚持高质量发展作为新时代的硬道理"。2024 年 7 月召开的党的二十届三中全会，就健全经济高质量发展体制机制做了部署。从"发展"到"高质量发展"，既一脉相承又与时俱进。对于在新征程上聚焦经济建设这一中心工作和高质量发展这一首要任务，坚持稳中求进、以进促稳、先立后破，把中国式现代化宏伟蓝图一步步变成美好现实具有重大意义。

一、认识起点：发展是硬道理

我们党始终高度重视发展，发展仍是解决我国所有问题的关键。1978年，党的十一届三中全会的召开，拉开了我国改革开放的大幕，推动我国快速发展起来。1992年，邓小平同志作出了"发展才是硬道理"这一重要论断，并多次强调："中国解决所有问题的关键是要靠自己的发展""贫穷不是社会主义，发展太慢也不是社会主义"。社会主义的本质，是解放生产力，发展生产力，消灭剥削，消除两极分化，最终达到共同富裕。在推进改革开放和社会主义现代化建设的进程中，我们党始终坚持以经济建设为中心，不断深化对发展的认识，"必须始终紧紧抓住发展这个执政兴国的第一要务""聚精会神搞建设、一心一意谋发展"，这些重大论断都是对"发展是硬道理"的深刻诠释。2012年，党的十八大会议指出，以经济建设为中心是兴国之要，发展仍是解决我国所有问题的关键。只有推动经济持续健康发展，才能筑牢国家繁荣富强、人民幸福安康、社会和谐稳定的物质基础。① 我们创造了改革开放和社会主义现代化建设的伟大成就，中华民族实现从站起来到富起来的伟大飞跃，无可辩驳地证明了"发展是硬道理"。第一个"硬道理"指的是"发展是硬道理"，而第二个"硬道理"则强调"高质量发展是新时代的硬道理"。这两者在内涵上延续了对发展的重视，但是第二个"硬道理"更加强调了质量的重要性。在新时代，不仅要求经济增长，更重要的是要求提升发展的质量、效益和可持续性。

高质量发展成为新时代的"硬道理"，凝聚了深厚的理论基础。

---

① 《中国共产党第十八次全国代表大会文件汇编》，人民出版社2012年版，第18页。

习近平经济思想将高质量发展确立为核心议题和鲜明主题，党的二十大报告和 2023 年中央经济工作会议都明确指出高质量发展是全面建设社会主义现代化国家的首要任务。这一理论逻辑强调，中国特色社会主义制度的优越性必须体现在更好更快地发展生产力、满足人民美好生活需要上。因此，高质量发展作为新时代的"硬道理"，扎根于党的理论指导，这是在总结世界其他各国现代化建设一般规律的基础上，深入分析我国社会主要矛盾变化而作出的一个具有全局性、长远性的重大判断，对于全面建设社会主义现代化国家具有重大的战略意义。

其一，高质量发展可以为全面建设社会主义现代化国家提供更为坚实的物质基础。在一个国家和地区推进现代化的进程中，经济建设可以创造更多更好的物质财富、为现代化建设提供物质支撑，是实现现代化不可或缺的关键基础。改革开放以来，我们牢牢把握发展这一党执政兴国的第一要务，推动我国经济快速发展，取得了举世瞩目的成就。经过全党全国各族人民的不懈努力，我们全面建成小康社会、实现第一个百年奋斗目标，迈上全面建设社会主义现代化国家、向实现第二个百年奋斗目标进军的新征程。但也要清醒地认识到，我国仍然是一个发展中的大国，仍然处于社会主义初级阶段。只有经济总量规模继续扩大和发展质量效益进一步提高，我国各方面建设事业的物质条件才能不断得到夯实，全面建成社会主义现代化强国才能有更为坚实的物质基础。

其二，高质量发展是在新征程上解决我国社会主要矛盾的重要支撑。进入新时代，我国社会主要矛盾已经转变为人民日益增长的美好生活需要和不平衡不充分的发展之间的矛盾。从满足人民群众的需要来看，人民群众日益增长的美好生活需要日益广泛，不仅对物质文化生活提出了更高要求，而且在民主、法治、公平、正义、安全环境等方面的要求也日益增长。高质量发展是能够很好地满足人民日益增长的美好生活需要的发展。只有实现高质量发展，才能自觉主动解决地区差距、城乡差距、收入差距等问题，推动社会全面进步和人的全面发展，不断增强人民群众获得感、幸福感、安全感。从解决发展不平衡不充分问题来看，我国经济发展中的矛盾和问题集中体现在科技创新能力不强、供给体系质量不够、资源要素投入消耗较大等方面，推进高质量发展还有许多卡点瓶颈。实现高质量发展，就是要优化生产函数，提高全要素生产率，不断塑造发展新动能新优势，确保中国式现代化持续顺利推进。

其三，高质量发展是应对国际环境深刻变化、应对风险挑战的重要保障。当今世界，百年变局加速演进，局部冲突和动荡频发，全球粮食安全、能源安全、资源安全、产业链供应链安全等问题更加凸显。中国作为一个发展中大国，应对好各种风险挑战、维护国家安全的任务依然紧迫。只有推动高质量发展，才能实现重要产业、基础设施、战略资源、重大科技等关键领域安全可控，才能防范和化解重大风险，守住安全底线，确保我国现代化事业不错失机遇、不会被打断进程。

二、重点任务：培育和发展新质生产力

按照马克思主义基本原理，生产力是具有劳动能力的人同生产资料相结合而形成的利用和改造自然的能力。一般包括劳动者、劳动资料、劳动对象三要素。其中任何要素发生变化，以及生产要素的组合

方式出现新变化都会引起生产力发生新变化新变革。随着科学技术的创新发展，生产力三要素呈现新质态，即新质劳动者（更高素质的劳动者）、新质劳动资料（更高技术含量的劳动资料）、新质劳动对象（更广范围的劳动对象），这类内在的新质使生产力具有更高水平的创新性、流动性、渗透性、虚拟性和协同性，实现生产力的实质性转变提升和质态的跃迁。

高质量发展需要新的生产力理论来指导。2024 年 1 月 31 日，习近平总书记在中央政治局第十一次集体学习时指出，新质生产力是创新起主导作用，摆脱传统经济增长方式、生产力发展路径，具有高科技、高效能、高质量特征，符合新发展理念的先进生产力质态。它是由技术革命性突破、生产要素创新性配置、产业深度转型升级而催生，以劳动者、劳动资料、劳动对象及其优化组合和更新跃升为基本内涵，以全要素生产率大幅提升为核心标志，特点是创新，关键在质优，本质是先进生产力。同时，习近平总书记强调："生产关系必须与生产力发展要求相适应。发展新质生产力，必须进一步全面深化改革，形成与之相适应的新型生产关系。"2024 年 7 月召开的党的二十届三中全会指出：健全因地制宜发展新质生产力体制机制。健全相关规则和政策，加快形成同新质生产力更相适应的生产关系，促进各类先进生产要素向发展新质生产力集聚，大幅提升全要素生产率。显然，发展新质生产力是一个创新命题、发展命题、实践命题，也是改革命题。

发展新质生产力是高质量发展的内在要求和重要着力点。2024年全国"两会"期间，习近平总书记在参加十四届全国人大二次会议江苏代表团审议时强调，要牢牢把握高质量发展这个首要任务，因地制宜发展新质生产力。面对新一轮科技革命和产业变革，我们必须抢抓机遇，加大创新力度，培育壮大新兴产业，超前布局建设未来产业，完善现代化产业体系。发展新质生产力不是忽视、放弃传统产业，要防止一哄而上、泡沫化，也不要搞一种模式。在发展新质生产力过程中强调"因地制宜"，体现了马克思主义认识论和方法论，为我国不同地区结合自身优势发展新质生产力指明了方向。"因地制宜"，既是基于对中国国情的深刻把握，也是基于新质生产力的丰富内涵。各地发展新质生产力的资源禀赋、产业基础、科研条件等各不相同，要坚持一切从实际出发、实事求是，探索符合自身实际的新质生产力发展之路。发展新质生产力，要避免陷入忽视传统产业的认识误区，传统产业不等于落后产业，传统产业通过创新技术改造也是形成新质生产力的重要领域。因地制宜培育和发展新质生产力需要从三个指向上来把握和落实。

（一）向"质"提升

因地制宜发展新质生产力要向"质"提升。发展新质生产力的目标指向就是通过新技术新模式推动经济实现质的有效提升和量的合理增长。相较于新兴产业，传统产业是我国国民经济的"基本盘"，对稳就业发挥着不可替代的作用。传统产业一般指纺织服装、食品、钢铁、建材、机械、化工、汽车等产业，这些产业具有带动效应强、产业规模大、企业数量多、国际市场占有率高等特征，是我国经济的"压舱石"，也是稳就业的主要领域。

传统产业是形成新质生产力的基础。不少传统产业经过技术改造成为培育新质生产力的主阵地。不仅如此，传统产业与新兴产业密不可分、互为促进。传统产业改造升级所需的新技术、软硬件等，为新兴产业发展提供了强大的市场和动能；新兴产业发展也依赖传统产业提供的原材料、零部件等支撑。新质生产力缺少传统生产力的哺育，就成了无源之水、无本之木。

转型升级是传统产业激发新质生产力的关键。在要素成本上升、资源约束趋紧等大背景下，传统产业只有依靠高科技、高效能、绿色化摆脱传统经济增长方式和生产力发展路径，实现产业深度转型升级，催生出传统产业的新质生产力，才能重塑竞争新优势。按照党的二十届三中全会的部署，健全因地制宜发展新质生产力体制机制，要以国家标准提升引领传统产业优化升级，支持企业用数智技术、绿色技术改造提升传统产业。实践中，加快数字经济与传统产业的融合发展，发挥数字技术的赋能作用，将其应用于传统产业的各个环节和关键节点，弥补传统产业的发展短板，通过融合激发产业发展的新动能，促进传统产业形成新的"技术—经济范式"，实现从量变到质变、由产业到产业集群的突破，引领产业结构朝着"向上""向优""向绿"的高级化方向迈进，催生新的经济增长点，推动传统产业迈上新的台阶，更好满足多元化的市场需求。如，运用数字技术赋能农业，形成农业新质生产力，广泛运用农业芯片、种子安全、农机装备智能化、机器换人、猪脸识别、作物生长算法等智慧农业新技术，发展现代农业，加快建设农业强国。

（二）向"新"前行

因地制宜发展新质生产力要向"新"前行。新质生产力之"新"，核心在于以科技创新推动产业创新、将科学发现和发明的技术应用到具体产业上，不断创造新价值，推动经济发展实现质的有效提升和量的合理增长。

新质生产力推动经济发展呈现新动能、新空间、新体制、新机制。习近平总书记在黑龙江考察时强调："整合科技创新资源，引领发展战略性新兴产业和未来产业，加快形成新质生产力。"战略性新兴产业与未来产业是新质生产力的重要载体。战略性新兴产业处在科技和经济发展前沿，对经济社会的长远发展具有重大引领作用，在很大程度上决定着一个国家或地区的综合实力特别是核心竞争力。发展战略性新兴产业重点聚焦新一代信息技术、新能源、新材料、高端装备、新能源汽车、绿色环保、民用航空、船舶与海洋工程装备等领域。未来产业代表科技创新和产业发展的新方向，重点聚焦元宇宙、脑机接口、量子信息、人形机器人、生成式人工智能、生物制造、未来显示、未来网络、新型储能等领域。

发展新质生产力，重点在于提升自主创新能力，夯实自主技术体系的"技术底座"。只有加快实现高水平科技自立自强，打好关键核心技术攻坚战，才能培育发展新质生产力的新动能。从技术层面看，关键核心技术能够沿着技术创新链迅速带动产业创新，进而形成新质生产力；从产业层面看，新技术形成的产业往往具有全新的工艺流程和新的装备，促使传统产业经过技术、流程改造发生质的变化。

当前，以数字技术为代表的新一轮科技革命和产业变革正蓄势待发，我国在人工智能、新能源、5G 通信、量子计算等技术领域已经取得了突出的成绩，在数据积累、算法优化和应用场景培育等方面拥有独特的优势，要整合科技创新资源，加快技术变革到产业变革转化，培育战略性新兴产业。健全新型举国体制，强化国家战略科技力量，优化配置创新资源，引导和组织优势力量下大力气解决一批"卡脖子"问题，加快突破基础软硬件、先进材料、核心零部件等方面的瓶颈制约，努力实现关键核心技术自主可控。同时，超前部署前沿技术和颠覆性技术研发，为解决事关长远发展的问题提供战略性技术储备。

（三）向"实"发力

因地制宜发展新质生产力要向"实"发力。工业是立国之本、强国之基，工业化是现代化的引擎和基础。发展新质生产力的重要着力点就是推动实体经济发展，大力推进新型工业化。

从发展方向和驱动力来看，新型工业化与新质生产力具有一致性，新型工业化是发展新质生产力的主要领域，新质生产力又提升了我国制造业的创新能级和规模能级，进而夯实现代化产业体系的根基。因此，推进新型工业化的过程本身就是新质生产力的形成过程。一方面，数字作为一种信息载体被广泛应用在新型工业化推进过程中，为加快形成并发展新质生产力提供技术支撑。大数据、人工智能、5G 等数字技术的规模化运用，提升了新型工业化的产业水平，有利于构建更为高效、更为绿色的产业链供应链，突破核心产业技术瓶颈，让数字生产力赋能工业生产力，形成新质生产力。另一方面，数据本身作为一种新型生产要素渗透到工业设计、生产、流通等整个环节，能够与其他生产要素融合，形成不同的生产要素组合方式，对资源配置进行优化和重组，扩展传统生产力的效率边界，推动工业生产从由低端产品到高端产品升级，催生更具融合性、创新性、先进性、安全性的新质生产力。

目前，我国工业还处于由大向强、爬坡过坎的关键时期，还有很多短板弱项要解决。要着力推进信息化与工业化深度融合，巩固提升信息通信业的竞争优势和领先地位，适度超前建设 5G、算力等信息设施。继续推动工业互联网规模化应用，促进制造业数字化、网络化、智能化发展，分类推进制造业数字化转型，开展"人工智能+"行动，推动人工智能赋能新型工业化。

三、科学方法：一切从实际出发

各地区要坚持实事求是，一切从实际出发，坚持稳中求进、以进促稳、先立后破，因地制宜、扬长避短，走出适合本地区实际的高质量发展之路。一方面要把握好稳与进的辩证统一关系，做到稳中求进、以进促稳、先立后破。稳中求进，就是要坚持做好经济工作的基本方法论。以进促稳，就是要把"进"作为方向和动力，不能消极应对、不思进取。先立后破，就是要把该"立"的积极主动"立"起来，该"破"的要在"立"的基础上坚决"破"，不断积累更多积极因素，实现经济社会大局稳定。另一方面要坚持实事求是，一切从实际出发，因地制宜、分类指导。

（一）因地制宜、分类指导是党的重要工作方法

因地制宜、分类指导，体现了马克思主义的认识论和方法论，是对矛盾普遍性与特殊性规律的具体运用。唯物辩证法认为，矛盾存在于一切事物发展的过程中，贯穿于每一事物发展过程的始终，这是矛盾的普遍性和绝对性。但是，矛盾的普遍性又寓于矛盾的特殊性之中，在现实世界中根本不存在离开具体事物的抽象普遍性，也根本不存在不蕴含一定普遍性的任何特殊性的具体事物。这就是共性和个性的辩证关系。所有的共性都是无条件的、绝对的存在，但是所有的共性都必须加上一定的条件，作为个性的事物在现实中表现出来。这就要求我们在认识事物的时候要坚持具体问题具体分析的基本原则，把分析问题和解决问题的整个过程都放到具体事物的具体条件中去考察，避免教条主义的刻舟求剑思维方式。对于党的理论和路线方针政

策，不折不扣贯彻落实是分类指导、精准施策的前提，分类指导、精准施策是为了更好地实现不折不扣贯彻落实。发展新质生产力要注重分类指导，就是在认识把握矛盾普遍性的基础上，具体分析不同地区的特殊性矛盾进而解决这些矛盾。

分类指导体现了实事求是的具体原则，蕴含了具体问题具体分析的方法论要求。实事求是要求对"实事""求是"作精准研析，反对主观臆想，反对用一般代替具体。实际工作中，无论是构建新发展格局和推动高质量发展，还是解决发展环境和民生领域的痛点难点问题，都不能笼而统之、大而化之。分类指导的过程，是一个由表及里、由浅入深的过程。分类指导越科学精准，推进工作就越能有的放矢，越能做到求真务实。通过分类指导实现具体化、精准化、差异化，使"实事"得以全面客观呈现，使"求是"得以深入细致推进。在这个意义上，分类指导、精准施策体现了实事求是的思想路线，既要求以科学精神来看待事物，以实证分析方法分析问题，做到"把准脉"，又要求对症下药、量体裁衣、因材施教，实现方法准、见效准，做到"开准方"。

分类指导、精准施策的工作方法广泛运用于新时代党中央治国理政的各项实践中。例如，开展学习贯彻习近平新时代中国特色社会主义思想主题教育期间，习近平总书记多次强调，要"把握不同层级、不同领域、不同对象的特点，结合实际，分类指导"。主题教育涉及的单位和人员范围广、类型多、数量大、任务重，不同地区、不同领域、不同行业的单位，其社会功能或职能定位各不相同，党员干部思想与工作的实际状况、群众反映强烈的突出问题也不一样。只有结合实际，分类指导，才能不断增强主题教育针对性、实效性，这也是新时代以来我们党开展党内集中学习教育的基本工作方法。注重分类指导，不是标准松了、力度减了，而是让尺子的刻度更精准。回顾历次党内集中学习教育，与实际联系得越紧密、提出的要求越具体，就越能发现问题、找准方向，推动各项工作走深走实。

又如，谈及区域发展，习近平总书记强调，解决发展不平衡问题，要符合经济规律、自然规律，因地制宜、分类指导，承认客观差异，不能搞"一刀切"。促进区域协调发展，要善于把握发展的普遍性和特殊性，在实践中，要坚持具体问题具体分析，一切以时间、地点、条件为转移。新时代以来，以习近平同志为核心的党中央提出了京津冀协同发展、长江经济带发展、粤港澳大湾区建设、长三角一体化发展、黄河流域生态保护和高质量发展、成渝地区双城经济圈建设等新的区域发展战略，深入推进西部大开发、东北全面振兴、中部地区崛起、东部率先发展。这些区域发展战略正是因地制宜、分类指导的体现，推动我国各区域经济总量不断攀升，经济结构持续优化，实现东西互济、南北协同、陆海统筹，单个增长极变多个动力源，宜粮则粮、宜工则工、宜商则商，气象万千。

谈及全面深化改革，习近平总书记强调，要坚定改革信心，突出问题导向，加强分类指导，注重精准施策，提高改革效应，放大制度优势；谈及乡村振兴，强调各地情况不一样，要加强分类指导，不要一刀切、搞运动，不要干超越发展阶段的事；谈及全面从严治党，强调要把继承传统和改革创新结合起来、制定目标和狠抓落实结合起来、分类指导和统筹协调结合起来、典型引导和全面提高结合起来、当前工作和长治长效结合起来，增强系统性、预见性、创造性、实效性。

（二）科学规划发展路径，精准施策

马克思指出："人们不能自由选择自己的生产力——这是他们的全部历史的基础，因为任何生产力都是一种既得的力量，是以往活动的产物。"在现实社会发展过程中，由于不同地区在国家发展全局中承担的功能定位不同，发展水平各异，新质生产力的发展表现出一定的地域差异性、行业差异性。积极发展新质生产力，要在区域分工和产业分工的基础上结合地区发展实际，统筹发展各类产业。要根据各地区、各产业的已有基础，在全面审视区位产业优势的基础上，循着不同产业的发展规律和不同地区的空间成长规律，具体产业具体分析，具体地区具体布局，针对不同地区、不同行业、不同企业进行分类指导，提高政策策略的针对性、有效性。

1.科学规划区域发展路径

发展新质生产力是中国式现代化和高质量发展的必然要求，社会各界已形成高度共识。正因如此，应警惕并预防热情冲动下的一哄而上与重复建设，引导地方因地制宜有序发展新质生产力，避免区域间产业同质化内卷化，以及由此带来的资源配置低效率。

科学规划区域发展路径，推动生产要素在区域之间自由流动。东部地区要充分发挥创新要素集聚、产业基础雄厚、人才资源富集的优势，推进科技创新和产业创新深度融合，勇挑发展新质生产力的"大梁"，为全国发展新质生产力提供示范。中部地区要充分发挥自身承东启西、连南接北的区位优势，以加快构建以先进制造业为支撑的现代化产业体系、加强与其他重大发展战略的衔接、持续打造更具竞争力的内陆开放高地等为重点，通过发展新质生产力推动中部地区崛起不断取得新成效。西部地区要在继续做好生态大保护的基础上，围绕扩大开放和高质量发展，从更大的区域和更广的领域统筹资源要素，加快区域科技创新中心建设，不断推进传统产业提质增效和转型升级，聚焦特色优势产业加快发展新质生产力，促进西部大开发形成新格局。东北地区要紧紧围绕服务国家"国防安全、粮食安全、生态安全、能源安全、产业安全"的战略需要，积极培育新能源、新材料、先进制造、电子信息等战略性新兴产业，积极培育未来产业，加快形成新质生产力，增强发展新动能，推动东北在中国式现代化建设新征程中实现全面振兴、全方位振兴。

2. 分类指导产业发展方向

根据不同产业发展状况分类指导，提高政策策略的针对性、有效性。发展新质生产力不是忽视、放弃传统产业，而是要改造提升传统产业，培育壮大新兴产业，布局建设未来产业，完善现代化产业体系。

要统筹推进传统产业焕新、新兴产业壮大、未来产业培育，根据不同的产业情况分类指导，找准着力点和主攻方向。对于传统产业，要以高端化、智能化、绿色化为方向推动转型升级，在结构升级、链条延伸、产品更新上下更大功夫，让"老树"发"新枝"；对于战略性新兴产业，要增强科技创新能力，紧紧围绕重点领域，对标国际领先水平，打造一批具有国际先进水平的战略性新兴产业集群，增强产业发展的整体竞争力；对于未来产业，要盯牢行业最新发展动向，积极谋划布局，不断开辟发展新领域新赛道、塑造发展新动能新优势。

在推动产业链供应链现代化的进程中，要区分不同的驱动路径，选准发力点。对于供给驱动型，着力点应放在培育有竞争力的生产商上；对于需求驱动型，则需要培育有竞争力的采购商、零售商，把超大规模市场优势发挥好；对于集群驱动型，应着重培育有全球竞争力、在全球处于领先地位的产业集群；对于关键技术驱动型，则需加强基础科学中心建设、培育具有全球竞争力的科技创新公司和国际科技创新中心，发挥企业在科技创新中的主体作用，支持领军企业组建创新联合体，带动中小企业创新活动；等等。要有针对性地推动短板产业补链、优势产业延链、传统产业升链、新兴产业建链，增强产业发展的接续性和竞争力，建设具有完整性、先进性、安全性的现代化产业体系，为加快形成新质生产力奠定坚实产业基础。

3. 正确处理政府与市场的关系

必须注意的是，"指导"既体现为上级领导机关、业务主管部门对下级机关或业务部门工作的指导，也内含了对正确处理政府和市场关系的要求。在推动发展新质生产力的过程中，政府与市场都要发挥作用。政府通过制定相关政策和出台相应法律法规可以为新质生产力的发展提供方向性指导，而市场则依靠价格机制和竞争环境来激发市场主体的创新动力，并推动科技成果的实际应用和产业化过程。这一过程中，政府不能大包大揽，也不能缺位失位，要搞好谋划、做好指导、推动布局、提供服务，充分发挥市场在资源配置中的决定性作用，实现政府的积极引导与市场的高效配置之间的协同。

（三）先立后破、因地制宜、分类指导

先立后破、因地制宜、分类指导是发展新质生产力的重要方法论。在推动发展新质生产力的过程中，要真正做到从实际出发，先立后破、因地制宜、分类指导，最根本的一条，是完整、准确、全面深刻理解习近平总书记关于发展新质生产力的重要论述精神。习近平总书记关于发展新质生产力的一系列重要论述，为新时代培育发展新质生产力、扎实推动高质量发展作出了战略指引，提供了根本遵循和行

动指南。一方面要自觉在思想上对标，坚持把高质量发展作为首要任务、作为对经济社会发展方方面面的总要求，推动创新成为第一动力、协调成为内生特点、绿色成为普遍形态、开放成为必由之路、共享成为根本目的；另一方面要自觉在行动上对表，坚定用新的生产力理论指导本地区本部门发展实践，以加快发展新质生产力为高质量发展塑造新动能新优势，以更大力度推动发展方式、发展动力、发展领域、发展质量变革，努力实现更高质量、更有效率、更加公平、更可持续、更为安全的发展。

1. 坚持体现差别，精准施策

发展新质生产力，要尊重发展的特殊性、差异性、多样性，不搞"一刀切"。要在遵循统一要求的基础上，把握不同地域、不同部门、不同行业的特点，立足差异化创新能力和产业需求，对推进新质生产力的目标任务、工作重点、具体举措等提出明确要求，形成可操作、能落实的办法，通过分区域、分产业施策，因地制宜统筹各项工作推进、各类产业发展。例如，科研基础雄厚、创新能力强的地区，应紧跟全球科技发展趋势，聚焦人工智能、大数据、云计算、生物技术等前沿领域，加大研发投入，突破核心技术。以传统产业为主导的地区，要注重改造提升，加快汇聚产学研用资源，促进创新链产业链资金链人才链深度融合。同时，加强区域合作，实现资源共享、优势互补，共同打造具有国际竞争力的产业集群。各地区应结合实际打"特色牌"、下"先手棋"，那些盲目跟风"蹭热度"、随波逐流"赶时髦"以及"乱踩节奏""一哄而上"的做法，会造成无序竞争，浪费本地区的发展资源。

2. 坚持明确标准，防止"任性"

区分不同层次明确要求，着眼不同领域分类施策，针对不同问题有的放矢，绝不是要求不同、标准不一、放任自流，而是为了使发展路径和政策策略更加精准有效。既要防止生搬硬套、脱离实际，又要防止自行其是、天马行空。在贯彻落实党中央决策部署中，要坚持一切创新都是在统一部署下的完善和加强，一切发展路径都是在正确方向上的深化和拓展。领导干部要把准党中央关于推动发展新质生产力的重要部署，不折不扣贯彻落实。在此基础上，深刻把握本地的资源禀赋、产业基础、科研条件等，跳出固有框架，打破思维定式，转变思想观念，分类指导，灵活施策，有选择地推动新产业、新模式、新动能发展，走出一条符合本地实际的高质量发展之路。

3.坚持系统思维，统筹联动

政府在指导推动各产业发展的过程中，既要看到其相互区别，在不同层次、针对不同的情境施策，又要充分识别其相互影响及可能发生的多层次联动效应。要用系统化的思维，找出其联系，发现共同点，并以此为基础做好顶层设计，做好共性要素、共性制度、共性技术等的供给，夯实产业发展基础。同时，要根据不同地区的发展特点和需要，出台相应的政策和措施，包括财政、税收、金融、土地等方面的支持，以及人才、技术等方面的引导，为新质生产力的发展提供有力支持。各项政策导向各有侧重，落地实施却又环环相扣，统筹谋划、有的放矢、增强合力。实际工作中，既要提高单一政策针对性，也要增强多领域组合性政策的一致性，在政策实施上强化协同联动、放大组合效应。

第一章
深化新时代做好经济工作的规律性认识

近年来，党中央有效统筹国内国际两个大局、统筹疫情防控和经济社会发展、统筹发展和安全，深化了新时代做好经济工作的规律性认识，形成了"五个必须"的规律性认识。"五个必须"是基于我国经济社会发展实践，特别是对新时代以来实践基础上的进一步总结；是基于党对经济工作规律性认识长期发展过程，特别是对新发展阶段以来理论探索的进一步深化；是对开启中国式现代化新征程的新发展阶段的历史性变化和新发展要求的理论回应。"五个必须"系统回答了新时代我国经济发展的历史使命、主题主线、发展动力、安全保障、领导力量等重大理论和时间问题，确定了必须坚持高质量发展这个新时代的硬道理，把推进中国式现代化作为最大的政治，为全面建设社会主义现代化强国勠力前行。

先立后破：走好中国经济稳定发展之路

2023 年中央经济工作会议精辟概括了新时代做好经济工作"五个必须"的规律性认识，即：必须把坚持高质量发展作为新时代的硬道理，完整、准确、全面贯彻新发展理念，推动经济实现质的有效提升和量的合理增长。必须坚持深化供给侧结构性改革和着力扩大有效需求协同发力，发挥超大规模市场和强大生产能力的优势，使国内大循环建立在内需主动力的基础上，提升国际循环的质量和水平。必须坚持依靠改革开放增强发展内生动力，统筹推进深层次改革和高水平开放，不断解放和发展社会生产力、激发和增强社会活力。必须坚持高质量发展和高水平安全良性互动，以高质量发展促进高水平安全，以高水平安全保障高质量发展，发展和安全要动态平衡、相得益彰。必须把推进中国式现代化作为最大的政治。在党的统一领导下，团结最广大人民，聚焦经济建设这一中心工作和高质量发展这一首要任务，把中国式现代化宏伟蓝图一步步变成美好现实。①"五个必须"的规律性认识系统回答了我国新时代经济发展的一系列重大问题，是习近平经济思想进一步的丰富和发展，是马克思主义政治经济学同中国具体实际相结合的最新成果，为新时代新征程做好经济工作提供了强大的理论参照和实践指南。

一、"五个必须"规律性认识是中国共产党理论创新的历史自觉

马克思主义认为，生产力和生产关系的矛盾、经济基础和上层建

---

① 《中央经济工作会议在北京举行》，《人民日报》2023 年 12 月 13 日。

筑的矛盾存在并贯穿于人类社会发展的始终，推动着人类社会由低级向高级发展。认识社会基本矛盾发展演化的基本规律、引导生产力和生产关系的辩证统一是中国共产党人的理论自觉与实践自觉。

在不同的时代，中国共产党人针对所遇到的不同问题提出了不同的发展理念。新中国成立之后，以毛泽东同志为主要代表的中国共产党人，在马克思主义理论指导下，借鉴吸收苏联及其他社会主义国家建设的经验教训，在实现社会主义发展动力问题上明确社会主义社会基本矛盾是发展的根本动力。解决社会主义社会的基本矛盾，推进社会主义发展，改革与调整是直接动力，科学技术是核心动力，人民群众是现实推动力，阶级斗争是又一动力。在发展进程中，中国的发展主要靠自己，要"独立自主地搞建设"①。为此，必须在党的领导下，通过统筹兼顾、全面协调，充分调动发挥亿万民众的积极性、创造性，推动政治、经济、文化、社会和人的全面发展。

党的十一届三中全会以后，中国共产党分析当时中国经济社会发展所面临的问题，即偏离我国社会发展主要矛盾——人民日益增长的物质文化需求同落后的社会生产之间的矛盾——导致经济发展滞后，我国商品在国际上没有竞争力。为此，中国共产党从人口众多、耕地面积少、生产力水平低的具体实际出发，以马克思主义理论的世界观和方法论为指引，实事求是地提出将工作重心转移到经济建设上来，根据中国当时所处的阶段性特征提出"发展才是硬道理"②。大力推进改革开放，经济发展取得了很大的进步，推动着整个国家逐步富强、人民逐步富裕起来。改革开放的实践不断证明，只有将"发展作为党

---

① 中共中央文献研究室编：《毛泽东文集》第七卷，人民出版社1999年版，第380页。
② 《邓小平文选》第三卷，人民出版社1993年版，第377页。

执政兴国的第一要务"[1]，才能确保生产力的解放与发展，推动社会主要矛盾的有效解决。随着我国经济社会不断进步，传统的粗放型发展方式日益制约发展的质量，为此必须"树立和落实全面发展、协调发展、可持续发展的科学发展观"[2]，推动集约型发展，将经济效益与社会效益提到同样重要的高度，战略性调整经济结构，完善社会主义市场经济，用高科技改造传统产业，实事求是推动经济建设，实现以人为本、全面协调的可持续科学发展。

党的十八大以来，以习近平同志为核心的党中央从中国具体实际出发，不断深化对社会主义经济发展规律的认识，在实践中形成了习近平经济思想，明确了关于高质量发展的系统认识和战略部署。"中国特色社会主义进入新时代，我国社会主要矛盾已经转化为人民日益增长的美好生活需要和不平衡不充分的发展之间的矛盾。"[3] 为此，必须坚持"发展是解决我国一切问题的基础和关键"[4]，要以创新、协调、绿色、开放、共享的新发展理念为指引，在新发展阶段构建新发展格局，推动高质量发展。

在党的全面领导下，我国经受住了来自政治、经济、意识形态、自然界等方面的风险挑战考验，推动党和国家事业取得历史性成就、发生历史性变革，实现一系列突破性进展，取得一系列标志性成果，成功推进和拓展了中国式现代化，推动我国迈上全面建设社会主义现代化国家新征程。当前及今后一个历史时期，以中国式现代化推进中华民族伟大复兴，必须坚持中国共产党领导，坚持中国特色社会主

---

[1] 《江泽民文选》第三卷，人民出版社 2006 年版，第 538 页。
[2] 《胡锦涛文选》第二卷，人民出版社 2016 年版，第 104 页。
[3] 《习近平著作选读》第二卷，人民出版社 2023 年版，第 9 页。
[4] 《习近平著作选读》第二卷，人民出版社 2023 年版，第 18 页。

义，实现高质量发展，发展全过程人民民主，丰富人民精神世界，实现全体人民共同富裕，促进人与自然和谐共生，推动构建人类命运共同体，创造人类文明新形态。

二、"五个必须"规律性认识是发展理论的系统创新

"五个必须"的规律性认识以"高质量发展"为时代命题，对高质量发展的历史定位、路径主线、核心动力、保障条件和主体力量等进行了全面揭示，推动新时代发展观进一步深化，充分体现了马克思主义政治经济学"从具体到抽象"的形成逻辑和"守正创新"的方法论，是习近平经济思想的最新成果，展现了以习近平同志为核心的党中央引领中国经济巨轮破浪前行的高超智慧，彰显了党中央从容应对前进道路上风险挑战的娴熟能力，为我们做好经济工作、推动高质量发展、以中国式现代化全面推进中华民族伟大复兴提供了重要遵循。

（一）必须把坚持高质量发展作为新时代的硬道理

"必须把坚持高质量发展作为新时代的硬道理"，在传承"发展是硬道理"和"发展是解决我国一切问题的基础和关键"的一贯思想的基础上，提出了"坚持高质量发展是新时代的硬道理"的新论断，以此强调高质量发展这一中国式现代化首要任务的主题引领作用，特别是提供物质与技术基础的经济发展更具基础意义。为此，"必须推动经济实现质的有效提升和量的合理增长"，实现"效益与速度相互依存、辩证统一"，进而揭示了新时代新征程完整、准确、全面贯彻新发展理念的基本途径和高质量发展规律。

"必须把坚持高质量发展作为新时代的硬道理"，是在深入分析世界各国现代化发展一般规律、深刻把握我国新发展阶段的新要求新使命基础上，作出的事关全局的重大战略论断，为新时代不断开创经济发展新局面指明了前进方向，对推动高质量发展、加快中国式现代化建设具有重大而深远的指导意义。

（二）必须坚持深化供给侧结构性改革和着力扩大有效需求协同发力

"必须坚持深化供给侧结构性改革和着力扩大有效需求协同发力"，在传承马克思主义政治经济学关于"生产和需要内在统一"原理和社会总产品实现条件的基础上，批判性吸收西方经济学的总供给和总需求相对称理论合理内核的基础上，提出了"坚持深化供给侧结构性改革和着力扩大有效需求协同发力"的重要原理，揭示了"发挥超大规模市场和强大生产能力的优势，使国内大循环建立在内需主动力的基础上，提升国际循环质量和水平"这一构建新发展格局和畅通国民经济循环的内在要求，为有为政府与有效市场更好结合，推动供给和需求由平衡到不平衡再到新的平衡的动态演进提供了充分的理论依据。

"必须坚持深化供给侧结构性改革和着力扩大有效需求协同发力"，为解决供需失衡问题确立了矛盾分析的方法论框架，从而指导供需平衡既要抓住主要矛盾和矛盾的主要方面，又要注重供给侧和需求侧协同发力；既坚持以深化供给侧结构性改革为主线，发挥我国强大生产能力优势，推动结构调整升级和新旧动能转换，增强经济发展的内生动力和长期增长潜力，又坚持以扩大内需为战略基点，用好我国超大规模市场优势，促进形成消费和投资相互促进的良性循环，实现高水平的供需良性循环和动态平衡，推动经济高质量发展。

（三）必须坚持依靠改革开放增强发展内生动力

"必须坚持依靠改革开放增强发展内生动力"，在坚持马克思主义关于生产力和生产关系、经济基础和上层建筑矛盾运动规律的基础上，揭示了我国"坚持依靠改革开放增强发展内生动力"的发展规律，明确了中国特色社会主义自力更生与胸怀天下相结合的特色动力机制，进而强调把"统筹推进深层次改革和高水平开放"作为新时代"不断解放和发展社会生产力、激发和增强社会活力"的关键一招和根本途径。

"必须坚持依靠改革开放增强发展内生动力"，是改革开放这一当代中国最显著特征、最壮丽气象的理论深化，是我们党伟大觉醒永葆活力的理论自觉，也是引领我们党实现从理论到实践的新的伟大创造，达到更高境界，让改革开放这个"根本动力""活力之源"在新征程迸发出更大能量。

（四）必须坚持高质量发展和高水平安全良性互动

"必须坚持高质量发展和高水平安全良性互动"，在坚持"事物普遍联系、联系有条件"的唯物辩证法基础上，进一步明确了安全发展的本质规定性，建立起新时代新征程统筹发展和安全的辩证法，即"坚持高质量发展和高水平安全良性互动，以高质量发展促进高水平安全，以高水平安全保障高质量发展，发展和安全要动态平衡、相得益彰"，确立起新时代新征程坚持伟大斗争、统筹发展和安全、走和平发展道路的中国式现代化的斗争方法论，为自立自强推动人类命运共同体构建提供了保障前提。

"必须坚持高质量发展和高水平安全良性互动"深刻揭示了发展和安全辩证统一、不可偏废的动态逻辑，这为我们在新征程上更好统筹发展这个"第一要务"与安全这个"头等大事"，运用发展成果夯实国家安全的实力基础，塑造有利于经济社会发展的安全环境，不断续写经济快速发展和社会长期稳定"两大奇迹"新篇章提供了根本遵循和行动指南。

（五）必须把推进中国式现代化作为最大的政治

"必须把推进中国式现代化作为最大的政治"，进一步明确了中国共产党人的初心使命与"首要任务"，并从国之大者、民族振兴的战略全局出发，明晰实现中国式现代化的主体性如何更好体现于经济建设和高质量发展这一"中心工作"之上，为中国式现代化的顺利实现提供上层建筑维度主体性建构的理论与实践指引。

"必须把推进中国式现代化作为最大的政治"，是中国共产党作为社会主义事业领导核心推动发展主体结构坚实、发展路径持续明确的使命表达，是对我们党新时代新征程秉承"解放思想、实事求是、求真务实"宝贵经验和优良作风推动高质量发展的政治表态，是对我们党新时代新征程坚持"一个中心、两个基本点"的基本路线一百年不动摇的庄重宣示。

"五个必须"规律性认识，接续递进、环环相扣、辩证统一，共同揭示了以中国式现代化全面推进中华民族伟大复兴需要遵循的规律体系，标志着我们党对共产党执政规律、社会主义建设规律、人类社会发展规律的认识又达到了一个新境界。

三、以"五个必须"规律性认识为指引推动高质量发展

"五个必须"规律性认识是新时代新征程做好经济工作的出发点与落脚点，是系统创新的方法论。以此为指引做好经济工作，要以推进中国式现代化作为最大的政治，坚持高质量发展这个新时代硬道理，坚持稳中求进工作总基调，完整、准确、全面贯彻新发展理念，加快构建新发展格局，着力推动高质量发展，推动高水平科技自立自强，加大宏观调控力度，统筹扩大内需和深化供给侧结构性改革，统筹高质量发展和高水平安全，实现发展主体—发展要素—发展空间—发展进程的高度协同，持续推动经济实现质的有效提升和量的合理增长，确保推进中国式现代化。

（一）完整、准确、全面贯彻新发展理念

高质量发展是全面建设社会主义现代化国家的首要任务。新时代中国经济发展的基本特征是由高速增长阶段转向高质量发展阶段，从量的扩张转向质的提升。推动高质量发展，是保持经济持续健康发展的必然要求，是适应我国社会主要矛盾变化和全面建成小康社会、全面建设社会主义现代化国家的必然要求，是遵循经济规律发展的必然要求。

高质量发展能够很好满足人民日益增长的美好生活需要的发展，是体现新发展理念的发展，是创新成为第一动力、协调成为内生特点、绿色成为普遍形态、开放成为必由之路、共享成为根本目的的发展。更明确地说，高质量发展，就是经济发展从"有没有"转向"好不好"。

毫不动摇坚持高质量发展这个新时代的硬道理，要求我们保持战略定力、坚定战略自信、保持历史耐心，完整、准确、全面贯彻新发展理念，推进发展方式、发展动力、发展领域、发展质量等变革，实现更高质量、更有效率、更加公平、更可持续、更为安全的发展。为此，要把新发展理念作为指挥棒、红绿灯，对不适应、不适合甚至违背新发展理念的认识要立即调整、行为要自觉纠正、做法要彻底摒弃，真正做到崇尚创新、注重协调、倡导绿色、厚植开放、推进共享。要从根本宗旨把握新发展理念，坚持以人民为中心的发展思想，坚持发展为了人民、发展依靠人民、发展成果由人民共享，才会有正确的发展观、现代化观。要从问题导向把握新发展理念，站在新的历史起点上坚持问题导向，更加精准地贯彻新发展理念，举措要更加精准务实，切实解决好发展不平衡不充分的问题，切实解决影响构建新发展格局、实现高质量发展的突出问题，切实解决影响人民群众生产生活的突出问题。要从忧患意识把握新发展理念，坚持底线思维，积极主动、未雨绸缪，见微知著、防微杜渐，下好先手棋，打好主动仗，随时准备应对更加复杂困难的局面。

（二）发挥优势，提升双循环质量

供给和需求是经济发展的一体两面，两者之间平衡是相对的，不平衡是绝对的。解决供求失衡问题要找准主要矛盾和矛盾的主要方面，科学把握两者关系，提出适应时代要求的发展思路，以新的理论指导新的实践。实施扩大内需战略是应对外部冲击、稳定经济运行的有效途径，推动供给侧结构性改革是实现高质量发展的治本之策，把实施扩大内需战略同深化供给侧结构性改革有机结合起来，是积极应对国内外环境变化、增强发展主动性的长久之策，是全面建设社会主义现代化国家的实践要求。

当前，世界百年未有之大变局加速演进，后疫情时代世界经济复苏乏力，通货膨胀水平居高不下，主要发达经济体大幅调整宏观政策，国际需求可能进一步波动收缩。全球产业分工体系和区域布局正在发生广泛深刻调整，能源资源等供应稳定性下降，全球经济原有供需循环受到干扰甚至被阻断。从国内看，我国经济面临有效需求不足、部分行业产能过剩、社会预期偏弱、风险隐患仍然较多等困难挑战，一些领域风险因素上升，人口老龄化加速，劳动力、土地等传统优势弱化，资源环境约束趋紧，科技创新能力还不强，全要素生产率提高受到制约，亟待从供需两端发力，既扩大有效需求，又推动生产函数变革调整，推动内生动力更强凝聚，塑造新的竞争优势。

1. 以深化供给侧结构性改革为主线

扩大内需和深化供给侧结构性改革有机结合必须以深化供给侧结构性改革为主线。经济发展最终靠供给推动，从长期看是供给创造需求。推进供给侧结构性改革，是在全面分析国内经济阶段性特征的基础上调整经济结构、转变经济发展方式的治本良方，是培育增长新动力、形成先发新优势、实现创新引领发展的必然要求。当前和今后一个时期，制约我国经济发展的因素，供给和需求两侧都有，但矛盾的主要方面在供给侧，表现在供给存在堵点、卡点和脆弱点，供给结构不能适应需求结构变化。坚持深化供给侧结构性改革这条主线，就是要发挥创新第一动力作用，持续推动科技创新、制度创新，着力突破供给约束堵点，以自主可控、优质有效的供给满足和创造需求。

2. 坚持充分发挥超大规模市场优势

扩大内需和深化供给侧结构性改革有机结合必须坚持充分发挥超大规模市场优势。我国有 14 亿多人口，其中 4 亿多人是中等收入群体，居民收入水平和消费水平不断提高，是世界上最有潜力的超大规模市场。同时，我国拥有世界上规模最大、门类最齐全的制造业体系，在全球产业分工体系和供应链体系中占据举足轻重的地位，拥有支撑国内国际双循环的强大供给能力。超大规模的国内市场带来了显著的规模经济优势、创新发展优势和抗冲击能力优势。牢牢把握扩大内需这个战略基点，就是要充分用好超大规模市场这个宝贵的战略资源，为市场主体营造长期稳定的良好发展预期，在高质量发展中推动共同富裕，扩大中等收入群体，提升市场自主支出意愿和能力，以规模扩大、结构升级的内需牵引和催生优质供给。

（三）统筹推进深层次改革和高水平开放

改革开放是决定当代中国命运的关键一招，也是决定中国式现代化成败的关键一招。向改革要动力，善于用改革的办法解决发展中的问题；向开放要活力，坚持以开放促改革、促发展、促创新。坚持依靠改革开放增强发展内生动力，统筹推进深层次改革和高水平开放，不断解放和发展社会生产力、激发和增强社会活力，才能为推动高质量发展、加快中国式现代化建设持续注入强大动力。

要构建高水平社会主义市场经济体制，夯实高质量发展的体制机制基础。为此，要始终坚持社会主义市场经济改革方向，坚持和完善社会主义基本经济制度，毫不动摇巩固和发展公有制经济，毫不动摇鼓励、支持、引导非公有制经济发展，优化民营企业发展环境，依法保护民营企业产权和企业家权益，促进民营经济发展壮大。要进一步优化市场体系，营造各种所有制企业依法平等使用资源要素、公开公平公正参与竞争、同等受到法律保护的营商环境。要着力破除制约发展活力和动力的体制机制障碍，实现市场机制有效、微观主体有活力、宏观调控有度，使一切有利于社会生产力发展的力量源泉充分涌流。企业是创新的主体，是推动建设现代化经济体系的生力军，要着力完善中国特色现代企业制度，激发和保护企业家精神，加快培育一批产品卓越、品牌卓著、创新领先、治理现代的世界一流企业，支持中小微企业发展，不断增强我国经济创新力和竞争力。

要正确处理政府和市场关系，充分发挥市场在资源配置中的决定性作用。最大限度减少政府对资源的直接配置和对微观经济活动的直接干预，充分利用市场机制，持续优化目标、加强合理分工、提高协同效率，实现资源配置效益最大化。有效市场和有为政府更好结合，更好发挥政府作用，完善宏观经济治理，进一步提高国家发展规划战略的科学性。

要强化宏观政策逆周期和跨周期调节，继续实施积极的财政政策和稳健的货币政策。加强政策工具创新和协调配合，特别是要增强宏观政策取向一致性；加强财政、货币、就业、产业、区域、科技、环保等政策协调配合，把非经济性政策纳入宏观政策取向一致性评估，强化政策统筹。确保同向发力、形成合力，有效弥补市场失灵，实现效率和公平有机统一，扎实推动全体人民共同富裕。

要建设开放型经济新体制，持续建设市场化、法治化、国际化一流营商环境。加快培育外贸新动能，巩固外贸外资基本盘，扩大高水平对外开放，更好利用国内国际两个市场、两种资源，更加注重制度型开放，以国内大循环吸引全球资源要素，促进国内国际双循环，推动形成更高水平的对外开放新格局，打造国际经济合作和竞争新优势。

要打造更高水平对外开放新格局，扩大开放的范围和领域。完善推进高质量共建"一带一路"机制，强化多种形式的互利合作机制建设。引导沿海内陆沿边开放优势互补、协同发展，加大西部和沿边地区开放力度，加快形成陆海内外联动、东西双向互济的开放格局。深化和拓展资金、资源、人才、科技等领域的国际合作，完善商品、服务、要素市场化国际化配置，使各领域开放形成协同效应。稳妥推进金融和服务领域开放，深化境内外资本市场互联互通，有序推进人民币国际化。积极拓展多双边经贸合作，推动贸易和投资自由化便利化。

要稳步扩大制度型开放，主动对接国际高标准市场规则体系。健全外商投资准入前国民待遇加负面清单管理制度，依法保护外商投资权益。健全高水平开放法治保障，加强规则、规制、管理、标准等建设，完善外商投资国家安全审查、反垄断审查、国家技术安全清单管理、不可靠实体清单等制度。积极参与全球经济治理体系改革，推动构建公平合理、合作共赢的国际经贸投资新规则。

（四）加快实现高水平科技自立自强

发展和安全是关系国家兴衰的两件大事。发展是安全的重要基础，安全是发展的必要环境和重要守护。发展和安全要兼顾并重、两全其美。要下好高质量发展的先手棋，打好高水平安全的主动仗，实现高质量发展和高水平安全良性互动和动态平衡、相得益彰。

实现高质量发展和高水平安全良性互动的关键前提是实现高水平科技自立自强。纵观人类发展史，创新始终是一个国家、一个民族发展的不竭动力和生产力提升的关键要素。科技创新是百年未有之大变局中的一个关键变量，各主要国家纷纷把科技创新作为国际战略博弈的主要战场，围绕科技制高点的竞争空前激烈，谁牵住了科技创新这个"牛鼻子"，谁走好了科技创新这步先手棋，谁就能占领先机、赢得优势。反之，则会造成发展动力衰减和能力天花板。全面建设社会主义现代化国家必须以教育、科技、人才为基础性、战略性支撑。高质量发展，必须坚持科技是第一生产力、人才是第一资源、创新是第一动力，深入实施科教兴国战略、人才强国战略、创新驱动发展战略，开辟发展新领域新赛道，不断塑造发展新动能新优势。

1. 坚持党对科技工作的全面领导

实现高水平科技自立自强必须坚持党对科技工作的全面领导，为我国科技事业发展提供坚强政治保证。加强党中央集中统一领导，完善党中央对科技工作统一领导的体制，建立权威的决策指挥体系。强化战略谋划和总体布局，调动各方面积极性，加速聚集创新要素，优化配置创新资源，实现创新驱动系统能力整合，增强科技创新活动的组织力、战斗力。

2. 构建体系化全局性科技发展新格局

要坚持"四个面向"，坚持系统观念，加快形成与科技自立自强匹配的"顶层设计牵引、重大任务带动、基础能力支撑"科技创新体系化能力。加强顶层设计，补短板、建长板、强能力、成体系。围绕国家急迫需要和长远需求，加快实施一批具有战略性全局性前瞻性的国家重大科技项目，增强自主创新能力。加强科技基础能力建设，在力量构建、资源配置、基础设施、科研平台、政策法规、技术标准、创新生态、科技人才等方面夯实基础。

3. 加快建设教育强国

教育兴则国家兴，教育强则国家强。建设教育强国，是全面建成社会主义现代化强国的战略先导，是实现高水平科技自立自强的重要支撑，是促进全体人民共同富裕的有效途径，是以中国式现代化全面推进中华民族伟大复兴的基础工程。

加快建设教育强国，要全面贯彻党的教育方针，坚持以人民为中心发展教育，主动超前布局、有力应对变局、奋力开拓新局，加快推进教育现代化，以教育之力厚植人民幸福之本，以教育之强夯实国家富强之基，为全面推进中华民族伟大复兴提供有力支撑。必须以改革创新为动力，坚持把高质量发展作为各级各类教育的生命线，加快建设高质量教育体系，把服务高质量发展作为建设教育强国的重要任务，坚持将教育强国、科技强国、人才强国三者有机结合起来、一体统筹推进，形成推动高质量发展的倍增效应。要把加强教师队伍建设作为建设教育强国最重要的基础工作来抓，健全中国特色教师教育体系，推动学校、家庭、社会紧密合作、同向发力，加快建设高质量教育体系。

4. 强化国家战略科技力量

以国家目标和战略需求为导向，坚持面向世界科技前沿、面向经济主战场、面向国家重大需求、面向人民生命健康，加快组建一批国家实验室，重组现有国家重点实验室，完善国家实验室体系。优化国家科研机构、高水平研究型大学、科技领军企业定位和布局，统筹推进国际科技创新中心、区域科技创新中心建设，打造世界科学前沿领域和新兴产业技术创新、全球科技创新要素的汇聚地。强化企业科技创新主体地位，发挥科技型骨干企业的引领支撑作用，加强企业主导的产学研深度融合，提高科技成果转化和产业化水平。强化科技战略咨询，发挥国家科技咨询委员会、国家科技高端智库和战略科学家的决策支撑作用。

5. 打赢关键核心技术攻坚战

把突破关键核心技术作为当务之急，尽快改变关键领域受制于人的局面。健全新型举国体制，加强战略谋划和系统布局，形成关键核心技术攻关强大合力。以国家战略需求为导向,以具有先发优势的关键技术和引领未来发展的基础前沿技术为突破口,集聚力量进行原创性引领性科技攻关,着力解决影响制约国家发展全局和长远利益的重大科技问题,从根本上保障我国产业安全、经济安全、国家安全。

6.加强基础研究

把原始创新能力提升摆在更加突出的位置,坚持目标导向和自由探索并举布局基础研究,勇于挑战最前沿的科学问题,提出更多原创理论,实现前瞻性基础研究、引领性原创成果重大突破。强化目标导向,从经济社会发展和国家安全面临的实际问题中凝练科学问题,从源头和底层解决关键核心技术问题。鼓励自由探索,拓展认识自然的边界,开辟新的认知疆域,孕育科学突破。

7.深化科技体制改革

着力破解深层次体制机制障碍,营造良好政策环境,深化科技评价改革,加大多元化科技投入,加强知识产权法治保障,形成支持全面创新的基础制度。提升科技投入效能,深化财政科技经费分配使用机制改革,营造有利于科技型中小微企业成长的良好环境。培育创新文化,弘扬科学家精神,涵养优良学风,营造创新氛围。坚持创新驱动实质是人才驱动,着力造就拔尖创新人才,加快建设国家战略人才力量,激发各类人才创新活力和潜力,聚天下英才而用之。

8.扩大国际科技交流合作

积极主动融入全球创新体系,用好全球创新资源。实施更加开放包容、互惠共享的国际科技合作战略,以持续提升科技自主创新能力夯实国际合作基础,以更加开放的思维和举措推进国际科技交流合作。加强国际化科研环境建设,形成具有全球竞争力的开放创新生态。

在高水平科技自立自强的保障基础上，用自身发展的确定性对冲外部环境的不确定性，保持经济社会大局稳定，以高质量发展促进高水平安全。要加快推进国家安全体系和能力现代化，营造有利于经济社会发展的安全环境，牢牢守住安全发展这条底线，以高水平安全保障高质量发展。要推动国家安全战略、思路、体制、手段创新，明确安全边界，守好安全底线，精准有效防范重点领域、关键环节风险。既要打开窗户，也要安好纱窗。越开放越要重视安全，越要统筹好发展和安全、开放和安全，善于运用国际通行做法和法治化制度安排，不断提升开放条件下监管、风险防控的能力和水平，坚持底线思维、极限思维，丰富应对各种极端情况的工具箱，坚定维护国家主权、安全和发展利益。

（五）推进中国式现代化

中国式现代化是中国共产党领导全国各族人民在长期探索和实践中历经千辛万苦、付出巨大代价取得的重大成果。"中国式现代化走得通、行得稳，是强国建设、民族复兴的唯一正确道路。"① 中国式现代化既有各国现代化的共同特征，更有基于自己国情的中国特色，创造了人类文明新形态，代表了人类文明进步的发展方向。中国式现代化破解了人类社会发展的诸多难题，打破了"现代化＝西方化"的迷思，展现了现代化的另一幅图景，拓展了发展中国家走向现代化的途径，为人类对更好社会制度的探索提供了中国方案。

推进中国式现代化，要以经济建设为中心工作、以高质量发展为首要任务，贯彻以人民为中心的发展思想，坚持人民主体地位，推动

---

① 学习时报编辑部编：《中国式现代化六观》，人民出版社 2023 年版，第 30 页。

实现"人口规模巨大的现代化"。坚持社会主义方向，把实现人民对美好生活的向往作为现代化建设的出发点和落脚点，推动实现"全体人民共同富裕的现代化"。围绕人的现代化这一本质，领导人民不断厚植现代化的物质基础，不断夯实人民幸福生活的物质条件，大力发展社会主义先进文化，传承中华文明，推动实现"物质文明和精神文明相协调的现代化"。坚持绿水青山就是金山银山的理念，坚持山水林田湖草沙一体化保护和系统治理，推动实现"人与自然和谐共生的现代化"。高举和平、发展、合作、共赢的旗帜，弘扬平等、互鉴、对话、包容的文明观，弘扬全人类共同价值，构建人类命运共同体，推动实现"走和平发展道路的现代化"。

为此，需要坚持党的全面领导，坚决维护党中央权威和集中统一领导。坚持用习近平新时代中国特色社会主义思想统一思想、统一意志、统一行动，深刻领悟"两个确立"的决定性意义，不断增强"四个意识"、坚定"四个自信"、做到"两个维护"，确保我国社会主义现代化建设正确方向。以党的建设伟大工程增强党的政治领导力、思想引领力、群众组织力、社会号召力，使党始终成为推进中国式现代化的主心骨，确保党拥有团结奋斗的强大政治凝聚力、发展自信心，为中国式现代化确立主体性条件。

需要团结最广大人民，站稳人民立场。贯彻党的群众路线，尊重人民首创精神，践行以人民为中心的发展思想，发展全过程人民民主，维护社会公平正义，推动人的全面发展，汇聚起推进中国式现代化的强大主体力量。

需要科学设定预期目标，抓住一切有利时机。利用一切有利条件，看准了就抓紧干，能多干就多干一些，在转方式、调结构、提质量、增效益上积极进取，充分挖掘增长潜力，推动经济发展质的有效提升和量的合理增长，奠定中国式现代化的物质技术前提。

需要发扬斗争精神，增强忧患意识、始终居安思危。贯彻总体国家安全观，统筹发展和安全，统筹中华民族伟大复兴战略全局和世界百年未有之大变局，深刻认识我国社会主要矛盾变化带来的新特征新要求，深刻认识错综复杂的国际环境带来的新矛盾新挑战。敢于斗争，善于斗争，推动中国式现代化继续前进，实现实践和理论的不断创新，创造人类文明新形态。

第二章
发展新质生产力

2024 年 1 月 31 日，习近平总书记在二十届中央政治局第十一次集体学习时指出："概括地说，新质生产力是创新起主导作用，摆脱传统经济增长方式、生产力发展路径，具有高科技、高效能、高质量特征，符合新发展理念的先进生产力质态。"党的二十届三中全会指出，要"健全因地制宜发展新质生产力体制机制"。新质生产力是以习近平同志为核心的党中央立足于世界科技进步的前沿，着眼于全面建成社会主义现代化强国这一目标任务提出的新概念。新时代新征程，我们要深入理解和把握新质生产力的内涵特征与形成条件，把创新贯穿于现代化建设各方面全过程，不断开辟发展新领域新赛道，为我国经济高质量发展提供持久动能。

先立后破：走好中国经济稳定发展之路

2023年9月7日，习近平总书记在新时代推动东北全面振兴座谈会上强调："积极培育新能源、新材料、先进制造、电子信息等战略性新兴产业，积极培育未来产业，加快形成新质生产力，增强发展新动能。"①2023年9月8日，习近平总书记在听取黑龙江省委、省政府工作汇报时强调："整合科技创新资源，引领发展战略性新兴产业和未来产业，加快形成新质生产力。"②2024年1月31日，中共中央政治局就扎实推进高质量发展进行第十一次集体学习，习近平总书记对新质生产力的定义、内涵等作了深刻系统阐述。2024年全国两会期间，习近平总书记在参加江苏代表团审议时强调："要牢牢把握高质量发展这个首要任务，因地制宜发展新质生产力。"紧接着，3月6日，习近平总书记在看望参加政协会议的民革、科技界、环境资源界委员时强调："加强基础研究和应用基础研究，打好关键核心技术攻坚战，培育发展新质生产力的新动能。"③7月18日，中国共产党第二十届中央委员会第三次全体会议通过的《中共中央关于进一步全面深化改革、推进中国式现代化的决定》（全书简称《决定》）中指出，"加快形成同新质生产力更相适应的生产关系，促进各类先进要素向发展新质生产力集聚，大幅提升全要素生产率"④。

习近平总书记关于新质生产力的重要论述是马克思主义生产力理论中国化时代化的最新成果，丰富发展了马克思主义生产力理论，深

---

① 殷博古：《牢牢把握东北的重要使命　奋力谱写东北全面振兴新篇章》，《人民日报》2023年9月10日。

② 谢环驰、鞠鹏：《牢牢把握在国家发展大局中的战略定位　奋力开创黑龙江高质量发展新局面》，《人民日报》2023年9月9日。

③ 喻思南等：《加强基础研究，培育新质生产力》，《人民日报》2024年3月12日。

④ 《中共中央关于进一步全面深化改革　推进中国式现代化的决定》，人民出版社2024年版，第11页。

化了对生产力发展规律的认识，凝聚了我们党领导推动经济社会发展的深邃理论洞见和丰富实践经验，为新时代推动高质量发展提供了根本遵循。

一、生产力发展是社会进步的根本动力

人类社会的发展历程就是一部生产力不断进步的历史。从最初的石器时代、青铜时代，到铁器时代、工业革命，再到今天的信息时代，每一次生产力的飞跃都带来了社会制度的变革、人类生活方式的改变和文明的进步。可以说，生产力发展是推动社会历史前进的根本动力，是社会进步的基石。

（一）生产力发展的两种形式

马克思在《资本论》中明确指出，"生产力，即生产能力及其要素的发展"[①]。随着人类文明的更迭，生产力是不断进步的，处于"旧质"逐渐瓦解和"新质"逐渐形成的发展过程中。[②]生产力发展主要由两方面产生，一方面，生产力系统中原有要素的质量会不断被优化；另一方面，新的生产要素不断加入生产力系统。

在生产力系统中原有要素的质量优化方面，随着生产的不断进行，生产力系统中原有的技术要素、劳动力要素、资本要素、管理要素等均在不断优化。例如，技术是生产力系统中最核心的要素之

[①]　《马克思恩格斯文集》第 7 卷，人民出版社 2009 年版，第 1000 页。

[②]　韩喜平、马丽娟：《新质生产力的政治经济学逻辑》，《当代经济研究》2024 年第 2 期。

一，随着科学技术的不断进步，新技术、新工艺不断涌现，在这个过程中，企业通过引进、消化、吸收和再创新，不断提升技术水平，使原有技术要素得到优化，从而提高生产效率，降低生产成本。劳动力要素是生产力系统中最具活力的要素，随着教育水平的提高和人才培养机制的完善，我国劳动力市场的素质和劳动力技能熟练程度不断提升，高素质的人力资源为我国经济发展提供了强大的动力，使劳动力要素得到优化。

在生产力系统中加入新的生产要素方面，可以结合经济形态的更迭进行分析。在农业经济时代，土地和劳动是基本生产要素；在工业经济时代，随着机器大生产代替传统手工业，资本要素、技术要素新加入到生产力系统，并逐渐成为主要生产要素；随着数字经济时代的到来，数据就成为新的生产要素加入到生产函数中，成为新型生产要素，同时，数据和数字技术与劳动力、资本等传统生产要素的结合会发挥出乘数效应，赋予传统土地、劳动力、资本和技术等生产要素新的内涵，进一步构成新质生产力。

（二）生产力发展在社会发展中的作用

生产力发展是社会物质财富的基础，也是社会形态演进的决定性力量。生产力是指人类在生产过程中，运用生产资料对劳动对象进行加工的能力。马克思、恩格斯指出，人们所达到的生产力的总和决定着社会状况。[①] 本质上，生产力是决定生产关系的根本力量，而生产关系涵盖了生产、分配、交换和消费等环节，以及人们在生产过程中的地位和相互联系，还包括产品分配的方式，例如财产所有权、劳动

---

① 《马克思恩格斯文集》第 1 卷，人民出版社 2009 年版，第 533 页。

关系以及交换关系等方面。进一步地，与生产力发展特定阶段相匹配的生产关系总体构成了经济基础，而经济基础又决定了政治、法律、文化等社会上层建筑的性质。因此，生产力通过其对生产关系的决定性影响，进而决定了社会的经济结构、政治形态、意识形态以及整体的社会性质，最终推动人类社会从一个形态迈进另一个形态。

1. 生产力发展推动了社会制度的不断完善

在不同的生产力水平下，人类社会形成了不同的生产关系和社会制度。随着生产力的不断发展，原有的生产关系和社会制度可能会变得不再适应生产力发展的要求，从而引发社会制度的变革。例如，在农业社会，土地是主要的生产资料，地主阶级占有土地并剥削农民，而到了工业社会，生产资料的主要形式变为机器和工厂，资产阶级和无产阶级的利益矛盾日益尖锐，这种生产关系的变化，最终导致了社会制度的变革，如资本主义和社会主义制度的产生。从实践来看，随着生产力水平的提高，需要不断改革与先进生产力不适应的生产关系和上层建筑。邓小平同志曾明确指出："过去，只讲在社会主义条件下发展生产力，没有讲还要通过改革解放生产力，不完全。应该把解放生产力和发展生产力两个讲全了。"① 习近平总书记在纪念马克思诞辰 200 周年大会上强调："我们要勇于全面深化改革，自觉通过调整生产关系激发社会生产力发展活力，自觉通过完善上层建筑适应经济基础发展要求，让中国特色社会主义更加符合规律地向前发展。"② 当前，我国生产关系虽然在总体上是适应生产力发展要求的，但是新质生产力作为先进生产力，必然推动生产关系的重大变化，也必然要求

---

① 《邓小平文选》第三卷，人民出版社 1993 年版，第 370 页。

② 习近平：《在纪念马克思诞辰 200 周年大会上的讲话》，人民出版社 2018 年版，第 18 页。

与之适应的新的生产关系。

2. 生产力发展促进了人类文明的进步

从历史的角度看，生产力的提升推动了人类社会各个方面的发展：在农业社会，铁器和牛耕的使用显著提高了农业生产效率，使得人类从繁重的劳动中解放出来，有更多的时间和精力从事文化、艺术和科学活动；进入工业革命时期，机械化生产的推广大幅提升了生产效率，不仅满足了日益增长的人口需求，也为科技的飞速发展和城市化进程提供了物质基础；到了数字经济时代，信息技术的应用更是极大地缩短了信息传递的时间，促进了全球化的进程，使人类社会发生了深刻的变革。在当前的中国，发展新型举国体制下的新质生产力已经成为实现高质量发展的重要途径。新质生产力以科技创新为主导，通过颠覆性技术和前沿技术的攻关，推动产业体系的深度转型升级，提升全要素生产率。这种先进生产力的发展不仅有助于推动经济结构的优化升级，还能更好地满足人民对美好生活的需求，为构建新发展格局和实现中国式现代化提供坚强支撑。

3. 生产力发展有助于实现人的全面发展

人的全面发展是指人在物质、精神、社会和生态等各个方面都能得到充分的发展和提高，这不仅仅是单纯的经济增长所能涵盖的。在物质层面，生产力的发展可以提供更多的物质财富，改善人们的生活条件，满足人们的基本生活需求，为人的全面发展提供物质基础。在精神层面，随着物质条件的改善，人们有更多的时间和资源去追求艺术、文化、教育等精神层面的需求，提升自身的文化素养和道德修养。在社会层面，生产力的发展可以促进社会制度的进步和社会结构的优化，推动社会公平正义，实现人的社会权利，为人的全面发展创造良好的社会环境。在生态层面，生产力的发展可以推动科技的进步，帮助人类更好地理解和利用自然，实现人与自然和谐共生，为人的全面发展提供良好的自然环境。

二、新质生产力的内涵特征与形成条件

新质生产力是党中央在全面审视国际科技发展趋势和我国发展实际的基础上，提出的一个旨在推动我国经济社会持续健康发展的新概念，是当代马克思主义理论的重大创新，是中国全面建成社会主义现代化强国、推动经济高质量发展的必然选择。

（一）新质生产力的内涵特征

新质生产力是相对于传统生产力而言的，涉及领域新、技术含量高，依靠创新驱动是其中关键。在人类社会的不同历史阶段，不同的技术支撑和工具塑造了具有时代特点的生产力。新质生产力是以新技术深化应用为驱动，以新产业、新业态和新模式快速涌现为重要特征，进而构建起新型社会生产关系和社会制度体系的生产力。新质生产力的出现和发展壮大是推动人类文明进步的根本动力。

1.新质生产力的"新"维度

从经济学角度看，新质生产力代表着生产力的演进方向，相较于传统生产力，"新"主要体现在三个维度。

一是更高素质的劳动者。人是生产力中最活跃、最具能动性的生产要素，新质生产力对劳动者的知识储备和生产技能提出了更高的要求。不同于传统生产方式中从事简单重复劳动的普通技术工人，新质生产力中更多需要具备多维知识、能够熟练掌握新型生产工具的应

用型人才，以及能够在基础研究和关键领域引领重大突破的战略型人才。

二是更高科技属性的生产工具。新一代科学技术、新型制造技术、新型材料技术等高科技属性较强的生产工具不断融合延伸，打造出一批智能化、高效率、低碳化的新型生产工具，极大丰富了生产工具的表现形态，为新质生产力飞跃式发展提供了物质条件。

三是更广范围的劳动对象。劳动对象是生产活动的基础和前提。得益于科技创新的广度延伸、深度拓展、精度提高和速度加快，劳动对象的种类和形态大大拓展，不仅包括物质形态的高端智能设备，还包括数据等新型生产要素和新劳动对象。

2. 新质生产力的主要特点

数字经济时代的新质生产力是以数字化、网络化、智能化的新技术为支撑，以科技创新为核心驱动力，以深化高新技术应用为主要特征，具有广泛的渗透性和融合性的生产力形态，具有以下五个主要特点。

第一，新质生产力以数字化、网络化、智能化新技术为支撑。当前，全球科技创新水平进入爆炸式发展时期，新一代信息、生物、能源、材料等领域革命性技术层出不穷，呈现出纵向融合、横向交叉、多点突破的创新态势。同时，基础设施作为支撑经济社会发展的根基，在新技术的作用下呈现出扩充与延伸的态势，逐步构建科技化、数字化的新型基础设施体系。

第二，新质生产力以数据为关键生产要素。在"新技术诞生——关键生产要素变迁——基础设施、产业、生产组织形式、商业模式、制度框架等适应性改变——社会经济变革"的路径下，科技革命与经济变革之间存在着周期性的耦合。以数字化形式存储和传输的数据要素，凭借其固有的低边际成本、高度渗透性以及融合性等特征，可以推动生产装备、生产模式、要素分配方式不断更新，推动物质生产力优化升级。

第三，新质生产力以科技创新为核心驱动力。在传统的工业化生产时代，要素和投资的大量聚集投放是主要的生产驱动力。在新发展阶段和新形势下，传统的以要素驱动和投资驱动为代表的粗放式发展方式弊端更加凸显，要兼顾好发展和安全，就必须从创新中挖掘新路径、新要素，打造高水平的科技发展体系，为新质生产力发展提供有力支撑。

第四，新质生产力以深化高新技术应用为主要特征。一方面，以高端制造业、信息技术产业为代表的战略性新兴产业正在成为打造和发展新质生产力的核心领域，同时也是我国在新一轮工业革命中构建核心技术"护城河"和抢占国际竞争优势的新赛道。另一方面，还要通过形成新质生产力，运用新成果、新技术改造提升传统产业，为新兴产业发展提供坚实基础。

第五，新质生产力的经济社会影响具有广泛性和革命性。在新一代技术更新与数据要素重塑的双重影响下，新业态、新模式更新迭代持续加快，传统产业转型发展不断深化，由此产生的影响不只是体现在自然科学领域、经济发展和生产力范畴，还对人类社会的劳动方式、生产组织方式、社会组织运行和社会制度体系都将产生革命性影响。

（二）打造新质生产力的战略选择

加快形成新质生产力，既是重要战略机遇，也是推进中国式现代化建设的必然要求。我国发展新质生产力，重点在于提升自主创新能力。当今世界正在经历百年未有之大变局，我国也面临内部经济动能更迭、外部恶性竞争频发的局面。只有加快实现高水平科技自立自强，打好关键核心技术攻坚战，才能培育发展新质生产力的新动能。

1. 坚持以科技创新为引领

科技创新是推动新产业、新业态和新动力涌现的关键，是构建新质生产力的核心。坚持以科技创新为引领，培育发展新质生产力的新动能。我们需要着重推动科技创新达到领先水平，尤其是独创性和革命性的科技创新，快速实现高水平的科技自主和自强，打好关键核心技术的攻坚战，让独创性和颠覆性的科技创新成果不断涌现，从而培育新质生产力的新动力。充分发挥科技创新的指引作用，打造高质量发展新领域新赛道、塑造新动能新优势，为加快发展新质生产力提供持久动力。加强科技创新资源有效配置，着力加强对创新主体、创新要素等方面的培养力度，合理统筹科技资金、人才队伍、科研基础设施发展，打造先进科学的国家创新体系。强化国家战略科技力量，增强高质量发展的源动力，开展重点领域关键核心技术攻关，加快突破一批核心技术和标志性重大战略产品。

强化企业科技创新主体地位，引导各类创新资源向企业集聚，帮助企业加强创新研发能力投入，全面激发企业创新活力。鼓励企业主体与科研机构开展深度合作，推动科技成果工程化、产业化、市场化和社会化。高质量推动科技成果转化，打造科技、产业、金融等紧密结合的创新体系，构建以企业为主体、市场为导向、产学研用深度融合的技术创新体系，推进科技与经济深度融合，高质量促进科技成果转化，从而为加快形成新质生产力提供持续供给。建设高质量标准体系，强化产业标准系统化、国际化布局，以标准化引领产业创新发展。加强重点产业专利布局，提升工业领域知识产权创造、运用、保护和管理能力。

2. 构建现代化产业体系

构建现代化产业体系，为发展新质生产力提供产业基础。以科技创新为驱动力，推动产业创新并实现产业升级。加快科技成果应用转化，将前沿创新成果落实应用到具体产业和产业链上，改造提升传统产业，培育壮大新兴产业，着眼布局建设未来产业，完善现代化产业体系。

加快推动传统产业升级转型。大力推进企业生产手段优化改造，推动钢铁等重点行业加快重组并购，提高产业集中度，提升传统产业在全球产业链中的竞争力。巩固优势产业领先地位，增强新能源汽车、光伏、移动通信、电力装备等领域全产业链优势，打造更多中国名片。

培育壮大新兴产业。充分发挥新型举国体制优势，在关键核心技术创新上持续加力，开辟更多新领域新赛道，聚焦新一代信息技术、新能源、新材料等重点领域，加强技术攻关和成果转化，构建一批新的增长引擎。

布局建设未来产业。丰富完善应用场景，培育产业生态，抢占未来竞争制高点。着重建设生产性服务业，加快推动先进制造业与现代服务业融合发展。布局围绕新质生产力的现代化产业链，进一步强化产业链供应链的韧性和安全水平，确保产业体系自主稳定、安全可控。围绕推进新型工业化和加快建设制造强国、质量强国、网络强国、数字中国和农业强国等战略任务，科学布局科技创新、产业创新。大力发展数字经济，促进数字经济和实体经济深度融合，打造具有国际竞争力的数字产业集群。

3. 实现高水平科技自立自强

高水平科技自立自强是加快构建新发展格局的本质要求，实现高水平科技自立自强，为发展新质生产力提供强大支撑。纵观人类工业革命史，以创新为驱动的科技水平提升始终是一个国家、一个民族发展的不竭动力和生产力变革的核心因素。着力发展高质量经济，加快构建以国内大循环为主体、国内国际双循环相互促进的新发展格局，迫切需要创新做好"动力引擎"、当好"开路先锋"，为我国经济社会高质量发展注入强大动力。新时代新征程，贯彻新发展理念、构建新发展格局、推动高质量发展，更需要通过科学技术创新突破发展难题，更需要始终将创新作为发展的动力源泉。通过创新力量推动科技向上突破，不断实现高水平科技自立自强，才能以先进的科学技术作支撑，以质量变革、效率变革、动力变革推动现代化经济体系建设，为构建新发展格局、形成新质生产力、推动高质量发展提供关键着力点、主要支撑体系和新的成长空间，实现创新驱动型增长，将践行新发展理念的高质量发展目标扎实落地。

三、打造新质生产力的战略路径

（一）举全国之力在关键技术领域实现突破

加快完善新型举国体制，即聚焦关键核心技术问题，集成政府和私人部门资源共同攻克重大科技难题的组织模式和运行机制。在充分发挥国家战略导向作用时，形成以企业为主体的创新生态系统。一是要持续推动基础研究领域发展，加强对基础研究攻关和前沿技术研发相关投入，全面提升包括基础零部件（元器件）、基础材料、基础软件、高端芯片、工业软件等在内的产业能力,大力提升底层技术、关键核心技术自主供给能力和原始创新能力。二是提升科技资源配置效率,构建由国家实验室、高水平科研院所、高校和创新型领军企业共同参与的科技创新体系。三是要以关键产业链为核心,推动部署创新链,充分发挥科技创新对产业发展的驱动作用,以国家标准提升引领传统产业优化升级,支持企业用数智技术、绿色技术改造提升传统产业。对那些面临国外恶意打压的产品及所在产业链,既要增强自身产业在各产业链上的供给和配套能力,还要加大创新力度,推动产业不断向全球价值链中高端迈进。

(二)大力发展战略性新兴产业和未来产业

战略性新兴产业和未来产业是新质生产力的具体表现形式,科技创新和产业创新的深度融合是实现新质生产力的关键路径。在未来产业领域,在面对百年未有之大变局之际,培育发展未来产业有助于我国形成先发优势,抢占产业发展的先机。但由于未来产业处于产业生命周期的初期阶段,并不具备规模化生产和市场化运营条件,这要求我国对未来产业进行前瞻布局。一是要密切关注前沿技术发展动态。要以前瞻性技术创新应用培育发展战略性新兴产业和未来产业,加强关键共性技术、前沿引领技术、现代工程技术、颠覆性技术创新,用硬科技赋能现代产业体系,为新质生产力的持续发展蓄力。二是要面向通用人工智能、元宇宙、人形机器人、脑机接口等重点方向,发掘培育一批优势企业和相关研究机构,加速推进新技术新产品落地应用。三是要坚持企业科技创新主体地位,加快科技成果转化和产业技术创新,谋划和布局一大批高新技术产业落地,打造原始创新和产业创新高地,培育和发展新兴产业集群,以新兴产业发展引领新质生产力形成。四是加强新领域新赛道制度供给。建立未来产业投入增长机制，完善推动新一代信息技术、人工智能、航空航天、新能源、新材料、高端装备、生物医药、量子科技等战略性产业发展政策和治理体系，引导新兴产业健康有序发展。

（三）全面深化数字技术与实体经济融合

一是大力发展先进制造业，利用人工智能、物联网、大数据等新一代信息技术拓展生产和制造边界，全面提升资源配置效率、行业创新水平和竞争能力。二是畅通科技创新与产业创新循环，提升科技成果转化水平。探索构建"产业创新 + 企业创新"平台体系，为科技型初创企业提供覆盖全生命周期的创新创业服务。三是要提升产业链韧性和安全水平，针对一些具有国际竞争力的领域产业链不完整的问题，采取有效措施补链强链。

（四）大力培养复合型数字化创新人才

一是要深化人才制度和体制机制改革，尤其是在关键领域人才培养方面，与"新质生产力"的"新产业"和"新要素"发展相适应，强化"数智化"人才队伍培育，补齐关键技术领域人才缺口。探索建立差异化、长周期、多元化的专业人才评价体系。二是要深化高校、职业院校和企业之间的合作，推进高校学科建设和改革，尤其是与"新要素"和"新产业"相关领域的学科建设，强化人才自我培养，打通科研创新、科技成果转化、产业创新的"接口"。三是要利用技术对传统人才培养体系进行数据化、信息化、智能化、数字化的转型升级。四是加大高端人才引进力度，通过健全法律制度、简化审批流程等为技术移民提供制度保障等。在基础学科人才培养方面，提高全民教育水平，促进劳动力"质变"。

（五）以全面深化改革创新为形成新质生产力保驾护航

一是要处理好政府和市场的关系。在基础研究领域，与未来产业相关的前沿和重大技术创新面临着很大的风险和不确定性，充分发挥政府在动员、组织和协调全社会力量方面的优势；而在科技成果落地转化方面，需要更好发挥市场机制的作用。二是通过深化重点领域、关键环节改革，破除妨碍民营企业参与市场竞争的制度壁垒，支持民营领军企业组建创新联盟和创新联合体，营造公平竞争、容错宽松、充满活力的创新环境。三是持续深化知识产权保护、公平竞争、市场准入、社会信用等市场经济基础制度领域改革，深化数据要素市场化改革。

第三章
统筹新型城镇化与乡村全面振兴

　　城乡融合发展是中国式现代化的必然要求。党的十八大以来，以习近平同志为核心的党中央确立实施了新型城镇化战略。乡村振兴战略是党的十九大首次提出、二十大提出要进一步全面推进的重大战略。2023 年中央经济工作会议强调"统筹新型城镇化与乡村全面振兴"，形成城乡融合发展新格局。党的二十届三中全会更是将"完善城乡融合发展体制机制"作为进一步全面深化改革的重点任务加以提出。我国新型城镇化和乡村全面振兴已取得巨大成就，但城乡发展不平衡的问题依旧存在，要把推进新型城镇化和乡村全面振兴有机结合起来，促进各类要素双向流动，推动以县城为重要载体的新型城镇化建设，形成城乡融合发展新格局。

2023年中央经济工作会议明确提出，要把推进新型城镇化和乡村全面振兴有机结合起来，并在稍早召开的中央政治局会议上将统筹新型城镇化和乡村全面振兴与统筹扩大内需和深化供给侧结构性改革、统筹高质量发展和高水平安全一并推进。2023年底召开的国务院常务会议进一步提出，要深入贯彻党中央关于统筹新型城镇化和乡村全面振兴的部署要求，充分认识新型城镇化发展的巨大潜力和重大意义，牢牢把握以人为本重要原则，把农业转移人口市民化摆在突出位置，进一步深化户籍制度改革，加强教育、医疗、养老、住房等领域投入，推动未落户常住人口均等享有基本公共服务。党的二十届三中全会通过的《决定》强调，"缩小城乡差别，促进城乡共同繁荣发展"。说明新型城镇化和乡村振兴两大战略在国家总体战略布局中地位的提升，也预示着在今后一段时间，中央将加大对城乡融合、区域协调等国家空间结构的调整优化力度，在国土空间再平衡中寻找新的经济增长点和高质量发展的突破口。

一、理论逻辑：城乡发展道路的不同选择

即使是在今天，中国仍然有近5亿人口生活在农村，而站在中国现代化的起点上，农业的产值和农民的数量都在经济社会中占据主导地位。因此，无论在历史上还是在当前，乡村发展都是中国现代化建设事业的重中之重。然而，围绕着乡村如何发展的问题，在理论上始终伴随着激烈的争论，在实践中也一直存在着明显的分歧。

（一）两种第三世界发展理论：二元经济论与改造传统农业

20世纪40—50年代兴起的发展经济学所研究的核心问题是，作为第三世界的广大发展中国家如何能够迅速地实现工业化，从而赶超发达国家。但是，对于农业国工业化的实现路径，在发展经济学理论上却存在着分歧，形成了相互对立的两种理论观点，它们的代表人物分别是结构主义发展经济学家刘易斯和芝加哥学派代表人物舒尔茨。

刘易斯的发展理论体现在他的代表作《二元经济论》中。在这部论著中，刘易斯指出，发展中国家普遍存在着生产方式极为不同的二元经济部门，即在经济活动中使用资本的现代工业部门（资本主义部门）和不使用资本的传统农业部门（维持生计部门）。在刘易斯看来，资本积累和经济增长只发生在现代工业部门中，而传统农业部门由于存在着大量的剩余劳动力，劳动的边际生产率为零，收入仅能维持生存。因此，现代工业部门只要提供一个略高于生存水平的不变工资，就能获得来自传统农业部门近乎无限的劳动力供给。农业转移劳动力在和现代工业部门的资本相结合后，将创造出更多的经济产出，形成资本积累，从而进一步吸纳农业转移劳动力，并继续推动现代工业部门的扩张。伴随着剩余劳动力的转移，传统农业部门中的劳动力数量在不断减少，人均拥有的土地等生产资料开始增加，收入水平随之上升，并最终和现代工业部门的工资收入相等，达到"刘易斯拐点"。[①]在刘易斯看来，农业国实现工业化的唯一途径，就是通过大力发展工业，使传统农业部门中边际生产率为零的剩余劳动力转移出来，从而

---

① [美]威廉·阿瑟·刘易斯：《二元经济论》，施炜等译，北京经济学院出版社1989年版，第1—10页。

提高农业部门中的人均资源拥有量。在这一过程中，不可避免地会发生农业的衰退、农村的凋敝和农民的贫困，但这是一个必要的过程，只有这样，农业部门中的劳动力才能更快地向工业部门转移，从而促进传统农业部门的现代化。也就是说，对农业农村的轻视最终将产生有利于农业发展的结果。

舒尔茨的观点与刘易斯截然相反，集中体现在他的代表作《改造传统农业》上。在这部著作中，舒尔茨坚决反对片面重视工业而轻视农业的观点，在他看来，农业绝不是那么消极无为，相反，它可以成为经济增长的"源泉"。但舒尔茨同时也强调，传统农业很难对经济增长做出什么贡献，唯有现代化的农业，才能推动经济腾飞。因此，如何把传统农业改造成现代农业，也就很自然地成了要讨论的中心问题。在《改造传统农业》中，舒尔茨指出，改造传统农业的关键，是要有新的生产要素的供给者，同时还要使农民愿意接受这些新的生产要素。而一旦农民接受这些要素，就要学会如何使用，以便充分发挥它们的作用，这必然要求农民掌握新的知识和技能，获得知识和技能需要付出成本，也就是人力资本投资。在人力资本投资中，学校教育是最大的一块。舒尔茨乐观地指出，农业可以成为经济增长的发动机，这已不容置疑。但是，政府必须向农业投资，这不仅要注意投向，还要对农民给予指导和鼓励。"一旦有了投资机会和有效的刺激，农民将会点石成金。"[1]

刘易斯的《二元经济论》和舒尔茨的《改造传统农业》代表着发展经济学说史上截然对立的两种农业农村发展理论。正因为如此，1979 年的诺贝尔经济学奖，同时授予了这两位经济学家。

---

[1] [美] 西奥多·W. 舒尔茨：《改造传统农业》，梁小民译，商务印书馆 2017 年版，第 4—5 页。

（二）两条社会主义发展道路：社会主义原始积累与工农联盟

在苏联的缔造者列宁于 1924 年去世之后，这个初步从战后破坏的经济中恢复过来的国家面临着如何完成国家工业化任务和社会主义建设向何处去的问题。对这一问题，苏联党内出现了严重的分歧，矛盾双方的代表人物分别是苏联左派政治人物托洛茨基和列宁主义的传承者布哈林。

托洛茨基秉持"社会主义原始积累"理论。托洛茨基认为新经济政策实施后轻工业的"繁荣"只是表象，其基础狭隘，必须集中力量冲出重工业的死胡同，制定出工业的全面计划，而不是依赖市场和供求的自发作用。托派另一位重要的理论家叶·阿·普列奥布拉任斯基在《新经济学》中指出，向社会主义生产组织过渡的某一国家在经济上愈落后，小资产阶级性即农民性愈严重，无产阶级在社会革命时期能得到充作自己社会主义积累基金的遗产愈少，这个国家的社会主义积累就愈加被迫依赖于社会主义之前的经济形式的剥削。要在生产力不发达、小农占优势的国家实现工业化，必须有一个类似资本主义原始积累的时期，靠剥夺农民为工业化建设积累资金。因此，必须消灭私人农业、打击富农，成立集体农庄，以生产资料公有制组织农业生产经营，建立能够支撑庞大工业结构的农业基础。

布哈林坚决反对托洛茨基的理论。他指出，社会主义国家在消灭了地主的土地占有制和剥夺了资产阶级之后，最重要的是要引导工人和农民这两个阶级共同走社会主义的道路。布哈林警告说，如果按照托洛茨基的农业"基本规律"，国营工业破坏、排挤、吞并农村的小经济，然后由无产阶级"自己的农业"取而代之，小农经济通过系统的剥削被破坏，而无产阶级则按照原始积累的办法行事，绝对不是列宁的社会主义方向。"我们使我国走向社会主义生产并不是通过在使农民经济破产的基础上以苏维埃经济来排挤农民经济的道路，而是通过完全不同的另一条道路，这就是吸引农民参加同我们有联系的并在经济上依赖国家及其机构的合作社；我们走向社会主义是通过流通过程，而不是直接通过生产过程；我们是通过合作社走向那里的。"① 布哈林反复强调工农联盟的重要性，而且从世界经济史的视野对托派思想和普氏的社会主义原始积累理论进行了批判。

在真实的历史中，苏联选择了社会主义资本原始积累的道路，通过全盘集体化，建立起了一套低交易成本且高效占有农民经济剩余的体制，确保了城市工业化建设的粮食供给。其代价是造成了 20 世纪 30 年代初的大饥荒。然而，正是凭借着这种"铁腕"工业化的过程，苏联才在第二次世界大战中，在没有外援的严重危机情况下，顶住了德国纳粹铁骑长驱直入的强大攻势，扭转了整个世界反法西斯战役的被动局面，并成为战胜法西斯最重要的力量。

（三）两个传统社会改造方案：农业的社会主义改造与改良主义乡村建设

新中国早期的社会主义革命和建设深受苏联模式的影响。对于如何快速实现工业化的问题，作为新中国缔造者的毛泽东，其思想兼具结构主义发展经济学家和苏联社会主义原始积累理论的特点，强调通过集体化和建立二元经济体制的方式推进国家工业化。而兴起于 20 世纪 30 年代的乡村建设学派则秉持改良主义观点，反对阶级对立，主张建设乡村、教育农民、复兴乡村。

---

① 中共中央马恩列斯著作编译局、国际共运史研究所编：《布哈林文选》上册，人民出版社 1981 年版，第 223 页。

在土地改革后，农村面临的中心任务是发展农村经济。毛泽东认为个体农民靠单干增产是有限的，并且容易出现两极分化，因此必须发展互助合作。根据过渡时期总路线，"三大改造"中农业的社会主义改造实际上就是农业的合作化。到 1956 年底，农业社会主义改造在经历了互助组、初级社、高级社三个阶段后基本完成，全国加入合作社的农户达 96.3%。中国农村在发展稳定的气氛中完成了几千年的分散个体劳动向集体所有、集体经营的历史性转变。而随着 1958 年北戴河会议的召开，人民公社化运动兴起。到 1958 年底，全国 74 万多个农业生产合作社合并成了 2.6 万多个人民公社，99% 以上的农户加入了人民公社。人民公社化运动与户籍制度和粮食统购统销共同构成了二元经济体制，在工农业产品价格"剪刀差"体制下，大量的农业经济剩余转移到城市工业部门，推动着国家工业化进程。有学者测算，在 1952 年至 1997 年的 46 年间，农民以工农产品价格"剪刀差"的方式为国家工业化提供资金积累约 1.3 万亿元。①

乡村建设学派的代表人物梁漱溟认为，发展农业要靠农会，但农会在土改以后作用就减弱了。现在只有依靠乡村的党政干部，但现在的乡村干部，有强迫命令、包办代替的问题，质量上都不太够，因此要下大力气教育农民，单靠行政命令是不行的。梁漱溟认为共产党工作重心从农村转入城市后，乡村变得空虚，近几年来，城乡差别拉大。他做了个比喻，认为城里工人在"九天"，农民生活在"九地"，有"九天九地"之差。②

---

① 孔祥智：《新中国成立 60 年来农民对国家建设的贡献分析》，《教学与研究》2009 年第 9 期。

② 马东玉：《梁漱溟传》，东方出版社 1993 年版，第 231 页。

（四）两套"三农"问题解决思路：工业和城市中心主义与新乡村建设学派

自新中国成立以来，中国的工农城乡关系经历了不同的阶段。在改革开放之前，农业支持工业、为工业提供积累，工业发展依赖于农业剩余；改革开放之后到 21 世纪初，是二元体制局部瓦解的城乡关系缓和阶段；2003 年农村税费改革到党的十九大之前，是工业反哺农业、城市支持乡村的统筹城乡发展阶段。然而，这几个阶段的共同特点，都是以工业和城市为中心的发展思路，即使是在统筹城乡发展阶段，也是"以城统乡"，三大要素从农村向城市流动，乡村自身的价值和发展权利被忽视。

这种以工业和城市为中心的发展思路，深受结构主义发展经济学、苏联社会主义原始积累理论和新中国早期二元体制的影响。在这一发展思路下，农村成为城市粮食和工业原料供应基地，农业的发展即是农村的发展，农业的现代化等同于农民的增收，"三农"基本上变为"农业"的"农"，"农村"的"农"和"农民"的"农"是附属物，农业发展往往也窄化为粮食农业，多元化经营不被重视和支持，使得经营农业变得没有发展前途，大量农民开始离乡进城寻找非农就业机会，导致村庄凋敝、村务废弛。青壮年劳动力的流失使得乡村活力丧失，一些乡村逐渐沦为空心村，离乡农民工不得不忍受家庭的分离和候鸟式的城乡迁徙，自身全面发展机会也受到限制。

在这个背景下，近年来兴起了一股新的乡村建设思潮，其几个代表人物的政策主张与 20 世纪 30 年代的乡村建设学派有类似之处，主张乡村要发展和生态文明理念相结合的本地化乡土教育、本地化的社会治理、本地化的社会可持续发展以及本地化的自由组织。新乡村建设学派在实践中的特点包括：第一，通过基于土地集体所有制为基石的农民村社共同体重建，以增强农民及农民组织的主体性。第二，通过村社共同体内置合作金融来激活村社共同体。第三，将农民主导的统分结合双层经营体制完善起来，为生产产品及其价值最大化做服务。应该说，新乡村建设学派的理论和实践在当前都有很积极的意义和建设性价值。但是，该学派不主张农民参与到城市主导的工业化进程中去，过分强调乡村内生工业化的作用，带有一定的反现代化和否定发展主义的思想特点，具有一定的保守性。

二、历史逻辑：从城乡二元到城乡一体

工农城乡关系的演进内生于国家的工业化阶段。新中国成立以来，伴随着工业化进程，我国的工农关系、城乡关系大致经历了四个不同的阶段，即改革开放之前的城乡分治阶段，改革开放后到农村税费改革前的城乡二元结构缓和阶段，农村税费改革后到乡村振兴战略提出前的城乡统筹发展阶段，以及乡村振兴战略提出后的城乡融合发展阶段。纵观当代中国工农城乡关系演进史，其最显著的特征就是呈现出由歧视到平等、由分割到融合的发展趋势。

（一）城乡分治：农业支持工业，为工业提供积累

落后的农业国要想实现工业化，首要的任务就是进行资本的积累。在世界近代史上，资本积累大致有三种不同的方式：一是对外殖民掠夺，二是接受外国援助，三是基于工农业产品价格的"剪刀差"体制转移农业经济剩余。在 20 世纪 50 年代，殖民主义已经一去不复

返，通过第一种方式进行资本积累已不可行；而接受外国的经济援助往往要附带政治条件，对于追求主权独立的国家也是无法接受的。因此，在新中国成立初期，留给中国的工业化资本积累道路只剩下了一条，即通过城乡分治，以农业支持工业，为工业化提供积累。于是，一套城乡分割的二元经济体制被建立起来。

城乡二元体制主要有三个重要的标志：一是粮食统购统销制度。新中国成立之初，为了应对城镇和矿区人口迅速增加对粮食的大量需求，国家决定改变市场收购农产品的办法，采取计划收购。从 1953 年起，国家对主要农产品逐步实行了统一收购，并对城区和矿区人口实行定量配给制度。[①] 二是建立户籍制度。在统购统销制度下，城乡居民在粮棉油等农产品供应体制上的巨大差距，使得农村居民有着进入城市的愿望，而如果放任农民离农进城，粮食供给必将出现压力，这迫使政府采取措施阻止农民向城市"盲目"流动。1958 年 1 月，全国人大通过了《户口登记条例》，从法律上对农民迁入城市做出了限制。三是建立人民公社制度。由于农产品统购统销和户籍制度并不能解决农业发展的问题，而农业合作化在当时被认为是提高农业生产效率的出路，并且合作社的规模越大，效果越好。于是，在 1958 年 8 月，中央政治局通过了《中共中央关于在农村建立人民公社问题的决议》，随即在全国迅速形成了人民公社化运动的热潮。[②]

在 20 世纪 60—70 年代，城乡分治的二元体制进一步强化。在市场交换方面，农产品收购价格被压低，工业品价格被抬高，农业经济

---

① 《中央人民政府政务院　发布关于实行粮食的计划收购和计划供应的命令》，《人民日报》1954 年 3 月 1 日。

② 国务院发展研究中心农村经济研究部课题组、叶兴庆、徐小青：《从城乡二元到城乡一体——我国城乡二元体制的突出矛盾与未来走向》，《管理世界》2014 年第 9 期。

剩余通过这种价格"剪刀差"持续输送到工业部门。在基础设施建设方面，城市基础设施建设被纳入公共财政预算，而农田水利等农村基础设施投入主要由农民自己解决，城乡差距日益显现。在公共服务方面，城市居民由"单位"提供比较完整的公共服务和社会福利待遇，而农村除"五保户"供养、合作医疗由集体经济组织承担外，没有其他任何社会保障，农业户口与非农户口的福利含金量差距逐渐拉大。

（二）关系缓和：城乡二元体制的局部瓦解

20世纪80年代初的农村家庭联产承包责任制改革，是当代中国工农城乡关系演进史上的第一个里程碑，改革不仅理顺了农民与集体的关系，更是拉开了城乡关系走向缓和的序幕。总体上看，这一时期的城乡二元体制在不同领域呈现有进有退、进退交错的格局。

一方面，伴随着农村经济体制改革的推进，农产品购销市场化改革也得以实施。1985年中央一号文件《关于进一步活跃农村经济的十项政策》提出改革农产品统派购制度，扭转了工农业产品价格的"剪刀差"体制，逐步趋于平等交换。从20世纪80年代中后期开始，城乡分割的户籍制度也逐渐破冰，农民被允许自理口粮进入小城镇落户，而随着城镇就业市场化改革的不断深化，城乡人口流动的限制也逐渐放开。

另一方面，城乡二元结构某些领域的改革进展缓慢，甚至在进一步强化。例如，户籍制度改革仍然滞后，进城打工的农业转移劳动力在教育、医疗等基本公共服务领域受到诸多歧视性待遇。在土地制度领域，1982年宪法确立了城市土地属于国有、农村土地属于集体所有的二元所有制结构；1998年新《土地管理法》对土地用途及其转换做出了明确规定，城乡土地利用的二元分割由此形成。自此，城市国有土地的权能逐步拓宽，城市从事工业、商住以及公益性项目都可以征收农村土地，而农村土地只能用于农业生产经营，农地转为集体建设用地的空间越发狭窄。

（三）城乡统筹：工业反哺农业，城市支持农村

真正从全局上系统性地破除城乡二元结构、推进城乡一体化建设，是党的十六大之后的事。党的十六大报告明确指出，"城乡二元经济结构还没有改变"，首次提出了"统筹城乡经济社会发展"的指导思想。党的十七大报告再次强调，"要加强农业基础地位，走中国特色农业现代化道路，建立以工促农、以城带乡长效机制，形成城乡经济社会发展一体化新格局"。党的十八大报告则进一步指出，"城乡发展一体化是解决'三农'问题的根本途径"，党的十八届三中全会作出进一步阐释，"形成以工促农、以城带乡、工农互惠、城乡一体的新型工农城乡关系。"这一时期，国家在破除城乡二元体制，推进城乡统筹发展方面采取了一系列重大举措。

一是推动基本公共服务逐步覆盖农村。从 2003 年开始到党的十八大召开，连续 15 年的中央一号文件聚焦"三农"，公共财政的阳光照耀农村，使得广大农村的面貌发生了翻天覆地的改变。在税收方面，国家免除了绵延 2000 多年的农业税，减轻了农民负担，同时建立了全面的农业补贴制度，让农民从种地中得到了实惠，牢固了农民与土地的关系。在教育方面，结合农业税费改革，建立了农村义务教育经费保障机制，实施了"两免一补"政策，教师工资、校舍维护和公用经费实现由公共财政承担。在医疗卫生方面，国家启动了健全农村医疗卫生服务网络、改善农村卫生服务条件的建设规划，建立了三级医疗卫生服务体系，普及了新型农村合作医疗保险制度。在社会救

助方面，将"五保"供养由农村集体福利事业转变为国家救助制度，并实现城乡大病医疗救助全覆盖。在养老保障方面，实现了新型农村社会养老保险制度全覆盖，并在全国绝大多数省份实现了城乡居民基本养老制度的并轨。①

二是实现农民工政策取向由限制流动到保障权益、促进市民化的重大调整。随着农村乡镇企业的崛起，农民开始获得就地从事非农产业、实现非农就业的权利；随着对外开放的扩大和户籍管制的松动，农民得以大规模地转移到城市务工经商。同时，在国家制度层面，以2003年"孙志刚事件"为转机，实现了对农民工由限制自由行动向保护合法权益的重大转变；以2008年国际金融危机的爆发为转机，实现了由注重维护农民工短期权益向促进农民工市民化的重大转变。

三是在局部地区探索农村集体土地进入城市土地一级市场的途径。在城市规划区外，探索集体土地使用权入股高速公路等经营性项目的做法。在城市规划区内，开展利用集体土地建设公租房试点。提高征地补偿标准，实行留地安置，开展城乡建设用地增减挂钩试点，让城市化地区之外的农民分享城市化带来的土地增值收益。

（四）城乡融合：工农互促，城乡互补

党的十九大报告首次提出"实施乡村振兴战略"，并提出乡村振兴的制度保障是建立城乡融合发展的体制机制和政策体系。城乡融合发展是对城乡统筹发展的一次全面的超越和提升，代表着中国工农城乡关系演进到了"工农互促、城乡互补、全面融合、共同繁荣"的崭新历史时期。党的二十大报告进一步提出"全面推进乡村振兴"，中

---

① 刘守英：《乡村振兴战略是对重农业轻乡村的矫正》，《农村工作通讯》2017年第21期。

国的城乡关系进入融合发展新阶段。

城乡统筹的本质是立足于城市来"统"农村，主要解决的是"城市有、农村没有"和两者差距太大的问题，它虽然对缩小城乡差距起到了重要作用，但没有解决城乡两个空间在市场经济中平等发展的问题。在城乡统筹中，政府依旧占据主导地位，市场的力量发挥不足，结果是用城市去"统"农村，农民没有利用土地等资源、平等参与工业化、城镇化的权利，生产要素的双向流动机制没有建立起来。由于城市和乡村两个板块并没有形成协调发展的格局，使得城市高度繁荣、农村日益衰败的局面并没有得到根本改观。①

城乡融合恰恰就是通过市场机制和政府推动相结合的方式，解决城乡统筹所未能解决的城乡两个地域空间平等发展的问题。城乡融合发展的核心任务是要通过城乡二元制度的改革，实现劳动力、资金、土地等生产要素在城乡之间双向流动，使农村从被动接受城市反哺转变为主动谋求作为，成为与城市一样的可以对经济增长作出重要贡献的平等空间单元。

三、现实逻辑：城乡融合发展的突破口

城乡融合发展是中国城乡关系的最新特征，而这一特征的体现需要寻找一个空间载体或者统筹新型城镇化与乡村振兴的突破口。县城位于城市与乡村的交汇点，是城乡之间生产要素流动、基础设施互通和公共服务普惠的桥梁，因而也是城乡融合发展的天然载体。

---

① 邹一南：《户籍改革的路径误区与政策选择》，《经济学家》2018 年第 9 期。

（一）县城是统筹新型城镇化与乡村振兴的突破口

产业振兴是乡村全面振兴的基础。当前，我国农村产业发展面临的一个共性问题就是产业规模小、布局分散、竞争力弱，其根源在于缺少一个能够将农村产业加以统筹整合起来的中枢。

1.县城是乡村产业发展的动力龙头

县城以其独特的区位及其与广大农村地区密切的联系，天然地成为统筹整合农村三次产业、改变农村产业发展"小散弱"局面的动力龙头。

对于传统种养殖业，生产规模小、产业链条短是阻碍其发展的关键因素。分散经营的小农户在农资采购、生产技术、产品销售等环节时常处在不利的市场地位，有着强烈的寻求联合、提升组织化水平的需要。县城立足城市、面向农村，具有充足的市场资源和行政力量去推动农户之间形成更广泛的横向一体化和纵向一体化组织，进而提高小农户面对大市场时的谈判地位。事实上，当前农村产业革命和新型农业经营主体的培育，主要的实施主体就是县级政府，未来进一步推动乡村产业振兴，仍然需要充分发挥县城在提升农业产业化水平上的作用。

对于乡村工业，关键是要解决好产业集聚发展和品牌建设的问题。当前，很多地方围绕特色农产品和农村特色资源打造了一些农产品加工等工业项目，为实现农民收入增长、带动贫困户脱贫以及为当地创造税收起到了一定作用。但是，这些农村非农产业项目普遍存在产品同质化、分散化、生产能力和品牌建设不足的共性问题，未能形成区域发展合力，后劲较弱。对此，县城可以充分利用自身拥有工业园区的优势，整合辖区内的优质非农产业项目入园发展，形成集聚经济和规模经济效益。对同类产品，县级政府可以出手整合并成立产业投资公司，打造共同的地理标志品牌，形成发展合力，推动产业可持续发展。

对于乡村旅游、休闲农业等第三产业，若不加整合，也会陷入分散经营、各自为战的局面，既不利于形成有知名度的旅游品牌，也难以保证良好的游客体验。对此，县级政府可充分利用自身统筹协调乡村旅游资源的能力，重点打造有发展潜力的旅游项目，并实施县城到乡村旅游景点的基础设施对接，集中力量进行宣传资源投放等措施，以点带面推动县域乡村旅游等第三产业的跨越式发展。

2. 县城是实现基本公共服务均等化的战略支点

由于历史的原因，中国城市和乡村的基本公共服务水平有很大差距，城乡之间在义务教育、医疗卫生等公共服务和基础设施建设等方面的供给长期不平等。近年来，国家出台了很多促进城乡基本公共服务均等化的政策措施，对于缩小城乡公共政策和公共服务差距起到了重要作用，但与真正实现城乡一体化的基本公共服务配置仍有较大差距。

县城对于推动实现城乡基本公共服务均等化有着独特的作用。一方面，县域是城乡基本公共服务差距对比最明显的地域范围。对于农村居民来说，无论是进城务工、经商赶集还是培养子女、问诊就医，大多是将县城作为首选的目的地。也就是说，农村居民获得基本公共服务的解决方案主要在县域范围内获得，因此，如果在一县之内的教育、医疗、就业等基本公共服务城乡差距过大，极易产生严重的相对剥夺感，从而引发社会心理失衡。相比之下，在不同区域之间基本公共服务的差距即使更为明显，对于绝大多数农村人口来说，并不会切身地感受到，对自身幸福感的损害程度远不及县域范围内的城乡差距。

另一方面，县城是未来中国新型城镇化建设的重中之重，将吸纳大量的农业转移人口，也将成为基本公共服务建设的重点地区。当今世界，成功迈入高收入经济体国家的城镇化模式大致有欧美均衡化城镇化模式和日韩集中型城镇化模式两类。对于中国来说，集中型城镇化并不可取，应选择均衡型城镇化的道路。其一，作为一个有着14亿多人口、未来将有近10亿城镇人口的大国，绝无可能像日韩那样，通过将人口集中在少数几个特大城市完成全国城镇化的任务，广大中小城市应发挥更大作用。其二，当前中国主要城市群中特大城市人口已接近饱和，北京、上海等城市已进入世界上人口最多的少数城市行列，疏解大城市人口成为应有之义，县城将成为人口疏解的重要空间。因此，作为未来农业转移人口聚集地的县城，必将产生对基本公共服务最强烈的需求，加强县城的教育、医疗等资源配置是实现基本公共服务均等化的题中应有之义。

3.县城是农业转移人口的重要归宿

农村劳动力向城市转移是一国走向现代化的必由之路。曾几何时，向东部沿海发达地区的一二线城市转移，获得更高的工资性收入，是广大中西部农村剩余劳动力的首选。但是，随着近年来一系列区域协调发展战略的实施，国家支农扶农力度的加大，就地就近转移成为越来越多的农业转移人口的选择。从2008年至2022年，在本地就业的农民工数量在农民工总量中的占比从37.7%提升到了41.9%；在外出就业的农民工中，选择在省内就近就业的农民工占比也从46.7%提升到58.9%。对于就地就近就业的农民工，县城即使不是其直接就业落户的地点，也必然与其就业落户的地点有着密切的社会经济联系。可以说，县城已经越发成为农业转移人口就业的承载空间。

不仅如此，从新增城镇人口的结构来看，非劳动力人口占比越来越大，举家迁移逐渐成为新市民的主流。从 2014 年至 2023 年底，我国城镇化率提升了近 12 个百分点，城镇人口增加 1.8 亿以上。如果假定将全部农民工（包括本地农民工）都算作城镇人口，新增农民工在新增城镇人口中占比已从 2010 年前后的 28.3% 左右下降到 2023 年的 16% 左右。按照趋势，"十四五"期间，新增农民工在新增城镇人口中的占比将下降到不足 10%，非劳动力农业转移人口将构成新增城镇人口的主体。

新增农业转移人口以非劳动力为主的变化趋势，意味着未来将有大量的老人、妇女、儿童等农民工家属作为新增农业转移人口进入城市，也意味着城镇化率的提高将更多通过城乡区划调整和撤村并居的方式实现，而非通过农村劳动力异地迁移务工的方式实现。一方面，农民工家属等非劳动力的增多，使得农业转移人口群体对城市的教育、医疗、社保、住房保障等基本公共服务的刚性需求增大，大城市尤其是东部沿海一线城市将难以承载数量如此众多的非劳动力人口进城，而作为小城市的县城因其市民化成本低，与农村联系紧密，则可以在疏解人口压力方面起到关键作用。另一方面，由于城乡区划的调整主要是通过县一级行政单元来完成，县城自然也应当发挥出中国城镇化下半程的主力军作用。

4. 县城是土地资源公平配置的实施空间

土地资源公平配置是实现城乡融合发展的关键。改革开放以来，我国土地开发利用制度的城乡二元体制不仅没有缓解，反而有所加强，使得土地成为人、地、钱三大生产要素中最具有二元体制特征的一类生产要素，而这一过程在县域层面的表现更为明显。

早在 20 世纪 80 年代时，农村居民是可以利用本村的土地办工厂、建城镇的，曾经乡镇企业的大发展就是得益于农民可以通过直接使农地非农化获得土地开发的增值收益。但是，随着分税制改革和《土地管理法》的修订，地方政府尤其是县级政府对待土地和乡镇企业发展的态度发生了变化，由过去财政大包干制下的"以地兴企"转变为"以地生财"。农村土地非农化开发必须使用国有土地和农村集体土地须经征收方能转为国有土地的规定，使地方政府获得了土地一级市场开发权，土地出让收入也成为县级政府弥补自身财政收入不足的重要来源。2008年国际金融危机后，县级政府纷纷成立平台公司，以土地出让收入为抵押从银行获得贷款，"以地生财"进一步转变为"以地融资"，土地资源取之于农、用之于城，使作为土地所有权拥有者的农村集体和土地使用权拥有者的农民受到不公的待遇。

解铃还须系铃人。在城乡融合发展体制机制和政策体系中，最关键的一条就是建立城乡平等使用土地获得发展的权利，改变农民"守着地、没地用"的状态。作为土地财政和土地抵押融资最直接受益者的地方政府，尤其是县级政府，要有足够的勇气和智慧去引领推动农村土地制度改革。在县域层面，实现土地公平利用的重点是在征地制度改革上取得突破，一方面，应在符合规划和用途管制前提下，允许本县农村地区的居民利用集体建设用地从事非农建设，并享有出租、转让、抵押的权利，探索集体经营性建设用地直接入市在县域的实现。另一方面，应对农地非农使用的增值收益进行合理补偿。对于在城市扩展过程中被动城镇化的农村居民，其在土地征用之后应得到公平、适度的补偿。探索通过户籍制度与土地制度的联动，在县域城镇化进程中赋予进城农民主体地位，确保土地的增值收益主要用于被征地农民在城市的生活和发展所需，使其可以主动将农村土地权利与城市户籍福利实现互换，从而在县级层面同步实现农业现代化和新型城镇化。

5.县城是农村资金融通的运转枢纽

贷款难是农村金融发展的头号问题。在 20 世纪 90 年代前，全国农业系统中曾经产生过一个农村合作基金会网络，成为服务农民资金融通需求的中介组织，各个县级行政单位则是这一网络的重要节点。虽然从未被当作过正式金融机构，并且受到地方政府的隐性抑制，合作基金会仍然高速发展，在 20 世纪 90 年代中期曾经遍布全国接近 4 成的乡镇，拥有超过一千亿元的资金。[①] 但是，出于金融安全问题的考虑，繁荣一时的农村合作基金会最终还是被取缔了，农民的资金融通需求只能从"正规"金融系统中获得。

近年来，国家从多个方面试图加强农村正规金融系统服务农民的作用，但取得的效果有限。首先，农业发展银行从农业银行中独立出来，成为专门的政策性银行。由于农发行主要负责的是农产品收购贷款，并未提供全面的农村政策性金融，信贷业务范围有限，无法满足量大面广的农户层面的资金信贷需求。其次，通过邮政储蓄系统和金融扶贫项目增加小额贷款供给。邮储系统在 2007 年之前一直是"只存不贷"的吸金机制，之后虽然改制为邮储银行，但信贷支农力度仍然比较微弱。扶贫贴息贷款也因为农村精英俘获和寻租行为难以真正惠及普通农户。再次，农信社实现了股份制改革。根据改革的顶层设计，农信社本应起到农村合作基金会退出后的合作金融作用，但事实上却在商业化的道路上越走越远。农信社一方面既缺乏内部激励进行真正的合作化，另一方面地方政府也不断对其加以管理上的干预，最终使得农信社系统实际上发挥了将农村储蓄导向城市工商业部门的作用。

---

① 周立:《中国农村金融体系的政治经济逻辑（1949—2019 年）》,《中国农村经济》2020 年第 4 期。

由此可见，要激活农村金融，真正化解农民贷款难问题，还是需要依靠内生于村社内部的资金互助机制。而要使得农村资金互助能够获得可持续的发展，必须在县级地方政府层面取得政策支持。当前，新一代的乡建运动倡导者在全国各地如火如荼地开展着农村内置金融合作改革，如河南省信阳市平桥区、山西省运城市闻喜县等地区，都在县级政府层面出台了相应的支持政策，确保这类资金互助组织的健康发展。可以预期，未来在全国范围内推广农村资金互助，必须在机制设计、风险管控、配套服务等诸多方面走上规范化道路，而推动这一进程的主体只能是县级地方政府，只有立足城市面向农村的县城才能真正成为融通农村资金的枢纽。

（二）以县城为载体推进城乡融合发展的重点举措

以县城为载体推进城乡融合发展，要坚持科学谋划、有序推进，把握一条主线，抓住两个要点，布局三个空间。即把握住促进人、地、钱生产要素在城乡之间平等双向流动这条主线，紧抓农村一二三产业融合发展和县域范围内城乡基本公共服务均等化这两个要点，布局以县城为中心、特色小镇为重点、广大农村为腹地的三大地域空间。壮大县域富民产业，构建多元化食物供给体系，培育乡村新产业新业态。

1. 以县城为中心辐射带动农村一二三产业融合发展

在县域内推动农村一二三产业的融合发展要因地制宜、多措并举。

一是立足农业，从产业链上游自上而下地向农产品加工、直销、餐饮、物流等服务业顺向融合。深化承包地所有权、承包权、经营权分置改革，发展农业适度规模经营。通过在县城经开区、工业园区兴办农产品产地加工业、建立农产品直销店等举措，打通农业上下游产业链，还可以通过电子商务等渠道直接形成链接农产品生产和消费的农业全产业链发展模式。

二是依托农产品加工业或流通业的龙头企业，建设优质、高效、生态、安全甚至高产的农产品原料基地，实现自下游至上游的一二三产业逆向融合。通过这种方式，可以为农业龙头企业提供数量稳定、质量可靠的原料农产品，强化覆盖全程的农产品质量安全保障体系。

三是通过发展面向县城乃至更广阔城市地区的休闲农业和乡村旅游业，激活农业的多样化功能，使其能够满足城市人追求慢节奏生活、亲近大自然、体验乡愁的需求，从而全方位提升农业的生态功能和经济价值。对此，可以充分发挥县城人才相对集聚的优势，鼓励返乡创业者用经营文化、经营社区的理念，打造乡村旅游景点，培育各具特色的休闲农业和乡村旅游品牌。

四是由县级政府主导或在县级政府引导、乡镇政府主导下，成立农业生产性服务组织或建设以服务为主业的农业龙头企业，引领带动农业规模化经营方式的转变，以服务的规模化弥补经营细碎化的缺陷。例如，通过市场化的农机服务、动植物疫病防治服务、农产品流通服务、生产资料购销服务和资金互助服务等，承接农户的服务外包、土地托管，解决农村劳动力转移背景下的"谁来种地"问题，推动由土地撂荒向集约化利用转变。[1]

2. 加快实现县域范围内城乡基本公共服务均等化

城乡基本公共服务均等化并非指城市与乡村的基本公共服务水平完全相等，因为这既不可能也没有必要。但是，我们要力争做到的是

---

[1] 姜长云：《推进农村一二三产业融合发展的路径和着力点》，《中州学刊》2016年第5期。

使县域范围内的城乡居民都能够相对便捷地获得大体相当的公共服务，全面提高城乡规划、建设、治理融合水平，促进城乡要素平等交换、双向流动，缩小城乡差别。对此，一方面要加快构建县域基本公共服务供给体系。要按照"村（社区）小学——乡镇初中——县城高中"和"村（社区）卫生室——乡镇卫生院——县医院"的教育和卫生资源配置模式，打造县域基本公共服务体系。另一方面，要加快县域内道路交通、水电气管网等基础设施的城乡衔接，特别是中西部山区县，要抓住脱贫攻坚巩固期的机遇，切实提高农村居民对县城基本公共服务的可及性。更重要的是，要在下一步乡村振兴战略实施过程中，强化规划引领，将农村地区的公共服务配置纳入县域规划的重点内容中来，有意识地让特色小镇、中心村承载部分基本公共服务功能，以此聚集人气，使之与县城形成错位互补的格局，多点开花，实现基础设施共享、公共服务均等。

3. 促进农业转移人口在县城就近就地市民化

农村劳动力及其家属就地就近转移已经是一个确定性趋势，县城通过挖掘自身潜力，接纳新增农业转移人口就地就近市民化成为未来的一项重要工作。在县域范围内，除了县城以外，特色小镇同样起到发展产业、吸纳转移人口的作用，因此县城和特色小镇都应成为县域人口集聚的重点区域。城镇化问题专家辜胜阻在20世纪90年代初就曾以"增长极理论"为依据，提出以县城为中心、据点和网络同步发展的农村城镇化道路。当前，在工业化和城镇化快速推进的形势下，县域城镇化应该以县城为中心，以特色小镇为侧翼，把城市物质文明和精神文明扩展到乡村，把农村剩余劳动力和大城市中的部分人口吸纳过来。为此，应当在加大县域基础设施和公共服务均等化配置的同时，进一步改革和完善土地制度，依法维护进城落户农民的土地承包权、宅基地使用权、集体收益分配权，在保障农民权益的前提下，引导农民有序向城镇转移。

在这些举措的共同作用下，力争扩大各个层面县级城市的人口规模：人口 100 万以上的大县，可以把城关镇①发展为接近 50 万人口的中等城市；人口 50 万—100 万的中等县，以城关镇为依托建立 20 万—30 万人的中小城市；人口 50 万以下的小县，则要更为注重特色小镇在吸纳人口上的作用。与此同时，县城和小城镇要完全放开户籍限制，鼓励农业转移人口在居住地和就业地登记落户。

4.在县域率先深入推进农村土地制度改革

土地制度改革是城乡融合发展的突破口，县域范围内的土地制度改革更是加快实现城乡融合发展的重点。对此，要率先在县域实施包括征地制度、集体经营性建设用地入市制度、宅基地制度在内的三项制度改革，健全土地增值收益分配制度，使农村获得与城市平等的发展权利。首先，要加快县域内征地制度改革。对纳入城市建成区范围内的农村地区土地，应按照公共利益、市场价补偿、公开透明的原则予以征收，并使土地增值收益公平合理地分配。其次，要加快集体经营性建设用地入市制度改革。按照新修订的《土地管理法》，在县域范围内，广泛实践集体土地与国有土地同地同权，促进适合农村发展的非农产业落地发展，带动农民增收。最后，要加快宅基地制度改革。在县域范围内积极试点践行宅基地三权分置改革，在保障农户宅基地资格权的前提下，鼓励宅基地有偿退出，探索宅基地入市的渠道、方式，激活农村沉睡资产价值。赋予并规范农民宅基地财产权的权利边界，扭转市场乱象，维护法律权威。

---

① 对县政府所在地的通称。

5.构建以县城为总部的农村互助合作金融体系

如前所述，自上而下的正规金融体系无法真正解决农民贷款难的问题，未来农村金融的发展须以农村资金互助合作为主要方向。对此，应在全国范围内选择农村经济发展基础较好、商业文化氛围较浓厚的县作为改革试点，可依托现有的农信社体系，也可以探索独立构建农村资金互助合作体系，在县域内打造村级资金互助合作社——乡镇级资金互助联合社——县级资金互助总社的体系。对此，要明确资金互助的内生属性，村级社的资金仅在村社集体成员范围内融通，乡镇级社之间相互可提供短期资金拆借，县级社则集中进行风险管控，并对各乡镇级社和村级社予以技术指导。同时，试点地区县级政府要制定农村互助合作金融发展规划，并积极探索通过文化合作等形式，在农村形成良好的社会风气和正面公共舆论，为农村资金互助培育良好的信用合作土壤。

第四章
以科技创新引领现代化产业体系建设

　　建立以科技创新为引领的现代化产业体系是经济高质量发展的内在要求，是实现中国式现代化的产业基石，是塑造我国国际竞争新优势的应有之义，也是保障我国产业链供应链安全的必然选择。同时也应看到，近年来，受一系列不稳定、不确定性因素影响，全球产业链供应链加速调整重构，呈现出本土化、区域化、短链化等发展趋势，我国现代化产业体系建设面临高技术产业受打压遏制和传统产业成本优势逐渐减弱的双重挑战。建设现代化产业体系必须要下好科技创新这步"先手棋"，以科技创新要素高效配置为重要抓手，使科技创新引领现代化产业体系建设。

现代化产业体系是现代化国家的物质技术基础，也是现代化经济体系的重要组成部分。我国高度重视科技创新工作，坚持把科技创新摆在国家现代化发展全局的核心位置。2023 年中央经济工作会议提出，要以科技创新引领现代化产业体系建设，并从发展新质生产力、完善新型举国体制、推进新型工业化、加强应用基础研究和前沿研究四个方面回答了现代化产业体系"怎么建"的问题，将"以科技创新引领现代化产业体系建设"列为 9 项重点任务之首。2024 年《政府工作报告》再次强调大力推进现代化产业体系建设、加快发展新质生产力的重要性。党的二十届三中全会强调，"健全新型举国体制，提升国家创新体系整体效能"①。把握以科技创新引领现代化产业体系建设的政策内涵，应坚持从"国之大者"出发，将其放置在加快发展新质生产力、构建新发展格局的全局战略层面加以理解；坚持把发展的着力点放在实体经济上，推进新型工业化，深化基础研究、区域产业布局、要素配置等方面的机制体制改革，着力解决我国产业体系大而不强、全而不精的现实困境，加快建设制造强国、质量强国、航天强国、交通强国、网络强国、数字中国。

一、以科技创新引领现代化产业体系建设的学理内涵

产业是一国经济发展的重要基础，从经济演化的内在规律上看，现代化的进程往往伴随着产业结构的高级化——从三次产业比例上看，表现为由农业向工业和现代服务业转向；从产业形态上看，则表

---

① 《中共中央关于进一步全面深化改革　推进中国式现代化的决定》，人民出版社2024 年版，第 13 页。

现为由传统产业向现代产业转向。能否实现产业结构的根本性跃升和经济发展内驱力的变革，是关乎一国经济高质量发展的决定性变量，也是影响一国现代化进程的关键要素。

（一）现代化产业体系的基本要点

在国民经济体系中，各类产业之间在产业链、供应链、创新链、人才链各个方面相互链接，在要素供给、生产环节、产品供需上相互联系，产业内的各企业在经营业务上相互交织、彼此支撑，共同构成了一国的产业体系。因此，产业体系实质上描述了一国所有产业相互关联、衔接的系统性状态，它既是全社会所有产品投入产出相互关联的体系，也是所有产品供给、流通与消费的一体化体系，是国民经济发展的核心。现代化产业体系则指代表生产、流通、组织与技术等未来发展方向的有国际竞争力的新型产业体系，它是现代经济体系的核心[①]，具备智能化、绿色化、融合化、完整性、先进性、安全性六大核心特征。

按照一国产业的发展阶段与内在特征，可以将其大致划分为两类，第一类是传统产业，主要依赖一国的传统比较优势发展而成，多为要素驱动型产业，对技术和高素质劳动者的需求并不高。例如，以服装产业为代表的劳动密集型产业和以钢铁、能源、建材、化工、有色金属等为代表的资源富集、资本密集型产业。传统产业的特征在于，首先，适应一国传统比较优势，符合产业演化的客观规律。其次，传统产业的生产技术比较成熟老化、生产组织比较落后，产品的

---

① 芮明杰：《构建现代产业体系的战略思路、目标与路径》，《中国工业经济》2018 年第 9 期。

附加价值不高。① 传统产业的技术路线是固定且公开的，沿着既有的生产标准就能够维持产业的正常运转，这决定了传统产业的产品创新性技术含量较低，更容易被其他优质商品所替代。

第二类是现代产业，其特征在于，一是根据比较优势的动态演化规律实现对传统产业的改造与升级。例如，随着劳动力成本的逐渐上升，我国发展"两头在外、大进大出"的外向型经济的比较优势逐渐转弱，而全要素生产率的提高对于产业效率提升的重要性日趋上升。由此，广泛应用数智技术、绿色技术，通过实施产业基础再造工程等方式促进传统产业的技术升级、推动传统企业的数字化转型等成为我国产业高质量发展的新动能。二是生产技术具有创新性和颠覆性、生产组织在传统模式上形成新突破，所创造的产品具有创新力且能够满足日益升级的消费需求，同时附加价值较高，属于新质生产力在产业发展上的具体体现。因此，以科技创新为驱动力量是现代产业的本质特征，例如我国的高铁产业之所以成为中国制造的一张靓丽名片，关键就在于坚持自主创新，在关键核心技术自主攻关和产业化应用上位于世界前列。

全面建设社会主义国家必须加快发展现代产业体系。现代化产业体系是以高新技术产业为主导、现代农业为基础、先进制造业为主干、现代服务业为主体，旨在形成高端价值链，塑造国际竞争优势，并能够面向未来发展趋势实现可持续发展的新型产业体系。② 其中，现代农业主要是指应用现代科学技术、现代工业提供的生产资料和科学管理方法的社会化大农业，是最新技术发展阶段的农业。例如，将

---

① 赵强、胡荣涛：《加快传统产业改造和升级的步伐》，《经济经纬》2002年第1期。

② 余东华：《筑牢现代化产业体系的"四梁八柱"》，《中国社会科学报》2024年4月25日。

数智技术应用于传统农业、由分散小农生产转向适度规模经营的组织模式。先进制造业主要是指以当前与未来领先技术为核心的制造业，主要包括生物制造、商业航天、低空经济等若干战略性新兴产业，量子、生命科学等未来产业新赛道，先进制造业是当前大国竞争的主要领域。例如，在商业航空领域，北京、上海等地已出台政策支持商业航天企业开展运载火箭、卫星的研发、生产、发射经营等工作。新兴服务业是伴随着社会分工的细化和消费需求升级而新形成的服务行业，以及用现代新技术、新业态和新的服务方式改造提升传统服务业而产生的服务业，主要指科技服务、现代金融、电子商务、文化创意、智慧物流、总部经济、信息服务等消费与生产服务业领域的新兴服务业。

（二）以科技创新引领现代化产业体系建设是大国经济现代化的规律性选择

国家的经济发展初始阶段主要依靠资源优势发展传统产业，而随着比较优势的动态演化，国家经济势必向形态更高级、科技含量不断提升的现代产业转型。那些成功实现现代化的国家，都经历过产业体系现代化的过程，实现产业结构优化升级并在某个或者某些产业领域形成位居世界前列的制造或服务能力，成为支撑高效率社会生产和高水平国民收入的基石。比如，美国的电子信息、生物医药、航空航天、金融和法律服务业，德国的汽车和先进装备制造业，日本和韩国的电子产品、半导体、造船、汽车产业，新西兰和澳大利亚的现代农业、采矿业，都是支撑这些国家实现现代化的基础。①

---

① 周文：《厚植中国式现代化产业根基》，《经济日报》2023 年 4 月 26 日。

先立后破：走好中国经济稳定发展之路

在经济全球化的背景下，世界各国凭借比较优势融入到国际经济循环中，在产业链供应链上彼此联系。在全球价值链上，研发和营销位于"微笑曲线"的两端，属于高附加值环节，而生产环节价低利薄，处于中间最底端。我国企业长期位于"微笑曲线"的底端是造成产业体系大而不强的重要原因，本质上是由于缺乏具有技术垄断力的优势产业。美国、德国、日本等国家的领先产业都存在一定的技术进入门槛，通过长期自主研发不断完善产业链条，形成了在某一领域的绝对优势。我国是世界第一大工业国，但由于产业自主创新能力相对不足，在关键技术环节仍然面临"卡脖子"的安全隐患。因此，从大国发展的一般规律上看，我国必须实现从"中国制造"向"中国智造""中国创造"的转型，以科技创新引领现代化产业体系建设，提高国民经济体系的全要素生产率。

当前，中国共产党的中心任务是以中国式现代化全面推进中华民族伟大复兴，而建设社会主义现代化强国离不开坚实的物质技术基础。中国式现代化既有世界现代化的共性，如富裕化、经济发展的高质量化、经济结构的优化，又有基于中国国情的特性——人口规模巨大的现代化，全体人民共同富裕的现代化，物质文明和精神文明相协调的现代化，人与自然和谐共生的现代化，走和平发展道路的现代化。然而，无论是共性条件还是特性要求，只有实现工业现代化、大力发展新质生产力才能为推进中国式现代化提供根本支撑。脱离实体经济的发展，忽略产业结构的优化，不再专注于"做大蛋糕"而导致经济失速是部分国家难以跨越中等收入陷阱的重要原因。因此，没有产业体系的现代化，就没有经济的现代化，没有坚实的物质技术基础，就难以推进中国式现代化，以科技创新引领现代化产业体系建设是我国走向现代化的必然之举。

二、以科技创新引领现代化产业体系建设的战略定位

以科技创新引领现代化产业体系建设是基于我国目前产业发展的具体特征与塑造产业新优势的目标所作出的战略安排，既是发展新质生产力的内在要求，也是构建新发展格局的关键举措。

（一）以科技创新引领现代化产业体系建设是发展新质生产力的内在要求

习近平总书记围绕新质生产力展开了系列论述，科学回答了新时代推动高质量发展需要何种生产力支撑以及如何发展这种生产力等问题，为夯实中国式现代化的物质基础提供了根本遵循。发展新质生产力，落实在具体产业领域，就是要以科技创新引领现代化产业体系建设，二者之间是抽象与具体的关系，在根本目标、实现方式上彼此呼应。

首先，新质生产力的核心要素是科技创新。马克思在《相对剩余价值的生产》中深刻指出，"劳动生产力的提高，我们在这里一般是指劳动过程中的这样一种变化，这种变化能缩短生产某种商品的社会必需的劳动时间，从而使较小量的劳动获得生产较大量使用价值的能力。"① 而驱动劳动生产力提高的根本因素在于现代工业的科学技术水平。在《1857—1858 年经济学手稿》中，马克思指出，"随着大工业的发展，现实财富的创造较少地取决于劳动时间和已耗费的劳动量，较多地取决于在劳动时间内所运用的作用物的力量，而这种作用物自

---

① 马克思：《资本论》第 31 卷，人民出版社 2004 年版，第 366 页。

身——它们的巨大效率——又和生产它们所花费的直接劳动时间不成比例，而是取决于科学的一般水平和技术进步，或者说取决于这种科学在生产上的应用。"① 由此，马克思认为现代工业的技术基础是革命的，因其从来不把某一生产过程的现存形式看成和当作最后的形式。

提高劳动生产力，最根本的落脚点在于科技创新和技术进步。在现代化产业体系的构建过程中，科技创新发挥着重要的引领作用。从国际经验来看，一个国家的发展从根本上要靠供给侧推动。一次次科技和产业革命，带来一次次生产力提升，创造着难以想象的供给能力。只有科技真正与产业结合，才能实现生产力的跃升，其内在逻辑是，科技创新催生新产业、新模式、新动能，使企业的生产可能性边界不断扩展、生产效率不断提升，从而带动整体产业的颠覆性变革。加强原创性、颠覆性的科技创新是发展新质生产力的内在要求，对应到现代化产业体系建设上，就是要实现高水平自立自强，在关键技术和关键领域加快自主创新步伐，提升我国产业体系的整体附加值和国际竞争力。

其次，新质生产力的落脚点在生产力。这就要求及时将科技创新成果应用到具体产业和产业链上，以科技创新带动产业创新。离开产业需求和市场需求的创新难以对经济发展产生实际价值，发展新质生产力最终要体现为生产力的不断解放和跃升，因此科技创新必须为产业而服务，即在科技创新的基础上改造提升传统产业，培育壮大新兴产业，布局建设未来产业，完善现代化产业体系。

在传统的外向型经济下，作为一个发展中国家，我们可以按照"雁阵理论"② 沿着发达国家既有的技术路线，通过模仿谋求发展和超

---

① 《马克思恩格斯全集》第 31 卷，人民出版社 1998 年版，第 100 页。

② 雁阵理论：最早由日本经济学家赤松要提出，主要内涵是，发展水平高的国家会将低端产业转移至发展水平低的国家。

越。现在我国经济发展进入新常态，经济增长从传统要素驱动、投资驱动向创新驱动转型，这也决定了我国必须使经济发展、产业升级更多建立在自主创新的基础上。源头上的创新能够大幅提升全要素生产率，全面改造产业链，塑造我国在国际竞争中的新优势，而也只有在现代化产业体系的不断构建与完善过程中，才能发挥"干中学"效应，使创新成为企业在市场中生存和发展的必要选择。科技创新对应"新质"，而现代化产业体系则对应"生产力"，由此就不难理解以科技创新引领现代化产业体系建设是发展新质生产力的内在要求。

（二）以科技创新引领现代化产业体系建设是构建新发展格局的关键举措

在 2020 年召开的中央财经委员会第七次会议上，习近平总书记提出构建以国内大循环为主体、国内国际双循环相互促进的新发展格局。这是适应我国发展新阶段要求、塑造国际合作和竞争新优势的必然选择，是把握发展主动权的先手棋，而以科技创新引领现代化产业体系建设则是构建新发展格局的关键举措。

第一，以国内大循环为主体有赖于高水平的、完整的产业体系。当前，在世界 500 多种主要工业产品中，我国有 220 多种产品产量排第一；我国拥有 41 个工业大类、207 个工业中类、666 个工业小类，是全世界唯一拥有联合国产业分类当中全部工业门类的国家。我国产业体系仍以传统产业为主，其中传统制造业依然是现代化产业体系的基石。然而，我国传统制造业仍面临"大而不强""全而不精""宽而不深"的问题，在自主创新能力、资源利用效率、产业结构水平、信息化程度、质量效益等方面与发达国家差距明显。在以芯片电子设计自动化软件、光刻机为代表的 30 多个领域遭遇西方国家"卡脖子"，这直接对制造业产业链安全造成威胁。以国内大循环为主体首先是要保证国内产业链自主、安全、可控，因此更需加快建设具有完整性、先进性、安全性的现代化产业体系以保障高水平安全，把握发展的主动权，增强国内大循环的可靠性。

第二，参与国际大循环、培育发展新优势有赖于现代化产业体系的构建。首先，当前新一轮的科技革命和产业变革深入推进，世界百年未有之大变局加速演进，国际政治、经济局势发生系统性变化。科技创新的渗透性、扩散性和颠覆性越发明显，对于一国经济的长期稳定发展至关重要，也是各国参与国际竞争的重要领域。其次，当今世界经济的不确定性因素逐步增加，在逆全球化态势影响下，部分国家为遏制他国发展、维护本国经济安全，采取"零和博弈"的策略——利用"脱钩断链""筑墙设垒"等方式对我国产业发展进行打压，威胁我国产业链供应链安全。再次，我国融入世界经济的比较优势也发生了深刻变化，劳动力成本逐渐上升，资源和环境承载力接近极限，迫切需要从传统要素驱动转向创新驱动，在国际竞争中寻找新的定位。基于此，我国产业发展应专注于提高自主创新能力，加快建设更有竞争力的现代化产业体系，提升在世界产业链中的地位，提高产业链供应链的韧性与安全水平，促进产业链的延链、补链、强链，实现产业链、创新链、资金链、人才链的协同发展，为实现更高水平的对外开放锻造新优势。

第三，构建新发展格局的本质是高水平自立自强，这决定了我们必须在产业创新上有所突破、站稳脚跟。习近平总书记指出，全面建设社会主义现代化强国，实现第二个百年奋斗目标，必须走自主创新之路。①

---

① 燕雁等：《习近平在辽宁考察时强调 在新时代东北振兴上展现更大担当和作为 奋力开创辽宁振兴发展新局面》，《人民日报》2022 年 8 月 19 日。

在外向型经济的发展模式下，我国长期处于国际产业分工的中低端，技术研发水平与西方国家存在明显差距，难以向附加值更高的产业链条攀升，这也是造成我国产业体系大而不强的重要原因。当前，首要解决的是产业体系创新能力不强而导致的对国际市场过度依赖的问题，必须改变传统发展模式，坚定不移走自主创新之路，实现高水平自立自强。

第四，构建新发展格局的关键在于经济循环畅通，而其中最为重要的就是使供给和需求之间得以匹配，实现需求牵引供给、供给创造需求的更高水平均衡。产业体系是供给体系的重要组成部分，以科技创新引领现代化产业体系建设有助于从根本上提高供给能力以满足人民日益增长的美好生活需要。当前，国内需求呈现出高级化、个性化的特征，面对消费需求的升级，传统产业结构难以有效应对。供给侧结构性改革的关键就在于通过巩固、增强、提升、畅通的方针，减少无效供给、扩大有效供给，提高供给结构对于需求的适应性。从这个意义上说，实现产业体系向数字经济、人工智能、生物制造、商业航天、低空经济、量子、生命科学等新领域、新赛道、新动能转向，是深化供给侧结构性改革的具体体现，也是创造并回应高水平需求的应有之义。只有在建设超大规模市场和建设现代化产业体系的基础上，才能够促使国内大循环畅通无阻，打破供需之间的堵点和卡点，使生产和消费得以相互促进，促进新发展格局的有效构建。

三、以科技创新引领现代化产业体系建设的政策取向

当前，我国产业体系现代化水平仍有待提升。一是产业基础较为

薄弱，产业稳定性、安全性和抗风险能力亟须提高。部分核心零部件、核心软件、关键材料、关键技术仍需从别国进口，而国产基础零部件、基础材料、基础工艺和基础技术在质量性能方面与发达国家存在差距。二是产业发展的科技创新投入仍然不足，尤其在基础研究方面投入不足。据国家统计局测算，2022 年我国基础研究经费占研发经费比重为 6.57%，以美国、法国、瑞士等为代表的发达国家这一比重基本是我国的 2 倍至 3 倍，自主创新进程仍需加快。三是产业链整体对于全球资源的整合和控制能力不足，产业链脆弱性明显，科技、产业、金融之间的良性循环尚未形成。以上方面构成建设现代化产业体系的现实挑战，其背后有着深刻的体制机制成因，只有"对症下药"，才能够更好地以科技创新引领现代化产业体系建设。

（一）坚持创新取向，打破制度梗阻

以科技创新引领现代化产业体系建设，迫切需要加强有组织的基础研究，从源头和底层解决关键技术问题，同时打破阻碍技术成果转化的瓶颈，促进创新链、产业链、市场需求有机衔接，及时将科技创新成果应用到具体产业和产业链上。因此，必须将建设现代化产业体系的着眼点放在基础研究"第一公里"和科技成果转化"最后一公里"两个方面。

创新的主体一是企业，二是科研人员。要打破阻碍基础研究和科技成果转化的制度梗阻，需要从根本上改善企业和科研人员的创新激励。企业是创新的主体，但同时企业追求短期利润最大化。由于创新本身是一项投入高、周期长、风险大的经济活动，因此企业会在技术引进和自主创新之间进行权衡，从成本收益出发选择最为经济的策略。与此同时，我国中小企业的生命周期较短，平均为 2.5—3.7 年，

在如此短暂的生存期内，企业很难有动机进行自主创新。科研人员是基础研究的主力军，然而当前的科研考核仍未脱离论文、专著等成果导向，这就导致科研人员并不偏好耗费更多时间和精力的基础研究。同时，科研活动和市场需求相脱节的情况没有从根本上得以改善，信息不对称带来的科技创新"孤岛"现象降低了科研转化效率。

为此，应坚持创新取向，深化体制改革，为企业和科研人员提供创新激励。一是营造良好的营商环境，使市场在资源配置中起决定性作用，更好发挥市场作用，让"市场之手"通过价格、供需等途径切实发挥作用，强化市场竞争公平秩序，使企业为了长期生存和发展而内生地选择自主创新。二是为鼓励企业和科研人员创新提供相应的政策支持，如加大企业科技创新活动的税前扣除力度，建立企业研发准备金制度，支持企业主动牵头或参与国家科技攻关任务；改革科研人员评价体系，为科学家"松绑"，赋予科学家更大技术路线决定权、更大经费支配权、更大资源调度权，保护知识产权，使科研人员能够专注在专业领域，心无旁骛攻坚基础研究。正如习近平总书记所强调的，用好科研人员，既要用事业激发其创新勇气和毅力，也要重视必要的物质激励，使他们"名利双收"。名就是荣誉，利就是现实的物质利益回报，其中拥有产权是最大激励。①

（二）坚持协调取向，因地制宜构建区域产业格局

习近平总书记在 2024 年全国两会期间参加江苏代表团审议时强调要因地制宜发展新质生产力，"发展新质生产力不是忽视、放弃传统产业，要防止一哄而上、泡沫化，也不要搞一种模式。各地要坚持

---

①　中共中央文献研究室编：《习近平关于科技创新论述摘编》，中央文献出版社 2021 年版，第 121 页。

从实际出发，先立后破、因地制宜、分类指导，根据本地的资源禀赋、产业基础、科研条件等，有选择地推动新产业、新模式、新动能发展，用新技术改造提升传统产业，积极促进产业高端化、智能化、绿色化。"①

长期以来，各地方政府高度重视与本辖区经济增长密切相关的经济指标，如 GDP 增长率、财税收入、招商引资规模，由此形成了传统的"为增长而竞争"的区域竞争格局。在产业布局上，各地在贯彻中央精神的同时容易产生趋同倾向，在招商引资、开发区建设、重点产业等方面展开同质化竞争，如竞相给予某些重点产业各类补贴。这类政府竞争的本质是地方政府根据中央重点支持的产业名录，通过选择性产业政策，以限制竞争的方式迅速做大本地产业规模，抢占市场红利与政策红利。该模式的弊端在于地方政府"一哄而上"，不顾自身条件和比较优势，短时间内共同发展同一类产业，造成产能过剩、重复投资建设、产能效益低下、补贴与实际需要不相匹配等后果。

与政府发展产业的趋同策略相悖的恰恰是各区域产业发展的差异性和非平衡性。当前，我国工业化进程在区域之间存在异质性，由于比较优势和基础条件存在差异，东部地区和中西部地区的发展阶段也不尽相同，一些落后地区仍需解决"有没有"的问题，而经济相对发达的地区已经迈向产业高质量发展阶段。面对资源禀赋、产业基础、科研条件和发展阶段各有特色的地方现实，如果仍选择同质化竞争策略，势必带来资源错配和效率低下。为此，应坚持协调取向，实施区域协调发展战略，提升现代化产业体系建设的包容性和协调性。

一是要逐步优化产业空间布局。在顶层设计上，统筹考虑各区域

---

① 岳月伟：《因地制宜发展新质生产力》，《人民日报》2024 年 3 月 6 日。

资源、能源、环境、市场等条件，结合区域产业基础与发展潜力，引导现代化产业在各区域之间合理布局，在构建现代化产业体系的过程中扬长避短，整合资源、精准发力，着力培育具有本地资源禀赋优势的特色产业，避免一哄而上和资源浪费。①

二是要构建各区域紧密协作的现代化产业体系网络，加快产业在各区域之间的梯度转移，形成中、东、西部各有侧重、因地制宜的现代化产业体系。东部地区可以发挥在科技创新方面的优势，为中西部地区产业发展提供技术支撑；中西部地区结合本地资源、区位、产业优势确定发展方向，在对传统产业升级改造的过程中实现产业体系的高级化并着力布局新领域新赛道。

三是要加强地方之间的合作，构建面向高质量发展的地方发展新格局，鼓励中西部地区与东部沿海地区通过要素互换、合作兴办园区、企业联合协作等方式，建设产业转移合作示范区，深化东中西部人才协作，减少由政府不当竞争带来的市场扭曲，打造"为高质量发展而合作"的区域关系。

四是要着力建设全国统一大市场，加快建立全国统一的市场制度规则，打破地方保护和市场分割，打通制约经济循环的关键堵点，促进商品要素资源在更大范围内畅通流动，为构建科学合理的现代化产业体系空间布局奠定制度基础。

（三）坚持效率取向，合理配置各类生产要素

当前，制约现代化产业体系建设的一大突出障碍在于生产要素的流动存在各类显性和隐性的制度壁垒。产业的微观主体是企业，企业

---

① 蒋金法、盛方富：《努力构建体现区域特色和优势的现代化产业体系》，《光明日报》2023 年 12 月 5 日。

的生产函数不仅有全要素生产率，还有更为基础的劳动、资本等要素投入。以科技创新引领现代化产业体系建设，需要提高要素配置效率，即按照市场供求原则，使劳动、资本、知识、技术、数据等生产要素配置到边际效益最高的企业和产业。

资本是驱动产业发展的重要力量，既包括资金、股票、债券等货币资本，也包括厂房、设备、原材料等实物资本。资本的错配体现在两个方面，一是创新型中小企业难以获得支持创新活动的资金，银行出于规避风险的动机更倾向于将资金贷给大企业及相对成熟的生产技术路径，这就在客观上抑制了创新；二是资本存在"脱实向虚"的倾向，由于实体经济结构失衡、在供给体系上存在堵点，导致制造业利润降低、比重下滑，致使资本更多流入到金融领域和房地产，进一步削弱实体经济，不利于现代化产业体系建设。

劳动者是生产力的构成要素，也是最活跃的因素，新质生产力对劳动者素质提出了新的更高的要求。与新质生产力匹配的不再是以简单重复劳动为主的普通劳动者，而是需要能够创造新质生产力的战略人才和能够熟练掌握新质生产资料的应用型人才。然而，当前我国劳动力与社会需求匹配度有待提高，劳动力市场存在技能错配，制造业工人和高技能劳动者供给均不足。数字经济对于高技能劳动力的需求不断提升，而高技能劳动力数量不足且存在层次、结构和类型上的劳动错配，传统领域(教育、卫生、经济和会计等)技术人员占比较高，而新能源、新材料等高新技术产业人才相对短缺。

为此，应坚持效率取向，促进各类生产要素在产业之间有序流动、合理配置。一是要健全要素流动机制，深化要素市场化改革，打造"流动自由、竞争有序"的要素市场，使知识、技术、人才、信息、数据等高端要素由市场化配置，清除产业之间、地区之间的要素流动障碍，实现要素的优化配置；① 二是要坚持和完善社会主义基本经济制度，毫不动摇巩固和发展公有制经济，毫不动摇鼓励、支持、引导非公有制经济发展。加快营造市场化、法治化、国际化一流营商环境，优化民营经济发展环境，依法保护民营企业产权和企业家权益，全面构建亲清政商关系，使各种所有制经济依法平等使用生产要素、公平参与市场竞争、同等受到法律保护。②

　　总结而言，以科技创新引领现代化产业体系建设、发展新质生产力是当前及未来我国的重要战略部署，应充分发挥创新主导作用，构建支持全面创新体制机制，以科技创新推动产业创新，加快推进新型工业化，提高全要素生产率，不断塑造发展新动能新优势，促进社会生产力实现新的跃升，为推进中国式现代化提供坚实的物质技术基础。

---

① 余泳泽等：《新发展格局下中国产业高质量发展：现实困境与政策导向》，《宏观质量研究》2021 年第 9 期。
② 《中共中央国务院关于促进民营经济发展壮大的意见》，《人民日报》2023 年 7 月20 日。

第五章

形成消费和投资相互促进的良性循环

消费和投资是国内需求的两个重要组成部分，形成消费和投资相互促进的良性循环是加快构建新发展格局、着力推动高质量发展的内在要求。受到新冠疫情、巴以冲突、逆全球化加剧等因素的影响，外部环境的不稳定因素持续增加，经济发展需要从过去的主要依赖外需转为扩大内需，将扩大国内需求作为构建新发展格局的战略基点。2023年12月召开的中央经济工作会议提出，"要激发有潜能的消费，扩大有效益的投资，形成消费和投资相互促进的良性循环"。进入新发展阶段，要坚持充分发挥超大规模市场优势，进一步扩大国内需求，加快培育完整内需体系，统筹好供给和需求、消费和投资，增加高质量产品和服务供给，满足人民群众需要，促进人的全面发展和社会全面进步，推动消费和投资相互促进的良性循环。

消费是最终需求，既是生产的最终目的，也是生产的重要动力，对经济发展具有基础性作用。不断提高消费水平，是推动经济高质量发展、满足人民群众对美好生活需要的必然选择。着眼于实现高质量发展、实施扩大内需战略，必须高度重视消费对经济发展的基础性作用，以切实措施激发消费潜能，形成消费和投资相互促进的良性循环。

一、消费和投资相互促进的理论逻辑

消费和投资是经济发展的两个方面。其中，消费指个体利用产品满足需要的过程。投资指将资本投入生产、产出产品的过程。经济学理论认为，人类社会经济活动主要包括"生产—分配—交换—消费"四个环节。可以这样理解，投资对应生产环节，消费则对应消费环节。上述四个环节同样是社会再生产的主要流程。从流程内容看，投资是社会再生产的起点，消费是社会再生产的终点。马克思在经典著作《资本论》第二卷中揭示了社会化再生产的流程，肯定了投资和消费在社会再生产中的重要作用。

（一）资本循环与社会再生产

根据《资本论》第二卷对货币资本循环的描述，资本家首先预付货币资本购买劳动力和机器设备、原材料等生产资料，于是货币从资本家手中消失，取而代之的是生产资本，产生从货币资本到生产资本的变化。在此基础上，劳动力和生产资料相结合进行生产活动，并生产出产品。此时，原材料等生产资本消失，取而代之的是商品资本，

100

生产资本由此转化为商品资本。在生产的过程中，劳动力价值不断转移、凝结在商品中。同时，马克思认为，资本家购买的劳动力是一种特殊资本，在生产过程中能够创造出相较于自身价值即工资的更高价值。劳动力所创造价值与自身价值之间的差额，被称作剩余价值，这是资本家未经支付成本而无偿占有的价值。马克思就这样揭示了资本家剥削工人的秘密。因商品中包含体现生产关系的剩余价值，此时的商品也称为商品资本。商品中的价值必须在市场上售出才能实现其中的价值，因此货币资本循环的最后一步是出售商品换回货币。这样就出现了从商品资本向货币资本的转化。货币资本循环从货币开始，由货币结束，这是单个货币资本循环的动态描述。因货币作为纯价值，货币资本循环揭示了资本主义生产的根本目的。这是马克思对资本循环最为深刻的阐释。

　　不难看到，资本循环理论描绘了社会再生产的全过程。货币资本每循环一次，就经历一次社会再生产，全社会的物质财富和商品的种类、数量就会增加。全社会的物质技术就这样丰富和发展起来，并推动整个经济社会的发展。简单说，资本循环是社会再生产的基本形式，是推动经济社会发展的基本动力。上述资本循环过程中，循环的起点即第一阶段货币资本向生产资本的转化，本质上就是一种投资行为。在货币资本循环的最终环节，商品资本向货币资本转化的过程，是商品出售给消费者的过程，换个角度看，也就是消费者购买商品的过程和进入消费环节的过程。随着商品出售，投资者收回货币。因商品中凝结着剩余价值，因此生产者总能获得比投资更多的货币，并作为利润存在。在此基础上，生产者就可以购买更多的劳动力和生产资料进行生产，从而扩大再生产，并生产出更多的商品供消费，资本就这样循环起来，经济也就发展起来。

（二）消费和投资的同一性关系

马克思主义政治经济学认为，经济活动中生产、分配、流通、消费四个环节并非孤立静止，而是有着密切的内在关联，之间存在既对立又统一的辩证统一关系和矛盾运动。在《政治经济学批判》的导言中，马克思对上述关系作精辟论述。在生产和消费的同一性方面，马克思从三个方面进行阐述。

其一，生产直接是消费，消费直接是生产。前者是指，生产的过程离不开原材料的耗费，因此生产商品的过程，也就是消费原材料的过程。同时，生产过程离不开生产工人的脑力和体力的耗费，因此生产过程还是人的脑力、体力被消费和使用的过程。从这个角度看，生产直接是消费。后者是指产品售出后，消费者消费产品有利于自身脑力和体力即劳动力的恢复。因此消费的过程，也就是生产自身劳动力的过程。从这个意义上讲，消费直接是生产。

其二，生产和消费相互依存，互为前提，不可或缺，从而相互促进。首先，没有生产，就没有消费。不生产出产品，消费就没有对象。同时，没有消费，也就没有实际的生产，消费为生产创造内在对象，作为生产的目的。

其三，生产和消费一定条件下相互转化。两者的每一方实现自己价值时也就创造对方，把自己当作对方创造出来。一方面，消费使产品成为现实的产品，从而成为生产的最后一步。另一方面，生产创造了消费方式和消费能力本身。比如，对艺术品的欣赏的需求是艺术品被生产出来所创造出的。

上述规律，揭示了马克思主义政治经济学中生产和消费之间相互促进的同一性规律。根据上述分析，如果投资所产生的产品符合消费需求，那么产品就容易售出。产品售出后，消费者消费产品。这样，投资就促进了消费。同时，投资人获得收益，从而进行再投资与扩大再投资。这样，消费就促进了投资。这就形成了消费和投资相互促进的局面。因投资和生产之间密切的内在关联，上述规律也就是消费和投资之间相互促进的理论逻辑。

（三）消费和投资的对立关系

消费和投资之间的同一性不意味着二者之间的完全等同。事实上，辩证法认为，消费和投资之间还存在对立的矛盾关系。我们同样基于生产和消费之间的对立关系进行阐述。

生产和消费之间并不完全等同，这使得消费和投资相互阻碍。一是，如果投资所产生的产品不能满足市场需求或没有市场，就会形成无效投资，对消费形成阻碍。同时，因不能满足市场需求，投资所生产的产品无法（全部）售出，投出的资金无法回笼，再投资就遇到阻碍。这种情况下，市场需求就对投资产生阻碍。二是，消费和投资尽管辩证统一，二者却存在何者为第一、何者为第二的关系，即决定与被决定的关系。根据马克思主义政治经济学的基本原理，生产决定消费。因此，投资决定消费。原因是，投资决定、提供了消费的对象，没有投资，就没有消费。

消费和投资之间的辩证统一关系，简而言之，消费和投资之间如果在内容、结构和数量上匹配，二者就能相互促进，反之则会相互阻碍。从实践看，因供给和需求市场主体数量、种类繁多，存在信息不对称的情况，投资和消费之间总是不能完全匹配，存在供给（投资）超额或不足的情况。同时，供给和需求的种类、数量总是随时间变化，这就使得供给（投资）和消费之间的匹配面临更大的困难。因此，消费和投资之间，不平衡是绝对的，平衡是相对的。二者之间相互阻碍是绝对的，相互促进是相对的。同时，消费和投资的相互阻碍关系又能够通过调整生产转化为相互促进关系。只有二者相互促进，经济循环才能高效畅通，经济才能持续健康发展。也就是说，消费和投资相互促进是经济持续健康快速发展的前提条件。

二、实现消费和投资相互促进的具体挑战

消费和投资相互促进是经济循环畅通和社会再生产顺利进行的重要条件，也是经济持续健康发展的前提。经济实践中，要实现消费和投资相互促进的发展要求仍面临诸多挑战。

（一）内需不足

内需影响消费和投资。市场经济条件下，货币交换是获取商品和服务的形式，消费的前提是有效需求，消费的结构、数量受需求制约。投资和供给的目的是售出商品、获取利润。因此，投资的领域和内容受需求影响，需求牵引投资。我国有 14 亿多人口的超大规模市场，优势之一就是强大的内需动力。需求总量越大，市场规模越大，投资、供给的规模也越大，就容易形成国内大市场，经济总量也随之扩张。如果内需不足，投资收益预期面临风险，社会投资意愿就会下降，进而出现经济下行的局面，我国大规模市场优势也就难以发挥。构建以国内大市场为主体、国内国际双循环相互促进的新发展格局也会失去战略基点。这是消费制约投资的表现形式，也是消费和投资相互促进面临的重要阻碍。

　　内需不仅是经济发展的主要依托，还是人民实现美好生活的主要途径。市场经济中，人民实现美好生活，主要通过消费更多、更好的产品和服务实现。内需规模越大，国内人民消费的产品和数量越多、越好，物质生活水平也就越高。反之，如果内需萎缩，规模减小，那么国内人民消费的产品和服务总量减少，物质生活水平就会受到影响。从这个角度看，内需市场一头连着经济发展，一头连着社会民生，是实现发展生产和社会和谐的重要抓手。

　　当下我国发展面临内需不足的挑战。2022 年召开的中央经济工作会议上，习近平总书记指出，"总需求不足是当前经济运行面临的突出矛盾"。2023 年 7 月，中共中央政治局召开会议分析研究当前经济形势和经济工作时强调，要"通过增加居民收入扩大消费"。2023年召开的中央经济工作会议再次强调，推动经济回升向好需要克服有效需求不足的困难和挑战。

　　从国家统计局的数据看，2023 年全年国内生产总值按不变价格计算，比上年增长 5.2%，是全球增速最快的主要经济体之一，但部分领域消费和投资均处下行。比如，全年全国固定资产投资（不含农户）中，第一产业投资下降 0.1%；基础设施建设投资增速比上年回落 3.5 个百分点；房地产开发投资下降 9.6%；民间投资 2023 年全年下降 0.4%。消费方面，2023 年全年社会消费品零售总额较上年有较大提高，比上年增长 7.2%。全年服务零售额比上年增长 20.0%。[①] 但需要看到，上述数据仍处于疫情后反弹效应和疤痕效应的叠加状态。尽管消费、投资等内需数据取得较大增幅，但其参照标准是疫情期间的数据，总体上我国仍处于恢复期。有两个方面的数据可以佐证上述

---

　　① 国家统计局：《2023 年国民经济回升向好　高质量发展扎实推进》，2024 年 1 月 17 日，见 https://m.dbw.cn/guonei/system/2024/01/17/059267623.shtml。

结论。在存款方面，根据人民银行的数据，与投资和消费复苏相伴随的是，2023 年全年我国人民币存款增加 25.74 万亿元。其中，住户存款增加 16.67 万亿元，非金融企业存款增加 4.22 万亿元，财政性存款增加 7924 亿元，非银行业金融机构存款增加 1.64 万亿元。住户存款占绝对比重，达到 64.7%，表明住户对未来经济形势存在担忧，通过储蓄应对不确定和风险意愿较强。在贷款方面，本外币住户贷款余额 80.1 万亿元，同比增长 5.7%，但增速比上年末仅高 0.2 个百分点。全年人民币贷款增加 22.75 万亿元，但住户贷款增加 4.33 万亿元，仅占 19%。[①] 这表明，住户通过贷款消费的意愿较低。

因此，2023 年我国内需主要状况如下：一是，内需处于恢复期，有较大增幅，但绝对值水平仍然偏低。二是，内需结构中，基建和制造业投资增幅较大，但房地产等居民大额商品投资下降。三是，住户储蓄意愿强，贷款意愿弱，消费需求仍处低位，投资和消费存在不平衡状况。

（二）部分行业产能过剩

所谓产能过剩，指实际生产能力超出市场需求和容量。从概念上看，产能过剩与产品过剩不是同一范畴，前者侧重"能力"过剩，强调相关产品特定生产要素的数量规模；后者侧重"产品"过剩。进一步看，生产能力是投资的结果。产能过剩也就是特定行业的投资过剩。过剩产能的存在需要不断投入资本、劳动力等要素，要素投入没有市场回报或市场回报偏低，就造成了生产资源的低效率使用。

在一定时间内，生产资源的总量规模是一定的。部分行业产能过

---

① 中国人民银行：《2023 年金融统计数据报告》，2024 年 1 月 12 日，见 http://www.pbc.gov.cn/goutongjiaoliu/113456/113469/5202055/index.html。

剩，生产资源的投入高于均衡状态，那么必然存在部分行业投入的资源偏低，即产品市场供小于求的情况。经济学理论中，通常把这种情况称为"资源错配"，其本质是市场配置资源的功能被扭曲。一般来说，在完备的市场中，市场在资源配置中起决定性作用。也就是说，生产什么、谁来生产、为谁生产，均由市场决定。投资更加青睐有市场需求的产品。这种情况下，企业以利润为目的，根据市场需求进行投资和生产决策，产品供需趋于平衡，一般不会出现大规模产能过剩。因此，产能过剩意味着市场在资源配置中发挥决定性意义仍面临来自各方面的挑战。当下，我国产能过剩重点集中在电池、钢铁等行业。

1. 动力电池产能过剩

产能利用率是判断行业产能是否过剩的重要指标。如果产能利用率低，意味着大量投资处于无效和闲置状态。"中国汽车动力电池产业创新联盟"的数据显示，2023 年，我国动力电池产能利用率仅为41%，远低于业内普遍认为的综合产能利用率在 50%—60% 的理想状况。然而，值得注意的是，对于动力电池行业的投资并未停止。根据"电池网"数据，2023 年电池新能源产业链投资扩产（新宣布）项目超过 403 个，仅公布投资金额就达 1.4 万亿元。《中国能源报》指出，预计到 2025 年，中国需要的动力电池产能约在 1000 亿瓦时到 1200亿瓦时，目前行业产能规划已经达到 4800 亿瓦时，产能严重过剩。

2. 钢铁行业产能过剩

早在 2016 年，习近平总书记在省部级主要领导干部学习贯彻党的十八届五中全会精神专题研讨班上的讲话中已经强调，"供给侧结构性改革，重点是解放和发展社会生产力，用改革的办法推进结构调整，减少无效和低端供给，扩大有效和中高端供给，增强供给结构对

先立后破：走好中国经济稳定发展之路

需求变化的适应性和灵活性，提高全要素生产率"。其中，钢铁行业就是供给侧结构性改革的重点领域。2016 年发布的《国务院关于钢铁行业化解过剩产能实现脱困发展的意见》（国发〔2016〕6 号）明确要求"不得以任何名义、任何方式备案新增产能的钢铁项目"。经过不懈努力，过去一段时间内，钢铁行业去产能已经取得较大进步，部分落后产能已经淘汰。但当下，我国钢铁行业依然存在严重的供需失衡及其导致的总量产能过剩。根据"新浪财经"的数据，2023 年，钢铁大省河北省的建筑用钢产能利用率仅为 68%，存在明显的投资过剩现象。而根据"财联社"的报道，中国钢铁市场展望暨"我的钢铁"年会上，有学者指出，2023 年钢铁行业（冶炼和压延加工）销售利润率处于主要工业行业倒数第一，钢铁行业亏损面积也大幅扩大，吨钢利润微乎其微，处于历史几乎最差的水平。钢铁行业总体产能过剩状况可见一斑。

（三）市场分割

市场分割是推动消费投资相互促进的另一挑战。经济运行实践中，消费和投资间相互促进离不开市场支持，经济循环和社会再生产同样离不开市场。破除市场分割、建设全国统一大市场是构建新发展格局的基础支撑和内在要求。

市场竞争的优胜劣汰会筛选出市场效率最高的生产者，这就是市场的竞争效率。一方面，同类产品之间存在竞争关系。特定范围内，消费者对产品和服务的需求受市场容量的限制。为了售出商品从而顺利实现再生产，供给方和投资方需要不断改进投资方向，提高生产效率和创新产品功能，以求在市场中赢得货币"选票"。另一方面，生产者之间同样存在竞争关系。购买生产要素是再生产活动的重要一

108

环。产品生产者是要素市场上的需求方，而要素将流向支付要素成本最高的生产商，无法支付高昂要素成本的生产商将被市场淘汰而退出市场。这是市场配置资源的基本原理。理论上，在要素市场完备的条件下，市场将资源配置给产出效率最高的生产者，这就是市场的配置效率。2020年9月，习近平总书记在中央财经委员会第八次会议上指出，要加快完善国内统一大市场，形成供需互促、产销并进的良性循环，塑造市场化、法治化、国际化营商环境，强化竞争政策作用。

需要指出的是，市场发挥上述效率功能，受到市场范围的影响。市场范围越大，市场竞争的范围越大，市场竞争就越激烈，其竞争效率的发挥就越显著和全面。反之，如果市场被限制在较小的范围内，那么竞争的范围和市场主体同样受到限制，其竞争效率就变得低下。同样的道理，在被限制的市场范围中，市场配置资源的功能同样不完全——要素在各生产主体间的流动受到制约，高效率生产主体跨区域获得要素的非生产性成本提高。与之对应，因市场分割，在被限制的市场中，低效率生产主体获得要素的成本可能低于均衡。因此，市场分割导致资源错配，市场配置资源的功能被抑制。简单说，如果市场被区域性分割，不同地区间的产品和要素跨区域流动受阻，投资和消费间相互促进的范围同样受到区域的限制。

如果能够实现构建全国统一大市场，那么投资和消费就不受区域地理空间限制，市场配置资源范围会提高，消费和投资间相互促进所带来的产品和服务的种类、数量都将更加丰富，经济发展也将更加快速和可持续。构建新发展格局，迫切需要加快建设高效规范、公平竞争、充分开放的全国统一大市场，建立全国统一的市场制度规则，促进商品要素资源在更大范围内畅通流动。

当下，我国仍面临市场分割的挑战。究其原因，大概包括技术性因素和制度性因素两个方面。其中，技术性因素包括：部分地区交通基础建设尚不完备，市场可达性仍有提高空间；信息基础设施建设尚不完备，市场供求信息获取、发布面临困难；地区间标准和计量体系存在差异；地区间商品质量评价体系存在差异；等等。制度性因素包括：出于税收、财政收入等目的的市场保护；因户籍制度等因素，劳动力等资源要素跨区域流动面临阻碍；反对垄断和不正当竞争行为法制建设相对落后；市场执法和市场监管能力不能适应新条件下经济发展的要求；等等。上述挑战对建设全国统一大市场和构建国内大循环，使生产、分配、流通、消费各环节更加畅通，提高市场运行效率，促进投资和消费相互促进，产生着阻碍作用。党的二十届三中全会的《决定》强调，要"推动市场基础制度规则统一、市场监管公平统一、市场设施高标准联通。加强公平竞争审查刚性约束，强化反垄断和反不正当竞争，清理和废除妨碍全国统一市场和公平竞争的各种规定和做法"。

三、实现消费和投资相互促进的主要抓手

当下，我国进入新发展阶段。新发展阶段要求贯彻新发展理念、构建新发展格局、推动高质量发展。其中，新发展理念是指导思想，回答"新时代发展动力、目的"等一系列理论问题，是思想意识层面的范畴。新发展格局是实现路径，回答"新时代怎样贯彻新发展理念、实现发展"的问题，是实践措施层面的范畴。高质量发展是实践发展目标，是实践要求层面的范畴，回答"总体上新时代要实现什么样的

发展"的问题。从内容逻辑来看，新发展理念和高质量发展是理论和实践层面的关系，二者内在统一，共同对发展进行界定。但要在实践中贯彻新发展理念、推动高质量发展，就必须构建新发展格局。新发展格局从经济循环和再生产入手对经济发展提出要求。要推动高质量发展，经济循环和社会再生产各环节必须顺畅，堵点卡点必须打通。这就客观上要求投资和消费之间相互促进，从对立面不断向统一面转化，从而实现二者的辩证统一，推动经济社会发展。

（一）统筹扩大内需和深化供给侧结构性改革

辩证法认为，事物之间是普遍联系和永恒发展的。事物的发展由内在矛盾推动，并必然受到其他事物的影响。供给和需求是经济发展的一体两面，二者是对立统一、相互依存、相互制约的关系：没有需求，供给就无从实现，新的需求可以催生新的供给；没有供给，需求就无法满足，新的供给可以创造新的需求。因此，解决需求侧问题，就必须考虑供给侧的影响。同样，解决供给侧问题，必须考虑需求侧的制约。供给来自投资，存在确定性产业和领域，因此是一个结构性问题。这就决定了，只有从供给结构入手匹配、满足需求，才能实现消费和投资相互促进。否则，供给和需求之间就会产生矛盾，经济循环也就无从谈起。

1.推动供给侧结构性改革

当下，我们仍然面临"部分低端产能过剩，产品不能满足市场需求"与"高端产能不足，消费者必须通过进口才能满足相关需求"并存的现象。其本质是供给结构不合理，供给与需求产生错位。供给侧改革本质上是结构性改革，更加直白地讲，是通过改革的手段调整供给结构，使得供给和需求相互匹配，从而相互促进。从政治经济学的角度看，供给侧结构性改革的根本，是使我国供给能力更好满足广大人民日益增长、不断升级和个性化的物质文化和生态环境需要，从而实现社会主义生产目的。供给侧结构性改革的主攻方向是减少无效供给，扩大有效供给，提高供给结构对需求结构的适应性。具体措施是推进"三去一降一补"，它们分别是：去产能，即去掉没有市场需求的过剩产能；去库存，指去楼市库存；去杠杆，指降低政府和企业债务；降，指降低交易成本；补，指补上供给短板，培育满足市场需求的新兴产业和现代服务业。"三去一降一补"，就是供给侧结构性改革具体实践的指南。党的二十届三中全会强调，"必须以新发展理念引领改革，立足新发展阶段，深化供给侧结构性改革，完善推动高质量发展激励约束机制，塑造发展新动能新优势"。

2. 推动需求侧管理

理论上，无论供给侧提供什么样的产品，都受到需求侧在规模方面的制约。因此，供给侧结构性改革离不开需求侧管理的支持。其中最为重要的是扩大内需总量和规模，也就是说，千方百计让群众有消费意愿和消费能力。要"完善扩大消费长效机制，减少限制性措施，合理增加公共消费，积极推进首发经济"。具体来说，包括以下几个方面。一是能消费。通过支持小微企业和民营企业，来发挥它们吸纳就业的功能，从而提高社会就业和总体收入。二是敢消费。要通过加强教育、医疗、住房等社会保障，消除群众消费的后顾之忧。三是愿消费。要创造更好消费环境、创新消费场景，提高消费满意度。

（二）构建全国统一大市场

无论供给还是需求，都在市场中实现，完备的市场机制是消费和投资相互促进的基本前提。其中当下最为重要的是构建全国统一大市场。要实现构建全国统一大市场，关键是消除地方政府不当干预，保障市场竞争的公平性。"构建全国统一大市场。推动市场基础制度规则统一、市场监管公平统一、市场设施高标准联通"。根据《中共中央　国务院关于加快建设全国统一大市场的意见》，以下几个方面尤其需要关注。一是建立全国统一的市场准入负面清单制度，实现全国统一的市场准入制度，保障市场竞争公平。二是对各类市场主体一视同仁，公平对待。尤其是在产业政策、优惠待遇方面，不因所有制差异而不公平对待。三是推进市场高标准联通。市场供给、需求的实现离不开信息、要素、产品的流动，要加强交通基础设施和商贸流通平台建设。四是推动商品、要素市场的数字化改造和智能化升级，提高供需双方对市场反应的灵敏度，降低技术性交易成本。

第六章
深化重点领域改革

经济增长的动力从改革中来、从创新中来，改革创新是摆脱增长乏力、获得不竭动力的关键。2023 年中央经济工作会议部署做好 2024 年经济工作的九项重点任务，其中重要一项就是"深化重点领域改革"。2024 年的《政府工作报告》也将"坚定不移深化改革，增强发展内生动力"作为政府工作任务进行了部署。2024 年 7 月召开的党的二十届三中全会，更是对进一步全面深化改革做出了系统部署。做好今年经济工作，我们要以经济体制改革为牵引，全面推进重点领域体制机制创新，激活发展潜能。要推进重点领域和关键环节改革攻坚，尤其要坚持先立后破，做好新旧模式之间的衔接和切换，促进解发展难题、优营商环境、强创新动力形成良性互动，激发各类经营主体活力，推动中国经济在积极进取中开拓新局。

先立后破：走好中国经济稳定发展之路

改革开放是支撑中国经济发展的不竭动力，将改革进行到底，既要抓好面上，也要抓住重点。当前，高质量发展已被明确为全面建设社会主义现代化国家的首要任务，要推动高质量发展、加快推进中国式现代化，从根本上来说都必须依靠改革。谋划进一步全面深化改革重大举措，推进重点领域和关键环节改革攻坚，有助于切实增强经济活力，也有助于为推动高质量发展、加快中国式现代化建设持续注入强大动力。

一、深化重点领域改革为稳定社会预期提供制度基础

近几年，我国经济发展面临着预期转弱的压力，社会各界高度关注。预期是协调市场主体经济行为特别是中长期经济行为的基础，预期转弱对经济运行带来的影响也是更为深远的。经济学逻辑表明，市场主体进行各种经济行为的选择，都是在现有约束条件下求最优。但事实上，这一论断暗含着"预期稳定"这一前提。如果预期不稳定，约束条件就会时常变化，市场行为难以长期化。在一定程度上说，稳定的社会预期来自于确定的改革方向。以改革提供稳定的制度供给，是稳预期的制度基础。

（一）稳定的预期是市场主体经济行为选择的前提

我国当前正面临社会预期偏弱问题，稳预期是稳信心的基础。2021 年 12 月底召开的中央经济工作会议首次提出了我国经济面临的三重压力①，预期转弱也是首次提出。在 2023 年底召开的中央经济工

---

① 三重压力即需求收缩、供给冲击以及预期转弱。

作会议上,"社会预期偏弱"被认为是进一步推动经济回升向好需要克服的困难挑战,中央明确提出要改善社会预期、多出有利于稳预期的政策。党的二十届三中全会通过的《决定》强调,要健全预期管理机制。可以看出,中央对稳定社会预期是高度重视的。

从政策运行逻辑来看,当前预期不稳很大程度上源于政策调整变化快。要让市场主体有稳定的预期,不仅政策取向本身要稳定,行政程序也要依法,执行方式要让市场主体感觉到可预期。当前,市场主体面临较大的政策不确定性,这种政策不确定性主要表现在具体政策的制定和执行过程中,与市场主体的政策沟通相对较少。比如,有的地方政策制定没有体现依法决策,有的政策调整随地方领导更替变化较大,有些针对企业的优惠政策无法如期兑现,有些部门之间政策传递的信息和要求不一致甚至出现内在冲突,有些政策执行本来有规可依但相关部门又另起炉灶重新制定新政策体系,这些都让市场主体感觉无所适从。

从市场主体关切来看,企业生产经营权不稳,是企业家感到预期不稳的关键变量。一方面,部分领域调控政策具有难以预料的特性,企业生产经营权不确定性随之增加。比如,为减少污染排放,许多地方出台城市重污染天气应急响应方案,主要措施是限产或错峰生产。但企业无从预测重污染天气应急响应什么时候出现,频繁执行无稳定预期的重污染天气应急响应,又扰乱了企业正常安排生产经营的预期。此外,多数地方对涉及民生保障项目、安全生产项目、重点项目的企业,采取了免于停限产的做法,但对哪些是民生保障项目、安全生产项目、重点项目,监管机构有相对自由的裁量空间,普通中小民营企业的生产经营权相对处于弱势地位。另一方面,企业生产经营权和合法财产权不稳。在行政执法过程中,部分地方政府简单粗暴、

"一刀切"执行国家政策。这些做法，加剧了企业生产经营权的不稳定，也侵害了企业家合法财产权，在更大程度上破坏了企业家的投资预期、打击了企业家的投资信心。

稳定预期是市场主体经济行为选择的前提，要解决政策变化带来的预期不稳问题，必须用全面深化改革的办法，以确定的体制机制改革提供稳定的制度供给。同时，要在法治轨道上推动改革，才能更好地强化预期。重点领域的重大改革都要于法有据，改革要和法治同步推进。稳预期的关键不是要求政策不变，而是要求政策在特定法治规则下进行可预期的调整。深化重点领域的改革，就是确立这些领域的改革框架和基本思路。

（二）深化重点领域改革要坚持"先立后破"

深化重点领域改革，要坚持正确的方法论。在 2021 年召开的中央经济工作会议上，中央就提出，"调整政策和推动改革要把握好时度效，坚持先立后破、稳扎稳打"。2023 年召开的中央经济工作会议强调，"要坚持稳中求进、以进促稳、先立后破"。可见，"先立后破"已经成为推动改革的一个重要工作基调。

逻辑上看，存在着"先破后立"和"先立后破"两种工作方法。"先破后立"是先破旧，而后再立新。"先立后破"是针对"先破后立"而言的，指的是先创造出新机制，然后在此基础上再打破旧机制。由此，"先立后破"也通常要求"不立不破"，即不建立新机制，就不能破坏旧机制。

调整经济政策，推动各领域改革，客观上都要处理好"破"与"立"的辩证关系。当前，深化重点领域改革，也要坚持"先立后破"。

一方面，对少数地方和部门"先破后立"甚至"只破不立"的行为进行纠偏。实际经济工作中，少数地方和部门在贯彻中央部署和政策执行时，特别是在调整政策和推动改革时，没有处理好稳和进的关系，"只破不立"简单"一刀切"的现象仍然存在。如在推进碳达峰碳中和的过程中，有的地方立足当前忽略长远，没有把握好"先立后破"这个原则，简单机械地执行"去煤化"，盲目限制传统能源使用。也有的地方"盯住目标忘记改革"，出现了长期目标短期化、全局目标碎片化的现象，盯住了减碳数量和时间进度，但没有同步推进有助于减碳的激励性制度改革。从而出现了"碳冲锋""跃进式"和"运动式"减碳等行为方式，甚至还出现"拉闸限电"影响正常生产生活的现象，这些都是不符合党中央要求的。关键是，这样的"一刀切"做法，让市场主体的预期发生紊乱，企业投资经营面临的政策不确定性大大上升。

另一方面，对部分改革政策实施带来的"合成谬误"和"分解谬误"进行纠偏。部分行业领域，多部门多项管制政策短期内同时密集出台，没有注意到政策出台的时度效，有的还以行政指令干预或限制市场主体的经济行为，对事关经济发展和社会稳定的重要行业形成系统性约束，政策叠加也抑制了微观市场主体活力。虽然从单个部门来看政策是对的，但从全局来看，出现了政策"合成谬误"问题。同时，也有一些系统性全局性任务部署，本不要求各地整齐划一地推动和完成，但仍被不恰当地分解到各部门、各地方甚至各时段，层层加码也时有发生。总体任务被分解实施，可能就偏离了既定的总体目标，由此带来的政策"分解谬误"影响了全局性战略部署。"合成谬误"和"分解谬误"，虽然从表象上看是政策"先立"，但从执行结果对政策目标的偏离来看却出现了"先破"。中央要求"先立后破"，有助于统筹协调政策、校准政策偏差。

二、激发各类经营主体活力

各类经营主体都是我国推动现代化建设的重要力量，是我国经济的韧性所在，也是未来发展的基础，千方百计为经营主体保驾护航，才能激发各类经营主体活力。近年来，中央推出了各类支持企业发展的政策，也建立了政企常态化沟通交流机制。2023 年的中央经济工作会议和党的二十届三中全会明确提出，要坚持和落实"两个毫不动摇"，为各类所有制企业创造公平竞争、竞相发展的良好环境，充分激发各类经营主体的内生动力和创新活力。

（一）推动国有企业布局优化和结构调整

深入实施国有企业改革深化提升行动，增强核心功能、提高核心竞争力，是 2023 年底召开的中央经济工作会议的一项重要任务部署。2024 年《政府工作报告》，也明确对国有企业改革的具体领域提出了要求。党的二十届三中全会明确提出，进一步明晰不同类型国有企业功能定位，完善主责主业管理，明确国有资本重点投资领域和方向。

整体来看，党的十八大以来的新一轮国企改革，不断沿着市场化方向积极推进改革试点工作。从中央企业的"四项改革"试点，到"十项改革"单项试点，再到"双百行动"推进综合改革，在多个重要领域和关键环节已经取得了许多突破性进展。当前，增强国有企业的核心功能，提高其核心竞争力，成为国企改革的重要取向。

一是要完善中国特色现代企业制度，打造更多世界一流企业。建设世界一流企业，并不是简单地让国有企业的业务经营"走出去"，而是要探索在坚持党的领导下建立一套中国特色现代企业制度，将国有企业打造成全球公司和国际企业，培育更多世界一流企业。完善中国特色现代企业制度，从企业实践来看，要正确处理好这几对关系：正确处理好公司党委发挥领导作用与董事会依法行权履职的关系，正确处理好落实董事会职权与中央企业行政管理体制的关系，正确处理好公司党委、董事会、经理层等治理主体之间的协同关系，正确处理好经营风险与决策效率的关系，厘清各治理主体之间的决策边界。

二是要深入实施国有企业改革深化提升行动，做强做优主业，增强核心功能。国有企业要建设成为世界一流企业，无论选择什么路径，都不能囿于企业本身的经济属性，而是要认清国有企业自身的特殊使命和社会担当，融合国家发展战略做强做优主业，聚焦主责主业和自身的核心功能。推动国有资本向关系国家安全、国民经济命脉的重要行业和关键领域集中，向关系国计民生的公共服务、应急能力、公益性领域等集中。提高核心竞争力，要求企业要在更加开放的国际环境中经营，积极参与全球化布局，融入世界分工体系，向品牌、技术、服务等附加值更高的生产环节攀升，并以此促进企业能力动态提升。国有企业应朝着提升全球竞争力、打造世界一流企业的方向努力，培育世界眼光和全球格局，从聚焦本地市场转向锚定全球市场、从国内企业转型为跨国经营公司。

三是要建立国有经济布局优化和结构调整指引制度。新时代的国有企业，承担着当好原创技术策源地和现代产业链链长的职能，因此，战略性新兴产业和国计民生重大行业是国有资本布局的重点。当前国有企业改革的一个重要方向——利用国有资本投资运营公司，加快推进增量国有资本布局结构性调整，已经成为重要的路径选择。把国有企业竞争性业务推向市场，同时将市场制度引入国有企业，是促进国有经济布局优化和结构调整的关键。把非国有资本尤其是其对应的经营管理模式和市场前景判断等，引入传统的国有企业体制，与国有资本更好地结合，转换国有企业经营机制，更好地优化国有经济布局和进行结构调整。

（二）促进民营经济和民营企业发展壮大

民营经济是我国经济制度的内在要素，民营企业是我国重要的市场主体。2023 年以来，民间投资增速出现放缓趋势，对国民经济运行产生的影响得到了广泛关注。当前，中央对民营经济和民营企业有了新的定位，民营企业发展面临的一些现实困境，既有老问题也有新挑战。

民营经济有了新的总体定位。在经济高速增长阶段，民营经济已经成长为我国经济增长的重要贡献者，新时代经济发展导向由高速度转向高质量，这对民营经济的职能和定位提出了新要求。在国家现代化建设全局中，对民营经济如何定位，是民营经济发展是否有信心的关键所在。当前，中央对民营经济在国家现代化建设全局中的总体定位更高，将其称之为"中国式现代化的生力军，高质量发展的重要基础，全面建成社会主义现代化强国、实现第二个百年奋斗目标的重要力量"。可以说，促进民营经济发展壮大具有必然性和长期性。

提振民营经济发展信心，需要政策舆论和体制机制共同发力。鼓励支持民营经济和民营企业发展壮大，在政策和舆论上，要为提振民营经济发展信心提供良好的政策环境和舆论氛围，引导全社会客观正确全面认识民营经济和民营经济人士，特别是需要从基本理论上说明民营经济的正当性和合理性。在体制机制上，重点是要构建保障平等保护产权、平等参与市场竞争、平等使用生产要素的法治化营商环境。

　　民营企业家普遍反映，对公平竞争威胁最大、最难以破除的因素主要有两类：一是地方政府在实施选择性产业政策过程中制定的非普惠性优惠和补贴政策，尤其是针对部分产业和企业实施的优惠与补贴；二是部分垄断行业经营范围盲目扩张，将垄断地位延伸至竞争性领域，一定程度上限制和排除竞争。增强民营经济长期发展的信心，最关键的还是要构建起公平、公正的法治环境，让民营企业家的合法财产和民营企业的合法经营权得到长期稳定和更加有效的法治保护，特别要在市场准入、要素获取、公平执法、权益保护等方面落实一批举措。因此，塑造公平竞争的市场环境，才能从制度上为增强微观主体活力提供保障。2023 年 7 月，《中共中央　国务院关于促进民营经济发展壮大的意见》发布。2023 年 11 月，中国人民银行、金融监管总局、中国证监会、国家外汇局等八部门联合印发了《关于强化金融支持举措　助力民营经济发展壮大的通知》，目的是疏通金融服务民营经济的堵点，优化支持民营经济的金融政策。2024 年 7 月，党的二十届三中全会强调，坚持致力于为非公有制经济发展营造良好环境和提供更多机会的方针政策，完善民营企业参与国家重大项目建设长效机制。这为全方位推动民营经济发展提供了有力政策支持。

　　完善中国特色企业制度，弘扬企业家精神。要依法保护企业和企业家产权，包括企业法定经营权、独立决策权以及企业家合法财产权。向社会释放明确政策信号，稳定企业家尤其是民营企业家的经营预期和投资信心。党的二十届三中全会通过的《决定》明确提出，要制定民营经济促进法。对广大企业家来说，为促进民营经济提供更好的法治，就是为民营企业创造最好的营商环境。为此，对地方政府违规限制企业合法生产经营决策权、损害企业家合法财产权的行为要予以纠正，对重大非法侵权、侵财案件要"树立典型"，准确向市场释放依法保护企业生产经营权、自主决策权和合法财产权等各项产权权利的强烈信号。

高度重视和加快促进中小企业专精特新发展。过去，关于企业发展的各类政策导向中，企业规模是重要的政策参数。在发展追赶阶段，我国的产业技术水平较低、产业价值链处于低端环节的条件下，政府实施选择性产业政策面临的不确定性较小，犯系统性错误的概率相对较低，可以有效利用"后发优势"，在政策上对大企业选择性支持。随着我国经济高质量发展的内外部形势变化，部分企业、部分行业正在逐步走向全球技术前沿，未来的技术路线选择不确定性大大增强，中小企业专精特新发展已经成为影响产业未来发展趋势的重要因素，需要改变传统的产业政策支持体系。在政策支持上，需要推进支持政策由差异化、选择性向普惠化、功能性转变，创造有效率的市场环境，使市场功能得到发挥，以此加快促进中小企业专精特新发展。

三、构建全国统一大市场

近年来，中央出台了建设全国统一大市场总体工作方案，清理了一批妨碍公平竞争的政策规定。全国统一大市场建设，是构建高水平社会主义市场经济体制的基础。当前，加快建设全国统一大市场，关键是要着力破除各种形式的地方保护和市场分割，营造更加公平的市场竞争环境。在政策路径选择上，需要破除阻碍公平竞争的各种不当干预，规范地方政府招商引资的恶性竞争，推进地方政府之间的一体化合作。

（一）地方保护和市场分割的不同表现形式

自 1992 年党的十四大确立社会主义市场经济体制以来，我国社会主义市场体系建设已进行 30 余年。在市场化改革进程中，地方保护和市场分割问题曾经是制约我国市场发育的主要因素。随着央地关系调整以及财税体制改革等举措的推进，这一问题得以有效缓解。但时至今日，地方保护和市场分割依然存在，但表现形式却有所不同。

今天的地方保护和市场分割，在表现形式上与过去存在较大差异。过去的地方保护和市场分割，在保护对象上以保护本地企业为主，行为上主要体现在构筑进入壁垒、封锁本地市场、限制资源外流等方面。如当年各地涌现出了"棉花大战""羊毛大战"等各种资源和市场争夺战、保卫战。随着我国市场体系建设特别是市场准入壁垒的系统性降低，地方越来越难以用行政命令直接进行市场封锁，地方保护的对象和市场分割的形式也有了新的变化。不过，现实中有的企业家对"当下存在地方保护"这个判断是存疑的。

不少本地企业抱怨，当地政府对招商引资而来的外来企业，给予的各类政策优惠和资金补贴远超本地企业，"外来和尚会念经"的现象比较普遍。而当企业发展壮大需要跨区域扩张时，地方又对企业跨区域经营设置障碍，本地企业并没有感到被"地方保护"。同时，在招商引资过程中，有的地方要求外来企业必须属地化注册，有的地方强调全产业链本地化，要求将相关生产环节搬至行政辖区内，等等。反而是这些新的表现形式，使得地方在竞争压力下表现出了一定的"保护"性质。

也就是说，当下的地方保护不是主要以保护本地企业为主，而是更多地体现在如何对待招引外来企业上，它保护的主要是未来增量生产力而不是当前存量生产力。试图在本地构建全产业链而导致的市场分割，也不再是过去"画地为牢"的地理性市场封锁，而是对产业在区域间的分工进行限制。因此，破除我国当前存在的地方保护和市场分割，关键是要规范地方竞争秩序，进一步拓展和深化市场分工体系。

（二）破除地方保护和市场分割的切入口和着力点

破除地方保护和市场分割，规范地方招商引资恶性竞争是一个重要的切入口。在招商引资的激烈竞争下，地方政府对那些到本地投资的企业给予大量政策性保护，客观上是对市场公平竞争环境的一种破坏。即便是需要设置某些优惠条件，相关举措也应当是具有普惠性而非选择性的。协调和规范地方竞争秩序，应进一步减少地方针对特定企业和特定项目的直接补贴。对那些涉及企业的优惠政策，需要建立严格的政策优惠标准体系，同时以目录清单的形式提供并及时向社会公开。在体制机制设计上，规范地方招商引资恶性竞争，必须进一步完善与高质量发展相适应的地方政府政绩考核体系。

破除地方保护和市场分割，要持续深化要素市场化改革，纠正要素和资源价格扭曲及信号传递扭曲。要素和资源产品价格市场化改革，可为转型升级和创新传递准确的市场信号。要完善要素市场制度和规则，推动生产要素畅通流动、各类资源高效配置、市场潜力充分释放。要完善主要由市场供求关系决定要素价格机制，健全劳动、资本、土地、知识、技术、管理、数据等生产要素由市场评价贡献、按贡献决定报酬的机制。逐步构建全国统一的要素和资源产品市场，对政府定价行为实施更多约束，才能为破除地方保护和市场分割提供底层逻辑。政府定价范围应主要限定在重要公用事业、公益性服务、网络型自然垄断环节，而且需要进一步提高定价的透明度，并接受社会监督。

破除地方保护和市场分割，要进一步强化对地方新出台政策的公平竞争审查，实现市场监管公平统一。地方之所以要给予招商引资项目大量政策优惠，一定程度上也是在现有地方竞争格局之下被动选择的结果。只要其他地方政府给予企业优惠措施，对本地来说最优的竞争策略就是同样给予优惠。因此靠地方政府个体是解决不了地方竞争这一"囚徒困境"的，必须在顶层设计上统一规范和约束地方政府的行为。在强化对地方新出台政策公平竞争审查的同时，及时清理废除妨碍依法平等准入和退出的规定做法。对此，党的二十届三中全会特别强调，规范地方招商引资法规制度，严禁违法违规给予政策优惠行为。加强公平竞争审查刚性约束，强化反垄断和反不正当竞争，清理和废除妨碍全国统一市场和公平竞争的各种规定和做法。

破除地方保护和市场分割，要站在全局高度对妨碍市场分工协作的做法加以约束。结合本地优势、产业基础和资源环境承载等因素发展产业是地方做好自身功能定位的关键，但有的地方忽视本地产业基础盲目构建全产业链，过度要求产业链本地化，从而出现低层次重复建设和同质竞争现象。对可以稳定利用市场分工的环节盲目"建链""补链"，其实是逆市场分工和反市场效率的表现。事实上，这一行为制约了市场主体在全国范围运用市场分工体系的能力，妨碍了全国统一大市场的建设。对市场分工体系的分割，虽不像传统的地理性市场封锁那么明显，但它对市场效率的影响无疑是严重而深远的。在高质量发展新阶段，区域间的分工协作能力越来越重要，需要我们在全国统一大市场要求下，加快形成合理的区域市场分工体系，避免出现新形式的市场分割。

四、推进和深化财税金融体制改革

我国进入高质量发展阶段，需要构建与高质量发展相适应的财税金融体制，以此引导地方政府、激励企业家等市场参与者为增加高质量供给而不断创新，加大对高质量发展的财税金融支持。对此，2024年《政府工作报告》提出明确要求，要谋划新一轮财税体制改革，落实金融体制改革。党的二十届三中全会特别强调，要统筹推进财税、金融等重点领域改革。

（一）新一轮财税体制改革的内在需要和着力点

财税体制改革事关大局，是服务于深化改革全局的系统性工程。上一轮财税体制改革的标志是 1994 年开始实行的分税制改革。从那时起，中央与地方开始分灶吃饭，财权上移、事权下移。地方财权变小、事权变大，地方为弥补财政不足，在分税制改革后将目光转向国有土地出让这个带有中国特色的制度安排，地方用土地等资源招商引资的竞争加剧。不过，随着后来政府征地成本上升，特别是当前房地产领域投资弱化趋势未发生实质性改变，地方靠"土地财政"的发展空间已经越来越小。

与此同时，我国经济结构也发生了实质性变化。2013 年我国的第三产业占比就已经超过第二产业，但是主要对生产环节课税的增值税为主的制度设计沿用至今。此外，在营改增过程中，除了曾经对中央和地方的分成比例进行过微调以外，财税体制的总体框架没有进行过大的调整。不仅如此，近年来地方财政约束尤其是地方债风险上升，需要进一步优化央地财权事权关系，逐步建立起与变化的经济结构相适应的财政税收体制，严格规范地方政府各种形式的税收优惠和减免行为，缓解地方在招商引资中的恶性竞争。

一是要进一步优化央地财权事权关系，从制度上减弱地方政府恶性竞争的内在压力。恶性竞争行为的一个制度根源，在于地方财力支撑和支出责任划分的不匹配。2016 年，国务院曾发布过《关于推进中央与地方财政事权和支出责任划分改革的指导意见》，标志着央地财权事权关系开始大调整。此后，在医疗卫生、教育文化等基本公共服务领域，逐步启动了央地财权事权关系的改革。2022 年发布的《中共中央　国务院关于加快建设全国统一大市场的意见》明确提出，鼓励各地区持续优化营商环境，依法开展招商引资活动，防止招商引资恶性竞争行为。党的二十届三中全会提出，要适当加强中央事权、提高中央财政支出比例。未来需要在更多领域探索中央及地方合理的财权和事权的关系划分，从而为地方规范招商引资提供相对宽松的税制环境。

二是要逐步建立与变化的经济结构相适应的税收体制。一方面，要充分认识到我国经济结构出现系统性转变。2023 年，全年最终消费支出对我国 GDP 增长的贡献率高达 82.5%[①]，在消费贡献为主的经济结构下，应逐步降低商品的消费税以鼓励消费，尤其是对那些随着时代变迁已由"奢侈品"转为普通消费品的商品。另一方面，财税体制要更加服务于高质量发展特别是供给结构的优化。间接税和直接税的比重结构，影响着地方政府发展经济的政策方向。总体来看，我国的间接税占比高，直接税占比低。对地方政府而言，虽然经济效益高、居民增收快，但直接税总体占比低，提高经济效益可能不如追求

---

① 《国家统计局局长就 2023 年全年国民经济运行情况答记者问》，2024 年 1 月 17 日，见 https://www.stats.gov.cn/xxgk/jd/sjjd2020/202401/t20240117_1946672.html。

更多 GDP，促进居民增收也可能不如创造更多增值额。因此，降低间接税比重提高直接税征收比重，也是财税体制改革的重要着力点。

三是要严格规范地方政府各种形式的税收优惠和减免行为，在政府政策实施中更好地落实公平竞争审查制度，避免因征税不公平让地方政府之间出现不公平竞争。对此，党的二十届三中全会明确提出，要加强公平竞争审查刚性约束。必须让税收优惠以合法的制度、法律形式表达出来，并尽可能减少对特定行业和特定企业的各类优惠行为。要为地方政府推动高质量发展，创造一个公平的竞争环境和稳定的政策预期。

（二）支撑金融强国建设需落实好金融体制改革

2023 年，我国金融业增加值为 10.07 万亿元①，占我国 GDP 的比重已达到 7.99%，我国已经成长为名副其实的金融大国。2023 年 10 月召开的中央金融工作会议，首次提出金融强国的建设目标，提出要坚定不移走中国特色金融发展之路，加快建设中国特色现代金融体系。支撑金融强国建设，需落实好金融体制改革。

一是要以服务实体经济为根本宗旨，改革优化金融体系结构。2023 年的中央金融工作会议着重强调，要"坚持把金融服务实体经济作为根本宗旨""为经济社会发展提供高质量服务"。党的二十届三中全会提出，要"健全服务实体经济的激励约束机制"。中国特色金融体系，是能够为实体经济服务的中国特色金融服务体系。深化金融体制改革的重点，在于金融体系结构的调整优化，让金融真正服务于实体经济的方方面面。长期以来，金融机构提供的资金与市场上的资

---

① 国家统计局：《中华人民共和国 2023 年国民经济和社会发展统计公报》，《光明日报》2024 年 3 月 1 日。

金需求不匹配。国有银行为主的金融结构覆盖不到的资金需求，在原有的金融制度安排下本已有相应的金融机构进行业务补充，但目前许多金融机构的业务已严重同质，无法服务这些领域的资金需求。对新型实体经济各行业尤其是新兴产业和高技术产业的金融支撑相对偏弱，金融与实体经济的关系需要调整。因而，金融服务需加强对新兴产业和转型产业的支持，靶向性服务于经济结构转型升级的重点行业和关键领域。

二是构建多层次资本市场及其基础制度，抓住金融体制改革的薄弱环节或发展短板。数据显示，2023年全年对实体经济发放的人民币贷款，占同期社会融资规模增量的62.4%。至2023年底，对实体经济发放的人民币贷款余额占同期社会融资规模存量的62.3%。[①] 也就是说，银行贷款仍然是融资主流模式。这个结构对创新发展特别是数字经济时代创新发展的支持略显乏力。创新需要风险资金支持，但银行为主的信贷是不容许承受较大风险的，因为这部分资产主要来源于居民和政府部门的储蓄。而且，银行的信贷审批通常是基于企业过去已经取得的业绩，如有无盈利、有无抵押品。但创新恰恰是面向未来，许多创新的想法本身是无法抵押的。当下已经是数字经济时代，传统金融结构很难满足创新发展的融资需要，创新的不确定性本质呼唤更多的风险资本入市，而多层次资本市场是风险资本入市的重要渠道和载体。因此，提高直接融资特别是股权融资比重，构建多层次资本市场和多元融资体系，为处在不同行业、不同生命周期中的企业，提供相适配的金融服务，是当下深化金融体制改革需要补齐的"短板"。

三是完善金融监管体系，强化监管和服务能力，守住不发生系统

---

① 中国人民银行：《2023年社会融资规模增量统计数据报告》，2024年1月12日，http://www.pbc.gov.cn/diaochatongjisi/116219/116225/5202049/index.html。

性金融风险的底线。中央金融工作会议强调，"金融是国民经济的血脉，是国家核心竞争力的重要组成部分""要加快建设金融强国，全面加强金融监管"。构建中国特色金融体系，要建立起一套风险全覆盖、无死角的金融监管体系，依法将所有金融活动纳入监管范围，进一步强化金融法治建设。同时，要防范股票市场、债券市场、外汇市场风险传染，建立风险早期纠正硬约束制度，筑牢有效防控系统性风险的金融稳定保障制度，有序化解高风险中小金融机构风险，健全市场化、法治化、常态化处置机制。

第七章
扩大高水平对外开放

中国发展离不开世界，世界发展也需要中国。开放是我国新发展理念之一，要"推进高水平对外开放"。习近平总书记在第十四届全国人民代表大会第一次会议上的讲话中指出："中国的发展惠及世界，中国的发展离不开世界。我们要扎实推进高水平对外开放，既用好全球市场和资源发展自己，又推动世界共同发展。"在全面建设社会主义现代化国家新征程上，要坚定奉行互利共赢的开放战略，扎实做好高水平对外开放各项工作，以实现高质量发展为首要任务，不断增强社会主义现代化建设的动力和活力，不断推动经济实现质的有效提升和量的合理增长，不断拓展对外开放的广度和深度，加快建设贸易强国，高质量共建"一带一路"，推动对外开放由商品和要素流动型开放向规则、规制、管理、标准等制度型开放转变。

开放是中国式现代化的鲜明标识。改革开放 40 多年来，我国始终坚持对外开放基本国策，不断扩大对外开放，充分利用国内国际两个市场、两种资源迅速提高了经济实力、科技实力和综合国力，实现了从封闭半封闭到全方位开放的伟大历史转折，成为经济全球化的受益者和重要贡献者。党的十八大以来，习近平总书记站在中华民族伟大复兴战略全局和世界百年未有之大变局的历史高度，深刻总结我国对外开放的实践经验，指出"中国开放的大门不会关闭，只会越开越大"，提出不断加大高水平对外开放力度，建设更高水平开放型经济新体制，以开放促改革，以自身开放推动世界共同开放。

一、深化外贸体制改革，加快建设贸易强国

对外贸易是联通国内国际市场、面向世界优化资源配置的有效途径，也是推动国民经济增长的重要动力。党的二十大报告提出，"推动货物贸易优化升级，创新服务贸易发展机制，发展数字贸易，加快建设贸易强国"，明确了建设贸易强国的目标与战略。加快建设贸易强国，是推动我国经济发展质量变革、效率变革、动力变革以及提高全要素生产率的必然举措，也是建设现代化经济体系的重要内容和迫切要求。

（一）2023 年我国外贸发展的基本情况

2023 年，受新冠疫情后经济复苏乏力的拖累，全球贸易增长动能减弱，发展迟缓。根据联合国贸易和发展会议发布的《全球贸易最新动态》，预计 2023 年全球贸易额将比 2022 年下降 5%。在复杂严

峻的国际形势下，我国外贸顶住了压力，稳住了规模、稳住了全球市场份额，实现了正增长，显示了在国际市场竞争中的强大韧性。2023年，我国货物进出口总值达到41.76万亿元，同比增长0.2%。从数量上看，外贸进口、出口数量均保持增长，增速分别为2.9%、3.1%。从份额上看，我国进出口占全球份额基本保持稳定，达到14%左右。从国别比较上看，我国外贸增速表现好于多数主要出口导向型经济体。

在外贸数量实现正增长的同时，2023年我国外贸结构不断优化升级，有不少新亮点。电动汽车、锂电池、太阳能电池出口增长迅猛，被称为出口拳头产品的"新三样"，合计出口1.06万亿元，增长了近30%。出口新业态涨势良好，全年跨境电商进出口增长15.6%，其中出口增长19.6%。目前我国企业建设的海外仓已超过2400个，面积超过2500万平方米。进出口市场主体数量快速增加，全年我国有进出口实绩的外贸经营主体首次突破60万家。

在与美国、欧盟、日本贸易关系保持紧密的同时，我国进一步增进了同新兴市场各国的贸易关系。2023年，我国对共建"一带一路"国家的进出口占总的进出口比重提升至46.6%，对拉美地区、非洲地区进出口分别增长6.8%和7.1%。截至2024年1月，我国有230多个经贸伙伴，是全球140多个国家和地区的主要贸易伙伴。高标准自贸区国际网络持续扩大，随着《区域全面经济伙伴关系协定》对15个成员国全面生效，我国与自贸伙伴贸易额占外贸总额比重超过三分之一。2023年，我国还同厄瓜多尔、尼加拉瓜、塞尔维亚、新加坡等多国新签或升级了自贸协定，自贸伙伴数量增至29个。我国深入参与世界贸易组织体制改革，多次提出中国方案，引领完成《促进发展的投资便利化协定》文本谈判，推动实质性结束部分全球数字贸易规则谈判，国际经贸规则话语权和影响力持续增强。区域自由贸易方面达成多项成果，联合多国共同发布《数字经济和绿色发展国际经贸合作框架倡议》，积极推进加入《全面与进步跨太平洋伙伴关系协定》和《数字经济伙伴关系协定》。① 高质量共建"一带一路"行稳致远，一批标志性工程、标志性项目顺利推进，取得一系列实质性经贸成果。

（二）建设贸易强国面临的机遇和挑战

当前，全球经济复苏缓慢，逆全球化思潮抬头，单边主义、保护主义明显上升。我国加快建设贸易强国的内外部环境发生了深刻复杂变化，推进建设贸易强国的战略任务需要全面客观地分析我国外贸发展面临的机遇和挑战。

从机遇上看，新一轮的科技革命和产业变革深度发展，成为推动经济全球化发展的重要动力，世界各国经贸往来不断增多，经贸联系不断增强的趋势没有改变。人工智能、量子技术、生命科学等新一代通用技术迅猛发展，开辟了发展的新领域新赛道，催生出新业态新模式，为全球贸易提供了新机遇。党的十八大以来，我国科技实力快速提升，已经进入全球创新型国家行列，在新兴技术领域展现出很强的竞争能力和市场活力。第一，我国拥有完整的工业体系，制造业增加值约占全球的30%，规模和效率具有明显优势。第二，我国有14亿多人口、4亿多中等收入群体，是最有潜力的消费市场。超大规模的国内市场有利于新技术的快速应用，可以创造应用场景，让新产品实现规模化产业化，最终走向国际市场。第三，我国经济韧性强、潜力大、活力足，经济回升向好、长期向好的基本趋势没有改变，对贸易强国建设形成有力支撑。根据国际货币基金组织预测，我国经济

---

① 王珂、罗珊珊：《加快建设贸易强国——访商务部党组书记、部长王文涛》，《人民日报》2024年1月18日。

2023 年增速好于绝大多数主要经济体，对世界经济增长的贡献有望超过 30%，是世界经济增长的最大引擎。第四，高质量的基础设施为外贸供应链稳定畅通提供了重要保障，我国高铁、高速公路里程、快递发货量、5G 基站数量、港口吞吐量均为世界第一。跨境基础设施不断完善，中欧班列已累计开行超过 8 万列，成为亚欧之间重要的贸易物流大通道。

从挑战上看，不利因素也不容忽视。当前世界进入新的动荡变革期，经济因素和非经济因素相互交织，各种"黑天鹅""灰犀牛"事件不断增多，地缘冲突也增大了外贸发展环境的不确定性，外贸发展面临的外部环境更趋复杂严峻。根据国际货币基金组织于 2024 年 4 月发布的最新《世界经济展望》，世界经济在 2024 年和 2025 年将继续以 3.2% 的速度增长，与 2023 年增速相同。5 年后全球经济增速的预测值为 3.1%，处于几十年来最低水平。联合国贸易和发展会议预测全球贸易仍"高度不确定且总体悲观"。近年来，经济全球化遭遇逆流，保护主义、单边主义抬头。贸易壁垒明显增多，反倾销、反补贴、保障措施等传统壁垒有增无减，绿色等新型壁垒层出不穷。当前，我国周边国家以各项优惠政策吸引企业投资，发达经济体也积极吸引产业回流，跨国企业出于各种政策、风险考虑推进"中国+1""中国 +N"布局，这些都给我国外贸发展带来了新挑战。

（三）加快建设贸易强国的战略举措

加快建设贸易强国，关键在于完整、准确、全面贯彻新发展理念，构建新发展格局，扩大高水平对外开放。党的二十届三中全会指出，要"强化贸易政策和财税、金融、产业政策协同，打造贸易强国制度支撑和政策支持体系"。从具体的战略举措看，要夯实货物、服务、数字贸易"三大支柱"，统筹贸易发展与安全，切实提高我国在国际供应链、产业链和价值链上的竞争力和话语权。

1. 推动货物贸易优化升级

强大的制造业是建设贸易强国的坚实基础，要进一步夯实产业基础，加快建设制造强国，培育具有全球影响力和竞争力的先进制造业集群。实施好已出台的稳外贸政策，适时推动出台稳外贸的新政策，充分释放政策红利，发挥政策"组合拳"最大效用。不断优化出口商品结构，着力培育和提升新能源汽车、数控机床、精密仪器等高附加值产品出口竞争力。做强做实一般贸易，增强议价能力，提高效益和规模。大力发展绿色贸易，推进传统出口产业节能减排和绿色低碳发展。加快推进离岸贸易发展，发展新型离岸国际贸易业务。切实帮助外贸企业解决困难和问题，做好外贸企业服务保障。

2. 推动服务贸易创新发展

同货物贸易相比，我国服务贸易规模落后于美国，未来发展的潜力巨大。要加快形成服务贸易开放合作制度体系，完善促进服务贸易发展的管理体制和政策体系。进一步发挥服务贸易创新发展试点、服务外包示范城市和特色服务出口基地作用，提升中国服务品牌国际竞争力和影响力。加快建设国家服务贸易创新发展示范区，把发展基础好的服务贸易中心城市打造成为全球服务贸易创新发展高地。加强服务贸易国际合作，继续完善服务贸易合作机制，建设服务贸易国际合作示范区。

3. 大力发展数字贸易

不断优化我国数字贸易营商环境，探索数据跨境流动、数字服务市场准入等新兴领域。统筹数据跨境流动安全监管与数字贸易发展。推进跨境电商新业态发展，提升贸易数字化水平，形成以数据驱动为核心、以平台为支撑、产业融合为特征的数字化、网络化、智能化发展模式。积极参与全球数字经济和数字贸易规则制定，推动建立各方普遍接受的国际规则。加快推进数字贸易标准化工作，把标准化作为促进数字贸易发展、推进数字贸易国际合作的有力抓手。

二、完善推进高质量共建"一带一路"机制

2013 年，习近平总书记西行哈萨克斯坦、南下印度尼西亚，先后提出共建"丝绸之路经济带"和"21 世纪海上丝绸之路"重大倡议。2018 年，习近平总书记在推进"一带一路"建设工作 5 周年上提出要推动共建"一带一路"向高质量发展转变，标志着共建"一带一路"倡议和行动进入了高质量发展阶段。2023 年，第三届"一带一路"国际合作高峰论坛在北京举行，习近平总书记在开幕式上发表主旨演讲，全面回顾了共建"一带一路"倡议提出 10 年以来取得的丰硕发展成果，深刻总结了共建"一带一路"的宝贵经验，系统阐述下一步中国支持高质量共建"一带一路"的八项行动，为进一步高质量共建"一带一路"指明了方向。这八项行动具体包括：构建"一带一路"立体互联互通网络；支持建设开放型世界经济；开展务实合作；促进绿色发展；推动科技创新；支持民间交往；建设廉洁之路；完善"一带一路"国际合作机制。

（一）高质量共建"一带一路"机制是推进高水平对外开放的重要举措

高质量共建"一带一路"机制旨在通过加强中国与世界各国互联

互通合作、分享发展红利、促进减贫经验借鉴，从而实现高标准、可持续、惠民生目标，推动全球经济价值链分工实现包容性发展，促进发展中国家获得更为平等的经济地位和更加均等的发展机会。

2008 年金融危机之前，全球贸易结构呈现出"中心—外围"的特征，即由西方发达国家构成的"中心"以及由广大发展中国家组成的"外围"格局，随着新兴经济体逐渐成为世界经济发展的重要"引擎"，"中心"与"外围"的力量对比演变叠加治理领域多样化、全球分工和产业链复杂化使得原有世界经济格局的机制设计已无法适应全球发展的新要求。伴随着 2008 年金融危机的爆发，世界经济结构逐渐由"中心—外围"转变为更为复杂的全球"双环流"贸易格局，以中国、印度、巴西为代表的新兴经济体快速崛起，在国际治理体系中开始发挥越来越积极的作用。在此背景下，中国提出共建"一带一路"倡议，旨在通过战略对接、产能合作、科技合作以推动中国与共建国家共同发展，为全球经济增长开辟新空间，保障产业链供应链安全稳定畅通，对于促进更高水平对外开放具有重要现实意义。

（二）高质量建设"一带一路"机制的基本路径

坚持共建共享的合作发展理念，完善沿线各国同心协力高质量共建"一带一路"的机制，统筹推进重大标志性工程和"小而美"的民生项目，统筹基础设施建设带动的工业化和科技创新带动的数字化，统筹政府间合作的顶层规划和企业间合作的项目发展。

1. 坚持开放合作的高质量发展

共建"一带一路"始终坚守开放的本色，致力于开创共赢、共担、共治的合作新模式。增进政策沟通和战略对接，深化经贸领域务实合作，促进生产要素有效流动、资源高效配置、市场深度融合，实现各方优势互补、合作互利，推动建设开放型世界经济。中国宣布全面取消制造业领域外资准入限制措施、深入推进跨境服务贸易和投资高水平开放等措施，释放了中国进一步深化改革开放的强烈信号。中国将为包括共建"一带一路"国家和地区在内的全球投资者提供更加广阔的市场机遇，与各国投资者深化产业链供应链合作。

2.坚持开放创新的高质量发展

创新是发展的第一动力，高质量共建"一带一路"也要向创新要动力。"一带一路"沿线国家和地区要共同把握数字化、网络化、智能化技术带来的发展机遇，探索新业态、新技术、新模式，拓展"丝路电商"合作，推进数字丝绸之路建设。中国下一步将主动对照国际高标准数字规则，深化数字经济领域改革，加强与高质量共建"一带一路"国家的政策衔接、经验交流，继续实施"一带一路"科技创新行动计划，加强绿色发展、数字经济、人工智能、能源、税收、金融、减灾等领域的多边合作平台建设。推动多层次交流合作，在数字基础设施、数字产业发展、数字化转型、数字素养和技能提升等领域打造一批"一带一路"标志性工程和"小而美"合作项目，让更多国家通过发展数字经济实现产业升级、释放发展动能，推动构建更加开放、包容、普惠的数字丝绸之路。

3.坚持开放包容的高质量发展

高质量共建"一带一路"紧紧抓住发展这一时代主题，提倡互帮互助，共同构建人类命运共同体。当前，经济全球化面临增长动能不足、治理体系不完善、包容性发展失衡等问题。这些问题阻碍了经济全球化的发展，使得反全球化、逆全球化的发展杂音甚嚣尘上，必须在发展中得到解决。"一带一路"沿线国家和地区要同心聚力，聚焦共同发展，相互尊重、相互支持、相互成就，发挥各自优势，共同做大发展"蛋糕"，推动全球发展迈向平衡协调包容新阶段。加大民生援助力度，使项目成果更多、更公平惠及各方，促进发展中国家民生福祉改善，增强自主发展能力。中方将实施 1000 个小型民生援助项目，中国国家开发银行、中国进出口银行将各设立 3500 亿元人民币融资窗口，丝路基金新增资金 800 亿元人民币，到 2030 年为伙伴国开展 10 万人次培训，让各国人民实实在在感受到高质量共建"一带一路"的发展成果。

4. 坚持开放安全的高质量发展

高质量共建"一带一路"机制离不开和平安宁的国际环境。当前，世界进入新的动荡变革期，正在经历大调整、大分化、大重组，不确定、不稳定、难预料因素增多。我们要在扩大开放中谋求共同安全，坚持维护全球产业链供应链的稳定畅通，为世界经济复苏提供更多确定性。做好风险监测评估和预警提示，共同加强对共建"一带一路"项目和人员的安全保障。加强人工智能、气候变化等领域的交流和对话，促进全球新兴产业健康有序安全发展。

三、稳步扩大制度型开放

2023 年中央经济工作会议首次提出，"要适应新形势、把握新特点，推动由商品和要素流动型开放向规则等制度型开放转变"，为我国新一轮高水平开放指明了努力方向和实现路径。党的二十届三中全会强调，主动对接国际高标准经贸规则，在产权保护、产业补贴、环境标准、劳动保护、政府采购、电子商务、金融领域等实现规则、规制、管理、标准相通相容，打造透明稳定可预期的制度环境。实现制度型开放的本质，就是要构建与高标准全球经贸规则相衔接的国内规则和制度体系，它不是一种开放方式的"度"的简单量变，而是开放性质的"质"的重大跨越，是党中央在当前对外开放重要战略机遇期，提升我国对外开放质量和水平的一大创举，对我国在新一轮全球经贸规则重塑中提升话语权具有重要意义。

（一）制度型开放"试验田"成果丰硕

自由贸易试验区是我国对标国际高水平贸易投资规则，探索制度型开放的重要载体。从党的十八大召开至 2023 年 11 月，我国分批次批准设立了 22 个自贸试验区，将其作为我国从要素型开放转向制度型开放的"试验田"。自贸区蓬勃发展的 10 余年，我国已经形成了覆盖东西南北中的试验田布局，在积累与推广试点经验方面取得一系列显著成效，不仅在区域范围内发展成绩显著，而且带动了周边及全国的经济发展。

1. 推动经济增长

根据《中国自由贸易试验区十周年发展报告（2013—2023）》发布的数据，十年来，自贸试验区为拉动我国经济增长作出了重要贡献。2022 年，21 个自贸实验区以不到千分之四的面积，为我国贡献了 17.8% 的货物进出口，货物贸易额同比增长 14.5%，增速高于全国平均水平 6.8 个百分点，成为引领和支持我国外贸稳定发展的重要平台；贡献了 18.1% 的利用外资额，实际利用外资 2225.2 亿元，较上年增长 4.5%。2022 年，自贸试验区高新技术产业实际利用外资同比增长 53.2%，增速远超全国平均水平（28.2%）。

2. 促进扩大开放与深化改革

自贸试验区本身是更为开放和更具市场活力的贸易园区，同时也在通过制度创新成果复制扩散的过程中有力地促进了全国各地的扩大开放和深化改革，使我国的整体商业环境获得优化，法律法规体系更加完善，贸易与投资更加自由便利，政府服务更加高效，市场机制作用发挥更加充分。

3.带动区域发展

自贸试验区覆盖了全国东西南北中的所有经济区域，形成了多点并发、以点带面的格局，直接带动我国各个区域的经济增长，并促进了区域间的协同发展。如上海、浙江、江苏和安徽等自贸试验区的设立与建设极大地促进了长三角地区的发展，广东自贸试验区在促进粤港澳大湾区协同发展、提升粤港澳大湾区制度型开放水平和促进大湾区的产业与消费升级方面发挥重要作用，天津自贸试验区、北京自贸试验区和河北自贸试验区积极推动了京津冀一体化发展，辽宁、黑龙江自贸试验区在振兴东北经济中扮演重要角色，福建自贸试验区在深化两岸经济合作中发挥特别作用，山东自贸试验区有力地促进了我国与日韩的经济往来，安徽、湖北、湖南、河南自贸试验区对于中部地区的发展意义重大，四川、重庆、云南自贸试验区在西南地区的发展中发挥重要作用，陕西自贸试验区有助于推动西北地区的发展，等等。

4.集聚区域产业集群

自贸试验区以制度创新促进了全国和全球范围内创新资源和创新主体的流动，以资源优势、产业基础优势和产业扶持政策为支撑形成一个又一个产业集群，如上海自贸试验区的集成电路产业集群、北京自贸试验区的生物制药产业集群、浙江自贸试验区的油气产业集群、天津自贸试验区的高端装备产业集群、陕西自贸试验区的现代农业集群，山东自贸试验区的文化产业集群，等等。

5.助力对外自由贸易协定的谈判与落地

近年来，我国与其他国家或地区建立多双边自由贸易区的工作也取得了历史性的进展。在这一过程中，自贸试验区的经验积累发挥了重要作用。多年来，对于在多双边对外自由贸易区谈判过程中可能遇到的难点、焦点等问题，我国有意识地将其导入自贸试验区进行试点，借此探索行之有效的合作方式、方法，探索最佳开放模式，树立风险意识并形成防范与化解风险的知识体系，从而为我国推进自由贸易协定谈判及后续的自由贸易区建设提供实践经验。

（二）以自贸试验区为引领推动制度型开放落地

1.促进国内国际双循环体系高效运行

2020年4月，在中央财经委员会第七次会议上，习近平总书记强调要构建以国内大循环为主体、国内国际双循环相互促进的新发展格局。自贸试验区是我国扩大开放与深化改革的新高地，既为他国与地区的货物、投资与服务进入我国市场提供了更加便利规范的新渠道，又为我国企业走向海外市场和广泛参与国际合作创造了新条件，是实现国内国际双循环的新型载体与重要枢纽。未来，无论是升级现有自贸试验区，还是新设立自贸试验区，都需要强化自贸试验区的这一功能作用，使其成为广泛连接国内国际各类产业链并促进其深度融合的关键抓手，成为促进"双循环"体系高效率、强韧性运行的重要动力源。

2.促成我国建立开放型经济新体制

我国未来的经济发展，需要更广更深地融入世界经济，需要在内部建立起更加开放包容、合作共赢的经济新体制。从长远来看，自贸试验区是试验田，是我国扩大开放和深化改革进程中的重要历史过渡

与局部试点，也是为建立开放型经济新体制积累制度创新经验的必要
途径与手段。基于这一确定的历史使命，自贸试验区的未来升级、扩
展与持续建设，要立足为建立开放型经济新体制提供丰富的制度创新
可复制成果，继续先行先试，并充分考虑局部试验成果向全国复制推
广的可行条件，有意识地在试点改革中弥补局部试验成果与全国建立
开放型经济新体制之间存在的空白点，实现复制成果高水平全覆盖，
以此实现全方位提供制度创新试验成果支撑的目标。

3. 为全球建立新型自由贸易体系提供实践经验

我国的未来发展，需要一个更加开放、公平、公正的全球贸易体
系。全球经济的复苏与持续增长，同样需要这样一个贸易体系。在部
分国家逆全球化思潮泛起的情况下，维护与完善全球自由贸易体系在
未来显得尤为重要。我国是全球的贸易大国，也是多边贸易体系的主
要参与者，有信心、有能力为振兴全球贸易作出重要贡献。讲好中国
故事，把我国自贸试验区通过实践积累的经验做法分享给其他国家和
地区供参考，必将为促进全球自由贸易的新发展和建立新型自由贸易
体制作出重要贡献。

四、进一步优化营商环境

好的营商环境就是一个国家吸引外资的国际竞争力。营商环境是
经营主体在市场经济活动中所涉及的体制机制性因素和条件，是企业
生存发展的土壤和生态。营商环境是否公平便利，是一个国家吸引外
资、稳定外资的关键变量。无论是发达国家还是发展中国家，都非常
重视优化营商环境，试图通过建设具有全球竞争力的一流营商环境，

以自由开放的市场准入、公平竞争的市场规则、有效保护知识产权的市场治理以及税收、土地等市场政策积极吸引外商投资。

（一）我国营商环境建设成效显著

1.市场化水平进一步提升

紧扣全国统一大市场建设，全面清理妨碍统一市场和公平竞争的各种规定和做法，出台反垄断配套规章和重点领域执法指南，保障各类经营主体公平参与市场竞争。2016年，国家发展改革委、商务部印发《市场准入负面清单草案（试点版）》。2018年，我国全面实施市场准入负面清单制度。除了清单明确列出禁止和限制投资经营的行业、领域、业务，各类市场主体皆可依法平等进入。国家发展改革委、商务部根据改革总体进展、经济结构调整和法律法规制修订等情况，对清单进行动态调整完善，不断放宽市场准入限制，优化措施表述。目前实行的2022年版市场准入负面清单列有禁止准入和许可准入事项共计117项，相比2016年试点版清单缩减64%。同时，严格落实"全国一张清单"管理模式，各地区、各部门不得另行制定市场准入性质的负面清单，切实维护市场准入负面清单制度的统一性、权威性。

2.法治化水平进一步提升

2020年1月开始施行的《中华人民共和国外商投资法》为保护外商投资合法权益提供了法治保障。健全外商投资准入前国民待遇加负面清单管理制度，全面深入落实准入后国民待遇。相关调查显示，中国是企业投资最青睐的热土，超九成受访企业将中国视为最重要的投资目的地之一。

3.国际化水平进一步提升

国家发展改革委、商务部等部门，立足扩大制度型开放，深入实施自由贸易试验区提升战略，试点对接国际高标准经贸规则。围绕服务保障外资外贸，推动出台粤港澳大湾区国际一流营商环境建设、横琴粤澳深度合作区放宽市场准入、进一步加大吸引外商投资力度等一系列政策举措。推出海关优化营商环境16条，扩大"直装直提""离港确认""组合港""一港通"等措施的覆盖范围，有效促进了通关便利化。统筹推进行政审批制度改革和商事制度改革，大幅简化流程，创新"多证合一""证照分离"等服务，外资开办企业时间大幅缩短。建设国际贸易"单一窗口""智慧海关""一体化通关"等，提升通关效率和贸易便利化水平。

（二）持续推进市场化、法治化、国际化的营商环境建设

营造市场化、法治化、国际化一流营商环境，是中国进一步对外开放的重要举措，也是实现高质量发展、实现治理体系和治理能力现代化的内在要求。国务院出台《关于进一步优化外商投资环境 加大吸引外商投资力度的意见》（本章中简称《意见》），对提高利用外资质量、保障外商投资企业国民待遇、提升投资经营便利化水平等提出明确要求。持续推进市场化、法治化、国际化的营商环境建设，要坚持问题导向和系统观念，聚焦完善产权保护、市场准入、公平竞争、社会信用等市场经济基础制度，持续深化重点领域关键环节改革创新，加快要素自由流动，切实维护公平竞争，在更深层次、更宽领域，以更大力度推进全方位高水平开放。

1.聚焦外资企业关切问题，保障其享受国民待遇

保障外资企业在要素获取、资质许可、标准制定、政府采购等方

面的国民待遇。全面落实外商投资准入前国民待遇加负面清单管理制度，坚持"非禁即入"原则，取消不合理的审批和资质要求。除外资法律法规特殊规定外，按照统一标准审核外资企业业务牌照和资质申请，促进内外资企业公平参与我国标准化工作。在政府采购方面，平等对待外资企业的产品和服务，《意见》明确提出保障外商投资企业依法参与政府采购活动。政府采购是公共资源配置的重要方式，也是宏观经济调控的重要手段。优化政府采购领域外商投资环境，努力消除政府采购中的各类不合理限制和壁垒，有助于全国统一大市场的形成，有助于市场更大范围内发挥配置资源的决定性作用，有助于中国企业在同外资企业平等竞争中不断提高竞争力，还有利于我国尽快加入世界贸易组织《政府采购协定》。

全面落实公平竞争审查制度，加强反垄断监管执法。我国拥有的超大规模市场是吸引跨国投资的独特优势，要加快建设全国统一大市场，加强区域政策协调联动，破除地方保护主义和区域壁垒，发挥各地资源禀赋优势，推动区域更好利用外资。严格落实"全国一张清单"管理模式，禁止以年检、认定、认证等形式变相设定区域标准。

2.聚焦知识产权等权益保护，推动营商环境法治化进展

《意见》从健全外商投资权益保护机制、强化知识产权行政保护、规范涉外经贸政策法规制定等方面为推动营商环境法治化进展做了系统部署和安排。《中华人民共和国外商投资法》，对保护外商投资合法权益有明确规定，法治理念和法治思维贯穿于优化营商环境的全过程，从立法、执法、司法、守法各个环节，依法保护外资企业合法权益。

3.加大重点领域外资引进力度

《意见》提出高质量引进外资和利用外资，更加强调外资的优质性，特别是依靠我国超大规模市场、产业链、供应链等优势，吸引与

我国现有产业发展方向相契合的外资到中国进行投资与发展，向全世界释放我国推进高水平对外开放、高质量利用外资的积极信号。加大重点领域引进外资力度，包括医药、先进制造、现代服务、数字经济等多个当前国内市场发展与投资的热门领域。同时，《意见》还提出，要发挥服务业扩大开放综合试点示范引领带动作用，对于互联网虚拟专用网业务（外资股比不超过 50%）、信息服务业务（仅限应用商店，不含网络出版服务）、互联网接入服务业务（仅限为用户提供互联网接入服务）等增值电信业务开放试点地区。

4.建立健全跨境金融、服务体系

深化外商投资和对外投资管理体制改革，推动产业链、供应链国际合作。各地积极开展合格境外有限合伙人机制试点，即允许境外机构投资者在通过资格审批和其外汇资金的监管程序后，将境外资本兑换为人民币资金，投资于国内的私募股权投资以及风险投资市场。合格境外有限合伙人机制是投资便利化和外汇管理便利化的制度安排，有利于拓宽吸引外资渠道，也是我国以制度型开放推动高水平对外开放的一项重要内容。扩大鼓励外商投资产业目录，合理缩减外资准入负面清单，落实全面取消制造业领域外资准入限制措施，推动电信、互联网、教育、文化、医疗等领域有序扩大开放。

商务部正在推进同外资企业的圆桌会议沟通制度。圆桌会议沟通制度既可以把外资企业请进政府机关，听取其意见诉求，也可以深入外资企业和生产现场，主动上门服务。政府部门不回避问题、坦诚交流，鼓励外资企业发表真实的意见和想法。商务部要求各地商务主管部门对于企业反映的问题建立清单台账，明确责任部门，加强跟踪督办，妥善解决、限期回复、及时反馈。

第八章
加快建设金融强国

金融是"国之大者"，是国民经济的血脉，是国家核心竞争力的重要组成部分，关系中国式现代化建设全局。一百多年以来，中国共产党领导的金融事业从无到有、由弱到强、不断发展壮大。党的十八大以来，中国特色社会主义进入新时代，我国开启了全面建设社会主义现代化国家的新征程，中国已站在一个新的历史起点上，这就赋予了红色金融新的时代使命，为金融工作提出新要求、新挑战。金融机构党组织要充分发挥战斗堡垒作用，金融系统要传承好红色金融史的宝贵精神财富，更加坚定责任担当和历史使命，加快建设金融强国，必须以新气象新作为推动我国金融"强起来"，助力强国建设、民族复兴伟业。

2023 年 10 月底召开的中央金融工作会议指出："金融是国民经济的血脉，是国家核心竞争力的重要组成部分，要加快建设金融强国。"世界近现代史告诉我们，经济强国必然是金融强国，唯有成为金融强国方能成为经济强国。17 世纪的荷兰，18 世纪至 19 世纪的英国，20世纪的美国，不同时期经济强国在崛起的过程中，都较好发挥了金融的加速和推动作用，全球资本、技术和人力资源配置都与世界金融中心高度关联。目前，我国金融正处在由"大"到"强"的关键时期，机遇与挑战并存。党的二十届三中全会通过的《决定》指出，深化金融体制改革，积极发展科技金融、绿色金融、普惠金融、养老金融、数字金融。建设金融强国，必须坚持和加强党的全面领导，坚定不移走中国特色金融发展之路，推动我国金融高质量发展。

一、全面建成社会主义现代化强国的必然要求

习近平总书记指出："金融活，经济活；金融稳，经济稳。经济兴，金融兴；经济强，金融强。经济是肌体，金融是血脉，两者共生共荣。"[1] 党的二十大报告指出，"从现在起，中国共产党的中心任务就是团结带领全国各族人民全面建成社会主义现代化强国、实现第二个百年奋斗目标，以中国式现代化全面推进中华民族伟大复兴"，"高质量发展是全面建设社会主义现代化国家的首要任务。发展是党执政兴国的第一要务"。[2] 金融是一国崛起的支撑点，能够通过配置资源

---

[1] 习近平：《论把握新发展阶段、贯彻新发展理念、构建新发展格局》，中央文献出版社 2021 年版，第 308 页。

[2] 《习近平著作选读》第一卷，人民出版社 2023 年版，第 18、23 页。

的功能助推一国生产力发展、经济腾飞、科技创新和产业升级，是国家重要的核心竞争力，是推动经济社会高质量发展的重要力量。纵观人类发展史，金融推动了生产力水平的不断提高，催生了个人自由，使人类变得越来越文明，成为过去人类社会发展不可或缺的组成部分，极大地提升了人类跨越时间配置资源以促进经济增长的能力。经济货币化和经济金融化促进了人类的良性发展，带来了物质文明和精神文明的双丰收，为重新构建人际关系提供了非常丰富的途径。

加快建设金融强国，是我国经济社会发展的需要，也是我国经济长远发展的战略抉择，更是在金融全球化进程中维护国家金融安全的需要，是各发达经济体追求的普遍目标，事关国家繁荣富强、社会和谐稳定、人民幸福安康。全面建成社会主义现代化强国需要建设一个金融强国，我国新时代中国特色社会主义发展战略安排需要建设金融强国。

金融是国家重要的核心竞争力，金融制度是经济社会发展中重要的基础性制度，金融安全是国家安全的重要组成部分。中国共产党自诞生之日起，就认识到了金融的重要性，高度重视金融工作，保障金融事业朝着正确的方向前进。从支持革命战争，到创立新政权，再到服务社会主义现代化建设，金融业实现了一次又一次的跨越发展。革命战争时期，金融事业萌芽于农民运动。中国共产党成立后，党领导下的金融工作进行了各种有益尝试，开创了多个"第一"，为之后红色金融事业的开展积累了宝贵经验。新中国成立后，党中央采取有力措施，接管官僚资本金融业，治理通货膨胀，实现了货币主权的完整。党的十一届三中全会以后，全党工作重点转移到经济建设上来，在邓小平同志"要把银行真正办成银行"思想的指引下，我国开始了有计划、有步骤的金融体制改革。

党的十八大以来，在党中央集中统一领导下，我国金融高质量发展取得新的重大成就，金融监管得到改进，金融体系不断完善，有力支撑经济社会发展大局，坚决打好防范化解重大风险攻坚战，为如期全面建成小康社会、实现第一个百年奋斗目标作出了重要贡献。同时要清醒看到，金融风险隐患仍然较多，金融乱象和腐败问题屡禁不止，金融监管和治理能力薄弱。金融市场乱象丛生是引发系统性风险的重大隐患，包括乱办金融、非法集资、乱搞同业、乱加杠杆、乱做表外业务、违法违规套利等严重干扰金融市场的行为。还有一些机构打着"高大上"旗号，设计出花样百出的"庞氏骗局"，增加了金融风险隐患。

当今世界正经历百年未有之大变局，我国发展的外部环境日趋复杂。要防范化解各类金融风险隐患，积极应对外部环境变化带来的冲击挑战，关键在于办好自己的事，推动金融实现高质量发展，加快建设金融强国，提高金融国际竞争力，增强国家综合实力和抵御风险能力，有效维护国家金融安全。

二、社会主义现代化金融强国的科学内涵

金融要把为实体经济服务作为出发点和落脚点，全面提升服务效率和水平，把更多金融资源配置到经济社会发展的重点领域和薄弱环节，更好满足人民群众和实体经济多样化的金融需求。好的金融制度应当体现社会主义本质要求，体现现代金融的基本功能，体现服务实体经济的基本原则，体现市场配置金融资源的决定性作用，体现包容性金融发展战略。社会主义现代化金融强国的科学内涵可以从以下六个方面进行阐释。

（一）人民性：坚持以人民为中心的价值取向

人民立场是党的根本立场，也是党领导下金融工作的根本立场。金融是具有价值取向的，从根本上说就是为国家和人民利益服务的，"人民利益至上"是中国金融人的价值追求。如果金融不服务于国家和人民的利益，金融工作丢了价值取向，金融领域就会乱象丛生。金融工作必须坚持以人民为中心的价值取向，坚持把金融服务实体经济作为根本宗旨，坚持把防控风险作为金融工作的永恒主题，坚持深化金融供给侧结构性改革，坚持统筹金融开放和安全，坚持稳中求进工作总基调。这就要求金融工作践行党的宗旨，金融系统提高政治站位，坚持政治原则、坚定政治方向、保持政治定力，始终牢记党的宗旨是全心全意为人民服务。

在党的领导下，金融工作一直服从和服务于党的中心工作和中心任务，金融的目标与党的目标是一致的。回顾党和国家的发展历程，红色金融首先展现着中国共产党的政治主张，是党的宗旨在金融领域的体现；红色金融始终根植于人民，从井冈山走向全国，以人民为中心的理念是金融发展的指挥棒。金融是党经世济民和治国理政的重要工具，是上层建筑与国家治理机制的重要组成部分。金融工作坚持问题导向，致力于解决党和国家在不同历史阶段所面临的一系列现实难题。从创建革命根据地到北上抗日，各革命根据地银行"一心为战"，无论是在同国民党开展货币斗争、打破经济封锁方面，还是在保障战争供给、支持苏区经济发展方面，党领导下的金融工作都发挥了积极的作用。在党的百年金融思想发展历程中，金融工作始终坚持党的领导，坚持人民立场，坚持为人民服务，坚持维护最广大人民的根本利益，坚持群众利益至上，从群众中来、到群众中去。

（二）市场化：充分发挥市场在金融资源配置中的决定性作用

中央金融工作会议指出："坚持在市场化法治化轨道上推进金融创新发展。"党的二十届三中全会指出，"促进资本市场健康稳定发展"。市场经济本质上就是由市场决定资源配置的经济，实践已经证明，由市场配置资源是最有效率的资源配置方式。

提高金融资源的市场化配置水平，一方面要大力发展资本市场，优化融资结构，更好发挥资本市场枢纽功能。资本市场的发展程度在一定意义上代表着我国金融市场化的发展程度，是金融体系中最有活力的平台。发展资本市场对建设现代化经济体系具有关键性作用，资本市场的规范与成熟是一国金融体系从传统模式走向现代模式的基本象征。一个有活力的资本市场必然既能推动经济增长、有效配置资源，又能平滑经济波动、合理分散风险，同时还能使居民分享经济增长的财富效应。对于我国而言，建立这样一个结构合理、功能强大的资本市场意义重大，关系到社会主义现代化强国的建设。

另一方面要稳步推进利率市场化改革，让利率充分发挥引导资源配置的作用。稳步推进利率市场化是中国改善宏观调控和深化金融改革的核心内容之一。利率是资金的价格，利率市场化改革对资金的高效配置能够起到至关重要的作用。麦金农（Mckinnon）和肖（Shaw）的理论说明了利率管制对经济的不利影响：过低的利率导致资本得不到回报，所以会降低储蓄率，而储蓄直接影响投资；过高的利率同样会抑制投资，而且还会产生逆向选择和道德风险问题。因此，需要让利率在市场中根据供求关系来决定。[①] 利率市场化以间接调控和市场

---

① 麦金农和肖的金融深化论的核心是反对实际低利率（低于均衡利率水平）或负利率，主张实行金融自由化，以使实际利率通过市场机制的作用自动地趋于均衡水平。

化改革为方向，着重于有效机制的建立，尽量减少计划和行政手段的运用，通过取消利率管制，把商业银行、企业及居民的微观目标与货币政策调控目标融合到一起，发挥货币政策传导链条中所有主体的积极性，使得市场利率能更好地反映实际的资金供求状况，有助于企业和居民更加有效地使用资金，增强货币政策利率传导渠道的影响，加强货币政策传导的有效性。

（三）国际化：提升在全球金融市场配置资源的能力

一个金融强国一定是开放的，绝对不能是封闭的，金融强国一定是国际上的强国。国内外经验表明，在开放的环境中通过高水平全球竞争提高金融竞争力，不断提高金融配置资源效率和能力，是建设金融强国的必然要求。在国际化过程中，中国金融业整体水平得到了显著提升，金融机构的公司治理水平和盈利水平不断提高，市场竞争能力和抗风险能力得到增强，推动了金融产品和金融服务的创新。金融开放和金融安全的关系是复杂的，金融开放不一定会降低金融安全的水平，一个有效率的金融体系是金融安全的最大保障。我国金融业对外开放保持着自主、渐进和可控的原则，开放的节奏把握得非常好，实现了资源配置效率和金融稳定性的"双提升"。

稳步扩大金融领域制度型开放，坚持"引进来"和"走出去"并重，在规则、规制、管理、标准等方面扩大开放，提升跨境投融资便利化，吸引更多外资金融机构和长期资本来华展业兴业，切实提升我国金融业的国际竞争力。"家有梧桐树，自有凤来栖"。我国的"梧桐树"就是仍处于发展上升期、拥有14亿多人口的消费市场，蕴含巨大的内需潜力，因此可以利用巨大的市场机遇吸引外资。要进一步优化营商环境，继续缩减外商投资准入限制，打造国际合作新平台，向全球投资者证明我国是一个法治稳定的投资场所，有理由成为外国企业投资的首选之地。坚持统筹金融开放和安全，着力推动金融高水平开放。金融高水平开放要求稳慎扎实推进人民币国际化，发展离岸市场，这将有利于企业防范流动性短缺的风险，有利于实现全球外汇储备的稳定，有利于使人民币成为"锚货币"，是全球经济发展再平衡的需要。

（四）科技化：以金融科技增强金融服务实体经济的能力和效率

"工欲善其事，必先利其器"。金融主动拥抱科技，既是金融业竞争推动的结果，更是自身需要的结果。一部金融史本身就是金融不断创新和发展的过程。在金融科技的推动下，货币形态正在从实物货币向数字货币发展，金融服务正在从人与人当面对话向远程移动互联方向发展。金融与科技能够结合得如此之好，其根本原因在于二者具有天然的耦合性，金融业本身就是信息密集型行业，信息对于金融业至关重要。

一方面，科技与金融的耦合极大提高了金融服务实体经济的效率。究其原因，其背后蕴藏着深厚的学理支撑。在金融科技的视角下，金融竞争真正的优势体现在品牌、客户、管理和信息等方面。品牌意味着信任，客户代表着流量，管理关乎着风控的水平，信息取决于数据。金融中介理论认为，金融中介具有信息生产功能，能够向市场提供信息，缓解交易双方的信息不对称。网络在信息生产、传递等方面的优势，使得金融科技不仅极大地提高了信息传递的速度，还提升了信息搜集能力，降低了信息处理成本，从而提升了金融中介的信息生产能力。网络已经成为人类共创信息与共享信息的平台，人类在长期历史中创造并承袭的信息传播模式在网络信息技术的推动下发生本质改变。金融科技借助电子信息技术与传统金融的融合，创新了金融业态，增加了金融服务的便利性，在众多领域提高了金融服务实体经济的质量。

另一方面，金融科技不断优化金融传统功能。金融体系的功能可分为以下三大核心功能：一是配置资源的功能。金融体系能够为企业或家庭的生产和消费筹集资金，同时还能将聚集起来的资源在全社会重新进行有效分配。在科技力量的助推之下，金融配置资源的方式更加丰富。以大数据、云计算为基础，金融科技可以实现个人信用与借贷资金的完美匹配。二是支付结算的功能。金融体系提供完成商品、服务和资产清算和结算的工具。在科技力量的助推之下，金融的清算支付功能在效率上有极大的提升。第三方支付的出现对于打破银行支付垄断、引入竞争机制具有重要意义。三是财富管理的功能。在科技力量的助推之下，金融财富管理的功能更为普惠。由此可见，科技可以进一步优化金融领域的这三项功能。

（五）普惠性：让每一个人公平拥有享受金融服务的权利

普惠金融的目的是要让每一个人在有金融服务需求时，能够及时、有尊严地以合适的价格获得高质量金融服务，尤其是社会中的弱势群体。普惠金融与"共享"发展理念是一致的。普惠金融存在的经济价值，在于帮助调整金融供求失衡，特别是金融结构的供求失衡，以实现金融更好地服务于实体经济的目的。普惠金融存在的社会价值，在于帮助低收入人群和小微企业等弱势群体获得金融服务，让每一个人公平拥有享受金融服务的权利。从本质上看，普惠金融帮助弱势群体获得了公平发展而致富的权利，它的重要价值在于促进经济的包容性增长和社会的和谐发展。

（六）安全性：守住不发生系统性金融风险的底线

中央金融工作会议强调："要全面加强金融监管，有效防范化解金融风险"。防范金融风险、维护金融安全是金融工作的永恒主题。必须对金融市场和金融机构进行依法监管，才能更好防范金融风险并维护投资者利益。金融机构不同于普通企业，一旦出问题就可能引发系统性金融风险。金融行业具有较强的公共性、外部性和社会性，金融风险具有较强的传染性和隐蔽性，这就要求金融监管必须从严。这一尺度，不应随着经济形势的变化而变成橡皮筋，而应"一把尺子量到底"，坚持一个标准。金融业容易形成错综复杂的关系纽带和利益链条，使金融市场成为"围猎"与"被围猎"交织、腐败滋生的场所，因此金融行业是各国经济体中受到最严格监管的行业。

金融行业比较特殊，经营的不是普通商品，而是货币等金融商品，具有高风险性、高传染性、高负债性、金融资产价格的高波动性、金融资产的高流动性和金融体系的高信息不对称性等特点，使金融业与生俱来就极具脆弱性。金融资产价格的高波动性对违法违规行为产生一定的"激励"作用，加大了金融行业违法违规的风险。同时，金融资产的高流动性为违法违规行为提供了快速、隐蔽的变现渠道，外部监督者和金融机构之间也存在着严重的信息不对称性。金融行业的跨期交易和综合经营趋势为违法违规行为提供了隐蔽的通道。金融行业违法违规交易呈现长期性，加大了违法违规行为因果关系判定难度。特别是随着金融信息化的快速发展，以及银行、证券、保险等业务的相互渗透、相互交叉，为市场参与者提供了更多的投资渠道和产品服务，容易诱发规避监管、转嫁风险、圈钱套利等违规行为，导致其隐蔽性越来越强。金融领域的特殊属性增加了防范金融风险的难度。为了更好维护金融稳定与金融安全，需要发挥我国的制度优势和政治优势，要求金融系统必须提高政治站位，按照中央全面从严治党的要求和巡视全覆盖部署，坚决遏制金融领域的违法违规问题，坚守金融安全性的底线。

三、深化金融体制改革

改革开放以来的 40 多年，中国的金融体系在改革中不断完善。建设金融强国，必须继续依靠改革，尤其是深化金融供给侧结构性改革，不断完善金融服务实体经济的"四梁八柱"，通过优化金融结构来完善金融市场、金融机构和金融产品体系，明确市场导向的目标与加强监管的职责，守住不发生系统性金融风险这一基本底线。

（一）推进资本市场改革

更好发挥资本市场枢纽功能，建设一个规范、透明、开放、有活力、有韧性的资本市场，健全投资和融资相协调的资本市场功能。长期以来，我国主要依赖于以银行为主的间接融资体系，导致企业杠杆率较高，增加了金融风险。为此，需要进一步完善金融市场结构，做大做强资本市场，提高直接融资比重。在我国经济由高速增长迈向高质量发展的关键阶段，资本市场的市场化资源配置功能将在调整产业结构并构建创新型经济体系中起到核心作用。改革开放以来，我国资本市场建设取得巨大进步，但仍然面临效率低下与机制不健全的问题。

新时期需要进一步完善资本市场。一方面，资本市场要发挥好市场在资源配置中的决定性作用。推动股票发行注册制走深走实，发展多元化股权融资，大力提高上市公司质量，培育一流投资银行和投资机构。发展资本市场的目的就是提高资源配置的效率，任何一个符合条件的企业都有权到资本市场上获得股权融资，每一位投资者都可以自由选择自己看好的企业进行投资，这就需要通过注册制改革完善市场体系和资源配置手段。同时，要通过退市制度实现金融资源合理配置。一个可以优化资源配置的资本市场一定是一个吐故纳新、不断更新的市场，退市机制必不可少。

另一方面，要用好政府这只"看得见的手"，真正发挥好秩序维护者的作用。第一，监管部门需要维护市场的公平与透明，打击操纵市场、内幕交易、虚假信息披露等违法行为，建立严格的退市制度，但不需要干预市场的价格，人为制造牛市。第二，资本市场要更加注重保护投资者，让投资者通过长期投资获得收益，而不是通过短期炒作进行套利。要想实现这一目标，必须严格执行上市公司强制分红的制度。上市公司需向投资者派发红利的规定虽然很早就有，但严格执行得很少，监管的力度不够，这就导致投资者通过炒作赚取溢价来实现收益。这不利于将一个"投机"市场转变为"投资"市场。第三，加大处罚力度。我国有句古语叫"治乱需用重典"，对于资本市场中出现的形形色色的违法行为，要加大处罚力度，否则这个市场是无法规范的。

（二）稳慎扎实推进人民币国际化

我国经济稳定、高质量增长，是推动和支撑人民币国际化的重要因素。只要我国经济能够保持高质量的强劲增长势头，人民币国际化就会有一个较好的发展。这个过程中需要培育高质量发展、高水平开放的微观经济主体，重点是提高企业和产品的竞争力，增强货币选择和使用的话语权。坚定不移深化金融领域改革开放。未来应坚持人民币利率、汇率由市场决定，在遵循富有效率、稳健有效的原则下，循序渐进推进资本账户和金融市场的开放，让离岸人民币有更好的投资场所。完善人民币国际化的基础设施建设，努力实现哪里有人民币，哪里就有人民币跨境支付系统①的服务，推进自主可控的跨境支付体系建设，发挥人民币跨境支付系统在人民币国际化中的基础设施作用。

高质量共建"一带一路"机制是我国扩大开放的重要举措，在为全球治理提供重要公共产品的同时，也为人民币国际化提供了良好条件。最优货币区理论②表明，生产要素流动、经济开放、贸易结构互补和政策协调等要素条件能够为货币国际化创造良好条件。"一带一路"建设所追求的设施联通需要大量资金投入，这个过程激发了国际社会对人民币的资金需求，以解决"一带一路"建设过程中的资金缺口问题，这就有利于人民币形成在资本项目下输出、经常项目下回流的机制。"一带一路"沿线投资将成为推动人民币国际化的重要动力。"一带一路"建设所追求的贸易畅通需要投资和贸易的便利化，更需要有效规避汇率波动风险的机制，加大人民币在贸易结算中使用的比例，满足贸易各方的需求。"一带一路"建设所追求的资金融通既有

---

① CIPS 系统 (Cross-border Interbank Payment System，简称 CIPS) 是我国央行构建的独立的以人民币全球支付清算为主要功能的人民币跨境支付系统，总部位于上海。

② 最优货币区理论：存在一个"最优"的地理范围，该范围内各经济体使用单一的货币进行经济活动，并且范围内各主体间采用固定的汇率交易，而范围作为一个整体与外部交易时则采用浮动利率的形式。其研究的核心在于证明在一定的经济环境条件下，在某一特定的地理区域内使用单一的货币能获得更好的经济效果。见周泽昊：《最优货币区理论视角下人民币国际化方向分析》，《金融经济》2019 年第 19 期。

助于推动人民币跨境支付系统的使用，更好发挥人民币支付和结算的功能，还有助于加大"一带一路"沿线国家货币互换的规模。

（三）建设现代中央银行制度

党的二十届三中全会通过的《决定》中，"加快完善中央银行制度，畅通货币政策传导机制"被列在了第一个。建设现代中央银行制度，就要完善货币供应调控机制，始终保持货币政策的稳健性，明确中央银行的特殊地位，即央行的主要目标就是保持币值稳定。央行独立性是现代中央银行制度的重要部分，目的是防止财政赤字货币化，在财政和中央银行两个"钱袋子"之间建起"防火墙"。着力营造良好的货币金融环境，切实加强对重大战略、重点领域和薄弱环节的优质金融服务。始终保持货币政策的稳健性，更加注重做好跨周期和逆周期调节，充实货币政策工具箱。目前来看，畅通货币政策传导机制的主要目标就是通过深化利率市场化改革建立价格型货币政策传导机制，以中央银行间接调控的贷款市场报价利率为货币政策操作目标，以市场供求决定的金融机构存贷款利率为货币政策中间目标，以保持货币币值的稳定并以此促进经济增长为货币政策最终目标。

流动性管理是中央银行货币政策调控的核心组成部分，货币政策操作主要目的是"削峰填谷"，维护银行体系流动性基本稳定。衡量银行体系流动性松紧适度的标准是资金供求大体平衡、货币市场利率基本稳定。顺应货币政策从数量型调控框架向价格型调控框架的转变，维护流动性基本稳定既是公开市场操作的主要任务，也是提高货币政策操作前瞻性、科学性和有效性的基础条件。由于外汇流入流出、存款准备金的交存、市场预期变化及其他临时性因素等，货币政策有时以"填谷"为目的进行不断投放，有时又以"削峰"为目的进行持续回笼，这些都是正常的操作安排。保持流动性合理充裕就是要创造一个适宜的货币环境，在将通货膨胀率控制在一个合理水平的前提下，既要适度调节总需求，又要维护金融稳定，防止产生过度加杠杆和资产价格急剧上涨的风险，协调好经济增长、物价稳定、风险可控等多目标之间的关系。现实中实现此目标并不容易，货币政策往往存在着"由紧入松易，由松入紧难"的规律。宽松的货币政策更容易实施，而一旦收紧就会出现较大阻力。这需要货币政策制定者和执行者准确判断经济形势，果断决策，及时出手。

（四）坚持实施普惠金融战略

我国高度重视普惠金融战略，应通过合理高效的渠道积极发展普惠金融，加强对重大战略、重点领域、薄弱环节的优质金融服务。推进金融供给侧结构性改革的一项重要内容就是要构建多层次、广覆盖、有差异的银行体系。在这个体系当中，商业银行、政策性银行、城市商业银行、农村金融机构、民营银行及村镇银行各有定位、各司其职、相得益彰。

国有商业银行应明确其定位，以建立现代企业制度为导向，紧盯做优做强的核心目标。政策性银行应明确职能定位，厘清业务边界。政策性银行以国家利益和国家战略需要等为业务价值，主要作用是弥补部分领域的市场失灵，做商业银行不愿做、做不到和做不好的事情，而不应混淆政策性业务和商业性业务。在鼓励商业银行积极参与普惠金融的同时，应组建成立新的政策性银行专门聚焦于普惠金融业务，为普惠金融"兜底"。农村商业银行依靠在本地长期积累的信用，加上其较为灵活的利率政策，可以更好为中小微企业服务。农村商业银行要做到机构不出县、业务不跨县，找准符合自身的差异化定位，确立经营重点，满足"三农"和中小企业差异化、个性化、定制化的业务需要，将业务"做小做散"，降低贷款集中度和户均贷款规模。利用好金融科技在推动普惠金融中的积极作用。金融科技兴起为普惠金融的发展提供了新的思路，越是在传统的金融基础设施不完备的地区，金融科技发挥作用的空间就越大。

（五）全面加强金融监管

完善金融监管体系，依法将所有金融活动纳入监管，强化监管责任和问责制度，加强中央和地方监管协同。全面强化机构监管、行为监管、功能监管、穿透式监管、持续监管，消除监管空白和盲区，有效防范化解金融风险，更好维护金融安全。

一是要完善中国特色现代金融企业制度，完善国有金融资本管理，拓宽银行资本金补充渠道，做好产融风险隔离，建立增强资本市场内在稳定性长效机制。对风险早识别、早预警、早暴露、早处置，建立风险早期纠正硬约束制度，及时处置中小金融机构风险。

二是要建立防范化解地方债务风险长效机制，建立同高质量发展相适应的政府债务管理机制，优化中央和地方政府债务结构。合理界定政府与市场边界，明确各级政府事权。地方政府应当回归公共财政，优化支出结构，投资应侧重于提供公共产品和服务，聚焦于社保、教育、养老、医疗健康等民生领域。完善政府债务管理制度，建立全口径地方债务监测监管体系和防范化解隐性债务风险长效机制。

三是要防范房地产市场引发金融风险。房地产的形式是产业，本质却是金融，"十次危机，九次地产"，房地产风险与金融风险相伴而生。要促进金融与房地产良性循环，健全房地产企业主体监管制度和资金监管，完善房地产金融宏观审慎管理，一视同仁满足不同所有制房地产企业合理融资需求。

四是要加强对金融科技的监管。金融科技的迅速发展增强了金融风险的隐蔽性，增加了许多新的金融风险点，对金融监管的能力提出了更高的要求。甚至个别机构打着"金融创新"的旗号，实际上干的却是非法集资、非法融资、非法吸收存款的事情。面对这些新变化，金融监管部门需要创新金融监管手段，平衡好金融创新和金融安全的关系，做到既鼓励有助于提高金融服务效率的金融创新，又能将金融风险控制在安全范围之内。

五是要筑牢产业资本与金融资本的"防火墙"。既要发挥金融资本服务实体经济的功能，健全服务实体经济的激励约束机制，又要遏制金融资本化和资本金融化的弊端。在金融资本方面，要强化其融资功能；在产业资本方面，要突出其作为生产要素的本位。金融业是我国应对资本无序扩张的主阵地，要遏制金融业资本的无序扩张，既要加强对金融机构股东的穿透式监管，依法打击各种"金融大鳄"通过隐蔽渠道控制金融机构的行为；也要严防银行保险资金的违规乱用，以加杠杆的方式助力资本无序扩张。

第九章
持续有效防范化解重点领域风险

　　党的二十届三中全会指出，要统筹好发展和安全，落实好防范化解房地产、地方政府债务、中小金融机构等重点领域风险的各项举措，严格落实安全生产责任，完善自然灾害特别是洪涝灾害监测、防控措施，织密社会安全风险防控网，切实维护社会稳定。当前，我国经济总体回升向好，高质量发展扎实推进。然而，面对日益复杂严峻的外部环境和艰巨繁重的改革发展稳定任务，经济恢复发展进程中的不稳定性和不确定性因素明显增加，内外部经济社会风险上升。为巩固经济长期向好态势，当前和今后一个时期应重点关注、统筹防范社会预期偏弱的"自我实现"风险，重点领域的"叠加强化"风险以及主要发达经济体货币政策的"外溢效应"风险，着力破解各种矛盾及问题，实现高质量发展和高水平安全的良性互动。

目前，我国已顺利完成第一个百年奋斗目标，踏上了实现第二个百年奋斗目标的新征程，中华民族伟大复兴已进入不可逆转的历史进程，与此同时，经济、政治、社会、文化等众多领域的重大风险也将不断涌现。在由大向强转变的进程中防范化解重点领域风险具有重要战略地位，事关中华民族伟大复兴中国梦宏伟目标的实现。要加强舆论引导，有效防范化解意识形态风险。要有效应对外部风险挑战，引领全球治理，主动塑造有利外部环境。

一、防范化解重点领域风险的重要意义

2023 年中央经济工作会议指出："持续有效防范化解重点领域风险。要统筹化解房地产、地方债务、中小金融机构等风险，严厉打击非法金融活动，坚决守住不发生系统性风险的底线。"当前，我国正处于中华民族伟大复兴的关键时期，必须从党和国家事业发展全局的战略高度重视防范化解重点领域风险的现实意义。防范化解重点领域风险是推进国家治理体系和治理能力现代化的有效举措，是推动经济高质量发展的重要保障，是满足人民群众对美好生活需要的必然选择。

（一）推进国家治理体系和治理能力现代化的有效举措

推进国家治理体系和治理能力现代化是我国全面深化改革的总目标。随着我国经济发展进入新常态，"解决重大矛盾"和"抵御重大风险"的压力更为艰巨，防范化解重点领域风险无疑是持续推进国家治理体系和治理能力现代化的有效举措。

首先，防范化解重点领域风险能够健全国家治理体系，充分发挥体系优势和制度优势。国家治理体系是一个复杂的系统工程，涉及经济、政治、文化、社会、生态文明等多个领域。在这些领域中，一些重点领域的风险如果得不到及时有效地防范、化解，则会对整个治理体系造成冲击和破坏。因此，必须加强对重点领域风险的监测和预警，完善风险防控机制，强化国家安全工作协调机制，确保国家治理体系的稳定性和可持续性。

其次，防范化解重点领域风险能够增强国家治理能力。国家治理能力是指国家运用制度、政策、法律等手段管理社会事务、解决社会矛盾、维护社会稳定的能力。在防范化解风险的过程中，通过不断创新治理方式，能够提高治理效能；通过加强风险防控，以应对各种复杂局面，提高国家治理的预见性、科学性和有效性。

同时，防范化解重点领域风险与国家治理体系和治理能力现代化之间是相互促进、相辅相成的。加快推进治理体系和治理能力现代化是应对风险挑战的有力保证，一方面，国家治理体系和治理能力现代化能够为防范化解重点领域风险提供坚实的制度保障和能力支撑；另一方面，防范化解重点领域风险的实践又不断推动国家治理体系和治理能力的完善和提升。这种良性互动关系，使得我国经济在推进国家治理现代化的过程中，能够不断适应新形势、解决新问题、应对新挑战。

（二）推动经济高质量发展的重要保障

推动经济高质量发展，离不开持续稳定的安全环境。做好经济工作，必须坚持高质量发展和高水平安全良性互动，这要求我们既要增强忧患意识、居安思危，也要努力实现二者的动态平衡，面对各种风险相互交织形成的"风险综合体"，要着力提出应对之策，有效防范化解重点领域风险，为经济高质量发展提供重要保障。

第一，防范化解重点领域风险的重要保障体现在"有效预防"。要以实现中华民族的伟大复兴为出发点，深刻认识我国社会主要矛盾变化带来的新特征、新要求，深刻分析错综复杂的国际环境带来的新矛盾、新挑战，加强对各类风险的分析研判和监测预警，坚持守住底线思维，筑牢国家安全屏障。在面临重点领域风险挑战时，要积极有效防范应对多样化的突出性、系统性的潜在风险，守好安全底线。

第二，防范化解重点领域风险的重要保障体现在"统筹协调"。安全是前提，发展是保障，统筹安全和发展，要坚守系统思维，并以辩证思维妥善处理发展和安全两大任务，把握发展与安全之间的动态平衡点。

第三，防范化解重点领域风险的重要保障体现在"落实执行"，要健全风险应对处置的协同联动机制，建立防控重点领域风险的结构化网络，夯实高质量发展的安全基石。就地方债务来说，目前已经建立防范化解地方政府债务风险的制度体系，违法违规无序举债的扩张态势已得到初步遏制；就中小金融机构来说，高风险中小金融机构数量已逐步下降至峰值一半。可见，将风险摆在突出位置，着力破解各种矛盾和问题，以辩证思维审视风险，以系统思维防范化解重点领域风险，是推动经济高质量发展的重要保障。

（三）满足人民群众对美好生活需要的必然选择

为人民谋幸福是中国共产党的初心使命，满足人民美好生活需要则是新时代中国共产党的初心体现。中国共产党的奋斗史实际上是一部领导人民不断满足其需要、实现人民幸福的历史，在百年奋斗的历史中，机遇与挑战如影随形，伴随着不可预知的风险。毋庸置疑，保证国家安全是人民幸福生活的重要前提，而防范化解重点领域风险则是满足人民群众对美好生活需要的必然选择。首先，在社会经济发展的不同阶段，诸多重点领域会出现许多新的风险因素，因此，有必要作出前瞻性思考以及全局性谋划，加强对中长期风险的监测预警，有效防范化解各类系统性潜在风险。其次，没有安全做基础，其他一切无从谈起。发展与安全是辩证统一的关系，发展得越好，群众的幸福感、安全感越高，防范化解重点领域风险的基础越牢固。持续有效防范化解重点领域风险，是下大力气解决好人民群众切身问题的关键，也是不断增强人民群众获得感、幸福感、安全感的现实基础。

防范化解重点领域风险是高质量推进中国式现代化的必然要求。全面推进中国式现代化，是对世界百年未有之大变局的科学研判，也是对当前重点领域风险点日益增多的积极回应。在实现中国式现代化进程中，城镇化、工业化、农业现代化"并联式"叠加发展，这种"多元化"形成过程容易产生各种各样的问题、矛盾和风险。面对结构性、周期性的风险挑战，要及时作出科学系统的决策以阻断重点领域风险之间的连锁联动，保持经济持续健康发展和社会大局稳定，为中国式现代化创造安全稳定的发展环境，为全面推进中华民族伟大复兴提供强大动力。

二、重点领域风险的主要表现

2024 年进一步推动经济回升向好主要面临有效需求不足、部分行业产能过剩、社会预期偏弱、风险隐患仍然较多，国内大循环存在堵点，外部环境的复杂性、严峻性、不确定性上升等不利因素。这些困难和挑战都可能成为经济与社会的风险点，其中具有关键性、决定性、全局性的内部风险主要源于短期内社会预期转弱的趋势难以彻底扭转且传统发展模式下房地产、地方债务、中小金融机构三大领域的关联性风险难以彻底化解，外部风险则需重点关注主要发达经济体货币政策的外溢效应。

（一）社会预期偏弱的"自我实现"风险

第一，社会预期偏弱是当前抑制社会总需求的关键因素。社会预期是企业与居民等微观市场主体对于未来经济形势的判断，决定了投资与消费等微观决策，进而影响社会总供给与总需求。在社会预期减弱的背景下，需求收缩与供给冲击均难以得到根本性扭转。若预期普遍乐观，则有效需求增加、经济发展进入扩张阶段，而若悲观预期蔓延强化，则会抑制总需求，不利于经济的恢复和发展。当前我国处于新冠疫情防控转段后的经济恢复发展阶段，疫情带来的"疤痕效应"难以避免地对市场预期造成不利影响，进而对消费与投资带来抑制效应。提振总需求的关键在于社会预期的有效调整。

第二，社会预期偏弱将同时对商品市场和资本市场带来收缩性风险。社会预期的高度敏感性、迅速传递性、自我强化性和政策依赖性决定了调整预期是一项系统性工程。若部分市场主体的悲观预期传递至整个市场并对经济运行产生实质性影响，就会陷入预期实现后不断强化的负向反馈循环过程，从而削弱经济刺激政策的实际效果，放缓经济恢复的进程。具体来看，社会预期偏弱会对商品市场和资本市场产生双重影响。首先，对商品市场和实体经济而言，负向社会预期的自我实现体现为消费与投资这两项拉动经济的主要动力有所减弱，经济面临整体性收缩风险。其次，对资本市场和金融业而言，负向社会预期的自我实现体现为银行业信贷收缩、股市债市波动频繁，两者叠加甚至会产生较为严重的系统性风险。因此，促进经济社会稳定发展的关键在于实现有效的社会预期管理，及时出台有力措施，切实阻断负向预期的传播链条。

（二）重点领域的"叠加强化"风险

第一，"以地谋发展"的传统模式致使三大重点领域风险交织叠加。房地产、地方债务和中小金融机构是防范内部经济风险的重点领域，三者皆有相互交织之处，牵一发而动全身，在分头化解三类风险的同时，更需警惕其风险叠加效应，需要全力协调与共同处理三个风险点与交集处，守住不发生系统性风险的安全底线。三类风险相伴而生的内在逻辑与支撑我国过去 40 余年高速增长的发展模式密切相关。房地产行业的快速发展带动了地方政府土地出让收入的增长，从而促进财政收入的增加；在以 GDP 为考核指挥棒的体制下，地方政府更倾向于支持房地产与基建等行业；在政府与市场双重力量作用下，金融机构也将更多的信贷资源配置给房地产行业，促使房地产行业杠杆率不断提升。

房地产、地方债务、中小金融机构风险相互关联，形成"风险三角"。在这一链条中，一旦作为源头的房地产行业发生震动，必然对地方财政和金融机构带来压力。首先，地方政府土地收入下降，需要扩大政府债务规模以支撑本地发展，产生地方政府债务风险。其次，房地产行业作为高杠杆行业，其主体违约风险的攀升也直接增加金融机构经营风险，而公司治理能力相对较弱的中小金融机构则首当其冲。在经济增速放缓阶段，各领域风险相互嵌套并不断强化，这一链条将更可能陷入到不断收缩的负向循环。

第二，2024 年房地产、地方债务和中小金融机构的主要风险是房地产市场信心和行业预期修复缓慢、局部地区地方政府债务风险凸显、部分中小金融机构仍然存在经营隐患。

首先，房地产市场信心和行业预期修复缓慢。从供给上看，2023 年房地产开发企业房屋施工面积同比下降 7.2%，房屋新开工面积同比下降 20.4%，百强房企销售总额同比下降 17.3%，房地产企业现金流仍未有实质性改善。从结构上看，民营企业拿地数量降低、累计业绩下降严重，而央企国企成为拿地的绝对主力。从需求上看，居民购房信心不足、谨慎性动机偏强，2023 年 70 个大中城市全年商品房销售面积、销售额与销售价格均呈下降趋势，商品房库存进一步积压。房地产市场波动带来了债券违约、上下游企业流动性危机、市场供需两端快速下行等风险隐患。

其次，局部地区地方政府债务风险凸显。据测算，截至 2023 年底，我国地方政府债务余额约 40.74 万亿元，其中包括一般债务余额约 15.87 万亿元、专项债务余额约 24.87 万亿元；我国政府法定负债率为 56.1%，低于主要市场经济国家和新兴市场国家，地方债务总体规模可控，但地方政府债务在各区域之间分布不均，隐形债务风险犹存，尤其在经济增速放缓、房地产行业进入下行阶段的背景下，部分经济欠发达地区的偿本付息压力较大。① 据相关机构预测，2024 年至 2026 年每年至少有 2 万亿城投债券到期，2024 年到期量超过 3 万亿元，部分省份使用地方财政资金解决城投债务风险能力有所弱化，在一定

---

① 《中国如何防范化解地方债务风险？——两会中国经济问答之三》，新华网 2024 年 3 月 7 日，见 http://www.news.cn/politics/20240307/4b80b2d56336427f807f8023094043a3/c.html。

程度上影响金融体系稳定，债务风险凸显。这折射出"以地谋发展"模式的不可持续性，并将进一步阻碍区域协调发展整体布局的形成。

最后，部分中小金融机构仍然存在经营隐患。我国中小金融机构呈现"量多质弱"的特点，数量占比超九成，资产占比不足三成，但却集中了绝大部分高风险金融机构。在数字化快速发展的背景下，中小金融机构存在技术壁垒，在技术投入和研发方面落后于大型金融机构，导致市场份额流失。据《中国金融稳定报告（2023）》对商业银行的评级结果，部分农村中小金融机构仍存在一定风险，城商行、农商行的不良贷款率均超过商业银行的平均水平。其中部分中小银行长期与房地产和地方融资平台高度绑定，其自身规模较小、抗风险能力较弱，大量承担地方政府隐性债务，导致其经营风险不断积蓄，资本补充渠道不畅、人才和资源获取困难、合规成本上升等都是中小金融机构面临的风险挑战，预计2024年仍将处于风险释放阶段。

由于过去金融体系持续扩张与"土地财政""土地金融"深度绑定，以上三类风险高度关联，全局性和局部性、长期性和短期性、显性和隐性风险交织，处置难度大、周期长。更为关键的是，当前恢复发展经济是最为关键的政策导向，而化解房地产、地方债务、中小金融机构风险需要从体制机制上进行根本性改革，相关监管政策的收缩效应将弱化企业、政府、银行的发展与经营激励，发展和改革两类任务面临平衡难题。

（三）主要发达经济体货币政策的"外溢效应"风险

在全球经济高度相互依赖的背景下，一国的货币政策不仅会对本国产生影响，也会通过资本流动、贸易和国际收支平衡等方式对其他国家和地区发挥作用。2023年，国际收支口径的货物贸易顺差为 6080 亿美元，仅次于 2022 年顺差规模，在历史上是次高值，其中包括货物贸易出口 31796 亿美元，进口 25716 亿美元，二者均处于历史较高水平。随着跨境资金流动规模逐渐扩大、结构日益多元化，更需要提高防范跨境资本流动风险的警惕性和对全球因素变化的敏感性。[1] 从 2022 年 3 月份美联储启动加息至 2023 年 7 月 26 日，整整一年多的时间里美国的政策利率已上调 525 个基点，达到了 5.25%—5.5%，其加息速度和幅度与历史每轮加息相比较大。截至 2023 年 9 月 14 日，欧央行也连续十次加息，将主要再融资利率从 0 上升到 4.5%，这些货币政策的收缩会产生较为明显的外溢效应。

第一，资本大量回流到发达经济体，致使新兴经济体面临资本流出和汇率贬值压力；第二，美元升值间接推升了新兴市场国家和地区的债务规模与融资成本，甚至引发部分新兴经济体的债务危机；第三，发达经济体频繁变动的货币政策对投资者情绪和市场预期产生较大影响，进而加剧新兴经济体股市、债市的波动；第四，发达经济体的加息政策具有追随效应和放大效应，抑制全球总需求，影响新兴市场国家的对外贸易。

目前，中国是美国最大的债权国和贸易伙伴国，两国经济间的相互作用值得多加关注。最近一轮美联储加息直接引起美国国债利率上涨以及中美利差倒挂，一方面导致我国经济增速放缓，另一方面引起资本市场剧烈波动。回顾历史，美联储每一轮加息周期都会导致全球利率上升和资金面紧张，引起资本向美国流动，从而对其他国家的经济运转、汇率稳定产生影响。在中美博弈不断加剧的情况下，面对 2024 年的美国大选，更需要对大国的货币政策、贸易政策、对华政

---

[1] 姚进：《2023 年我国跨境资本流动趋稳向好，来华投资总体保持净流入格局》，《经济日报》2024 年 2 月 19 日。

策进行准确预判，在复杂形势下保持货币政策的独立性、采取对冲政策的及时性，以应对"外溢效应"风险。

三、防范化解重点领域风险的对策建议

当前，多个重点领域社会风险并存、交织、动态演化、相互放大，防范化解重点领域风险形势严峻。风险是挑战，也是机遇，要将风险转变为发展的机遇，关键是要坚持系统思维、底线思维，精准有效识别各种风险，把握经济转型期风险形成机理和传导机制，按照"主动防范、系统应对、标本兼治、守住底线"的总体思路，有效防范化解重点领域风险，确保不发生重大系统性风险。

（一）多措并举切实改善社会预期

我国是全球最具成长性的消费市场，拥有世界规模最大的中等收入群体，只有社会预期得到持续改善，经济主体才有意愿增加投资和消费，推动经济加速恢复，使供需两侧恢复动态均衡。坚持正确的政策取向，加强政策统筹和全局谋划，为改善社会预期提供稳定的政策支撑。

第一，在政策取向上，以稳为先，坚持稳中求进、以进促稳，多出台有利于稳增长、稳需求、稳就业、稳物价、防风险的政策，同时应注重保持政策本身的稳定性；将积极的财政政策、稳健的货币政策长期落实到位。积极的财政政策要适度加力、提质增效。持续优化财政支出结构，加强财政资源统筹，优化调整税费政策，强化国家重大战略任务财力保障。稳健的货币政策要灵活适度、精准有效，在总量

上，要合理把握债券与信贷两个最大融资市场的关系，精准把握货币信贷供需规律和新特点，保持融资和货币信贷合理增长；在价格上，要促进社会融资成本稳中有降；在结构上，引导金融机构加大对数字经济、科技创新、普惠小微、绿色转型等方面的支持力度，持续强化宏观政策的跨周期和逆周期调节，警惕政策频繁变动为市场带来不稳定预期。

第二，在政策协调上，应加强财政、货币、就业、产业、区域、科技、环保等政策的配合，探索将非经济性政策纳入宏观政策取向一致性评估的有效方式。要统筹协调，充分考虑整体宏观经济形势以及政策在不同市场之间的传导机制，始终坚持一般均衡思维、全局思维和动态思维，增强宏观政策调控一致性，向市场释放清晰明确、强劲持久的信号，形成消费和投资相互促进的良性循环，扭转改善社会预期偏弱的现象。要建立科学高效的决策机制，持续完善更加明确的分工协作体系，统筹好政府、企业、行业协会等各方力量，逐步建立宏观经济政策协调的稳定机制。要提升政策制定和执行过程的民主化和科学化程度，重视和密切关注微观市场主体在不同政策下的预期和心理变化，鼓励社会各界提出针对政策谬误的反对意见，加快畅通微观市场主体反馈信息的渠道，为改善社会预期提供一致的政策取向、明确的政策指示、稳定的政策支持和科学的落实方式，避免政策之间相互掣肘对社会预期造成不良干扰。

第三，在具体应对策略上，改善社会预期需要内外兼顾。当前我国经济运行面临的突出矛盾是总需求不足，有必要大力实施扩大内需战略。对内应坚持多举措扩大国内需求。一是要重点关注社会就业、城镇居民收入和社会分配问题，提高居民收入占国民经济的比重，健全以所得税和财产税为主体的直接税体系，提高居民边际消费倾向，增强消费对经济发展的基础性作用，以稳定的收入流和更为公平的收入分配体系支撑社会预期长期向好。二是要充分认识到经济增速放缓时期地方政府和银行系统支持大型国有企业发展的内在偏好，防止资源向国有企业过度集中，加强对于支撑民营经济发展政策的监督，使民营企业真正感受到政策的温度和力度，帮助民营企业渡过难关。三是要不断完善扩大有效投资的体制机制，重点把握高技术产业和战略性新兴产业的有效投资方向，通过不断完善投资体制机制来提高投资回报率，扭转社会预期。对外应加强舆情管理，着力改变"西强我弱"的国际舆论格局，打造有较强国际影响的经济外宣旗舰媒体并发挥国家高端智库的舆论引导、观点塑造与输出功能，增强国际话语权，增强中国财经叙事对世界经济议程的介入、影响能力，大力唱响中国经济光明论。

（二）坚持系统观念统筹化解重点领域风险

持续有效防范化解重点领域风险，需要系统性谋划和整体性推进。要坚持系统观念，在化解多重风险、寻求多重目标中维持动态平衡，统筹化解房地产、地方债务、中小金融机构等风险，防止在不同领域政策实施过程中出现"挤压"的情况。在宏观层面，需要加强货币政策、财政政策、产业政策以及金融监管政策的有机配合；在微观层面，要促进"政府＋市场"合力的形成，促进经济良性循环，统筹风险化解和稳定发展的关系，把防风险摆在突出位置。

第一，跳出"以地谋发展"的思路，从根本上转变发展方式。各地方政府应彻底改变发展思路，坚持高质量发展，使本地经济绩效的改善更多依托于科技创新和新质生产力的发展，减少对于房地产行业的依赖，加快地方融资平台改革转型。通过改革地方政府"以地融资机制"，逐步削弱土地作为增长发动机的功能。同时，合理划分央地财权与事权，降低地方政府支出压力，对已经形成的土地债务进行逐步清理，加强财政转移支付监管。在转型策略上，要坚持先立后破，把握正确的方向和节奏，引导地方政府设定理性的经济增长目标并匹配科学的政策工具，警惕经济恢复发展阶段地方政府过度使用行政手段"做好"经济数据的倾向，如以行政指令的方式调度银行存贷款指标等。

第二，政策持续发力，为房地产企业健康发展提供支撑，加快构建房地产发展新模式。以重塑市场预期和信心为突破口，稳住住房价格，优化房地产政策，着力改善居民购房意愿；深刻认识国企和民企在用地、融资等方面的差异性及其成因，在政策上做到一视同仁，满足不同所有制房地产企业合理的融资需求；优化商品房预售资金监管相关规定，明确预售资金账户监管的标准，提升商品房预售资金使用的灵活性；在重点领域精准施策、因城施策，持续优化房地产调控工作机制，以满足刚性及改善性住房需求；鼓励地方探索住房存量基础上的"增量创新"，加快推进保障性住房建设、"平急两用"公共基础设施建设、城中村改造等"三大工程"，以提振房地产相关市场需求，带动上下游产业发展。

第三，加强对地方政府隐性债务的整体把控与管理，建立中央银行与财政部关于地方政府债务数据的共享机制，彻底摸清地方债务规模，建立全口径地方债务监测监管体系和防范化解隐性债务风险长效机制。统筹发展与安全，妥善处理好"用债"与"化债"之间的关系，分类推进地方融资平台转型，建立长效机制防范化解风险。在以"房地产—土地财政—土地金融"为代表的旧模式式微的背景下，一是加快城投平台转型升级，例如对资产质量较低的企业进行兼并重组、破产清算；二是及时准确调整央地财政关系，以此来缓解"土地金融""土地财政"下滑所带来的影响。在当前经济增速放缓的前提下，既要守住债务违约风险底线，也要利用政府债务带动经济发展，提升财政可持续性。

第四，积极探索中小金融机构可持续发展之路，重塑中小银行服务地方经济、中小企业、民营企业的定位，构建差异化的金融体系以承接多样化的金融需求。优化中小金融机构股权结构，加强公司治理和风险评估，构建全覆盖的公司治理结构和金融监管体制机制，完善对于中小金融机构的风险预警与监管制度；要严把中小金融机构准入关口、严密中小金融机构风险监测，推进中央和地方监管协同，加强信息交流共通和重点任务协同，建立横向到边、纵向到底的责任管理体系。

（三）坚持以我为主的货币政策，提升应对外溢风险的自主性

第一，坚持自主的稳健货币政策，优化本国货币政策调控模式，有效把握货币政策力度和节奏，加大对国民经济重点领域的金融支持，提高货币政策的前瞻性和稳定性。要发挥好结构性货币政策工具的作用，在保持流动性合理充裕的基础上，发挥货币政策总量和结构的双重功能，保持社会融资规模和货币供应量同经济增长和价格水平的预期目标相匹配，要实施好存续的各类专项再贷款工具，加快整合支持科技创新和数字金融领域的工具方案；要灵活运用多种货币政策工具，加强协同发力，发挥政策合力，引导金融机构强化实体经济的信贷支持，有效促进消费和投资、稳定物价，提高货币政策的灵活度和精准性。

第二，提高政策沟通能力，推动国际宏观经济政策协调机制不断

完善，促进世界各国宏观经济政策的协调与合作。央行沟通作为新型货币政策工具，要充分发挥其在稳预期、防风险上的作用，更好地引导公众预期，尤其是对未来短期利率（如隔夜拆借利率）的预期，向市场传达货币政策意图的准确信号，实现对经济主体的预期管理，降低重点领域信息不对称程度。央行沟通能够减轻投资者异质性偏好以及分析师预测分歧，各国央行之间应积极主动促进沟通与交流，准确把握促进国际宏观经济政策协调的基本原则，加强参与促进国际宏观经济政策协调的顶层设计，加强政策披露，提高货币政策透明度，促进经济总量平衡、结构优化、内外均衡。

第三，加强对于国际金融风险防范与管理的重视程度，建立有效的预警监控模型以迅速识别、妥善应对货币政策外溢风险所引发的利率风险、汇率风险、资产价格过度波动风险等衍生风险。建立全面的风险识别和评估框架，综合考虑各种风险因素的潜在影响程度和相互关联性，便捷地量化不同风险因素的影响，不断更新和完善评估指标，适应不断变化的国际金融市场环境和金融创新；建立包含政府、监管机构、金融机构和市场参与者之间的密切合作和信息共享的应对机制以妥善应对上述衍生风险，减轻潜在损失；通过金融监管改革，构建适合中国金融体系特征的宏观审慎监管体系，增强金融监管部门间的沟通协调，打破金融监管行政分割的格局，构建有利于金融创新发展的监管体系，促进金融资源配置效率的提高，应对金融市场开放面临的风险和挑战。

第四，提高汇率市场化水平，更好统筹利率和汇率两个关键变量。要不断强化市场在汇率形成中的决定性作用，除在个别特殊时间节点上会采用宏观审慎管理和资本管制措施外，央行应基本退出常态化干预，推动形成弹性汇率制度，为"要素自由流动"提供更加透明、稳定的外汇环境，加速推进实现内部和外部均衡的平衡；要遵循市场经济规律，持续推进利率市场化改革、汇率市场化改革，从宏观层面抑制外溢风险，保持经济金融稳定运行。

　　当前，我国经济恢复仍处在关键阶段。防范化解重点领域风险，是实现高质量发展必须跨越的重大关口。要深刻认识到防范化解重点领域风险没有完成时，只有进行时。面对重大经济与社会风险挑战，要多措并举切实改善社会预期，坚持系统观念统筹化解重点领域风险，坚持以我为主的货币政策，提升应对外溢风险的自主性，力争把风险化解在源头，不断强化防范化解风险和应对重大挑战的竞争力、发展力和持续力。

第十章
学习浙江"千万工程"经验

"千村示范、万村整治"工程是习近平同志在浙江工作时亲自谋划、亲自部署、亲自推动的一项重大决策。从"千村示范、万村整治"到"千村精品、万村美丽"再到"千村未来、万村共富",探索出一条以农村人居环境整治小切口推动乡村全面振兴的科学路径,造就了万千美丽乡村,造福了万千农民群众,引领浙江乡村面貌发生历史性巨变。新时代新征程,要切实把"千万工程"经验总结推广好、学习运用好,把握蕴含其中的习近平新时代中国特色社会主义思想的世界观和方法论,把学习成效转化为解决问题、促进工作、推动发展的强大动力。

2003 年 6 月，浙江省全面启动"千村示范、万村整治"工程（以下简称"千万工程"），从群众反映强烈的环境污染问题破题，发起一场农村人居环境建设行动。20 多年来，历届浙江省委省政府一张蓝图绘到底，持之以恒、锲而不舍实施"千万工程"，更为重要的是，"千万工程"是贯彻落实习近平总书记关于"三农"工作重要论述的实践载体，充分体现了习近平总书记对"三农"的深厚感情、深谋远虑和深入思考。党的二十届三中全会特别强调："运用'千万工程'经验，健全推进乡村全面振兴长效机制。"学习运用"千万工程"经验，是加快城乡融合发展步伐的重要举措、是继续推动美丽中国建设的内在要求、是全面推进乡村振兴的重要保障，对于实现中国式现代化具有特殊重要意义。

一、"千万工程"提出的时代背景

21 世纪初，我国工业化城镇化进入中期阶段，在市场机制驱动下，农村各类生产要素向农外领域和城市区域流动。在这一时期，理论界和学术界还停留在对单向城镇化的认知，普遍认为只要不断提高城镇化率，把大量的农业剩余劳动力转移到城镇，那么乡村发展问题自然而然就得到了解决。但是，我国的城镇化是"土地城镇化"领先于"人口城镇化"，城乡二元结构体制以及户籍制度造成农民并不能完全分享到城镇化的发展成果，城乡收入差距不断扩大。2003 年，我国城乡居民收入倍差达到 3.23 : 1[①]，是改革开放 25 年以来差距最大

---

① 曾国安、胡晶晶：《论 20 世纪 70 年代末以来中国城乡居民收入差距的变化及其对城乡居民消费水平的影响》，《经济评论》2008 年第 1 期。

的时期。

具体到浙江，在"七山二水一分田"的农业资源禀赋约束下，当地农民不得不自谋出路，被倒逼着率先开启依靠乡镇企业发展农村工业化的道路。这一时期，农村成为工业化的主阵地，农民成为工业化的发动者，直接助推了浙江乡镇企业的异军突起。据统计，1998年，浙江乡镇企业总产值突破万亿元大关，达到10108.76亿元，居全国首位。但与此同时，浙江乡镇企业还存在"小"和"散"两大特征。一方面，乡镇企业主要分布在行政村，呈现出"村村点火、户户冒烟"的分散化格局，1997年底，81.2%的浙江乡镇企业分散在村，在建制镇的仅占18.8%。另一方面，分散化的格局也造成乡镇企业的规模较小，平均每家企业只有11人。更为突出的是，受到当时发展条件的限制，浙江的农村工业化主要集中在相对高污染的行业，例如造纸、纺织、印染、化工、建材等，而且由于当时农村工业在废料处理方面的落后，以及农民环保意识的淡薄，造成乡镇企业污染程度明显高于城市企业。总体上，这一时期农村工业化的高速增长是以资源高消耗和牺牲环境为代价的，不仅破坏了资源的整体性，也不利于可持续发展。与浙江经济快速发展形成鲜明对比的是，浙江农村建设和社会发展明显滞后。例如，农村社区建设缺乏规划指导，"有新房无新村"现象十分突出；农村基础设施建设缺乏稳定投入，水、电、路、环卫等基础设施缺乏；农村经济发展与社会进步不相协调，一些地方陈规陋习十分常见；农村社区的服务和管理功能比较薄弱，富裕起来的农民生活质量难以提高。

在这样的背景下，时任浙江省委书记的习近平同志刚到浙江工作，就带头大兴调查研究之风，用118天跑遍全省11个市、25个县（市、区），一个村一个村地察民情、听民意。习近平同志在浙江调研后曾感叹："一个人如果家里很整洁、环境很好，做人做事的信心也会提高，人改变环境，环境反过来也能影响人。"[①] 进而提出要从解决农民反映最强烈的环境"脏乱差"问题着手，以点带面实施新农村建设。2003 年 6 月，习近平同志在全省"千村示范、万村整治"工作会议上亲自部署：今后五年，实施"千村示范、万村整治"工程，从全省近 4 万个村庄中选择 1 万个左右的行政村进行全面整治，把其中1000 个左右的中心村建设成全面小康示范村。

二、"千万工程"的发展历程和主要成效

"千万工程"是浙江干部群众发扬钉钉子精神，坚持一张蓝图绘到底、一任接着一任干的成果。20 年来，从"千村示范、万村整治"到"千村精品、万村美丽"再到"千村未来、万村共富"，"千万工程"的内涵外延不断深化拓展、迭代升级，造就了万千美丽乡村，造福了万千农民群众，成果斐然、影响深远。

（一）千万工程的发展历程

从"千万工程"提出到 2024 年，已经过去 21 年了。20 多年来，"千万工程"也根据"三农"工作的新变化和新要求，完成了一个不断迭代升级的过程。

第一，是 2003 年至 2010 年的"千村示范、万村整治"的示范引领阶段。这一阶段以村庄环境整治为重点，推动乡村从脏乱差缺迈向

---

① 《干在实处 勇立潮头——习近平浙江足迹》，人民出版社、浙江人民出版社 2022年版，第 275 页。

整洁有序。2003年6月，在时任省委书记习近平同志的倡导和主持下，以农村生产、生活、生态的"三生"环境改善为重点，浙江在全省启动这项"千村示范、万村整治"工程，开启了以改善农村生态环境、提高农民生活质量为核心的村庄整治建设大行动。

第二，是2011年至2020年的"千村精品、万村美丽"的深化提升阶段。这一阶段以美丽乡村建设为重点，推动乡村从整洁有序迈向美丽宜居。一方面，要改变过去那种"有新房无新村"的状况，加快美丽乡村建设；另一方面，也要加强农村的精神文明建设，增加文化产品供给，丰富农民的文化生活。总体上，这一阶段是在村庄整治的基础上进一步深化"千万工程"建设。主要内容是精品村、美丽宜居示范村等项目的推进，由此带来产业、文化和城乡重构的变革。通过持续迭代升级农村环境整治标准，推动美丽乡村从一处美向一片美、一时美向持久美、外在美向内在美、环境美向生活美转型。

第三，是2021年至2025年的"千村未来、万村共富"的迭代升级阶段。这一阶段以未来乡村建设为重点，推动乡村从美丽宜居迈向共富共美。特别是2021年党中央、国务院印发《关于支持浙江高质量发展建设共同富裕示范区的意见》以后，为了回应共同富裕的要求，乡村共富的共享发展理念也深深镌刻在"千万工程"当中。特别是在这一时期，随着数字经济的快速发展，浙江在乡村建设中也把数字要素纳入其中，破解过去由于时间、空间造成的信息和服务不对称问题，改善农民的生产生活，逐渐形成集成"美丽乡村＋数字乡村＋共富乡村＋人文乡村＋善治乡村"建设新格局。

（二）"千万工程"的主要成效

"千万工程"最为突出的成效，主要体现在人居环境治理上。

习近平同志在浙江工作期间强调，"千村示范、万村整治"作为一项"生态工程"，是推动生态省建设的有效载体，既保护了"绿水青山"，又带来了"金山银山"；要加大农村基础设施和生态环境建设投入，大力开展村庄环境整治，切实解决农村环境脏乱差的问题。20多年来，浙江牢固树立"绿水青山就是金山银山"的理念，全域推进农村垃圾、污水、厕所"三大革命"，建立城乡一体的风貌管控体制机制，开展"无废乡村"建设，实施生态修复，精雕细琢提升乡村整体风貌。经过20多年的努力，浙江农村人居环境深刻重塑，规划保留村生活污水治理覆盖率100%，农村卫生厕所全覆盖，农村生活垃圾基本实现"零增长""零填埋"。全省90%以上村庄建成新时代美丽乡村，建成"一户一处景、一村一幅画、一线一风光、一县一品牌"的美丽大花园，尽显整体大美、江南韵味、浙江气质。

人居环境的改善，还影响了乡村发展的方方面面。在城乡关系方面，浙江率先在全国走出一条以城带乡、以工促农、城乡一体化发展道路，加快城乡生产要素双向流动，努力实现城乡制度无差别、发展有差异的融合发展、特质发展，城乡居民收入倍差由2003年的2.43缩小到2022年的1.90。在乡村产业方面，浙江推进资源变资产、资金变股金、农民变股东的"三变"改革，进一步厚植浙江乡村经济兴、市场活、百姓富的优势，全省累计建成82条产值超10亿元的农业全产业链，辐射带动478万农民就业创业。在农民生活方面，"千万工程"作为一项基础性工程，在改善农村生产生活条件、提高农民生活质量、促进农民生活方式转变和文明素质提高上起到了积极的促进作用。全省农村"30分钟公共服务圈""20分钟医疗卫生服务圈"基本形成，居家养老服务实现中心乡镇（街道）和社区全覆盖。在乡村治理方面，全省累计建成省级以上民主法治村1643个，县级以上民主法治村占比 90% 以上，行政村党务、村务、财务"三务"公开水平达 99.8%，村级治理现代化水平稳步提升。在农村集体经济方面，"千万工程"形成了合力共建美好家园的氛围，2022 年，全省村级集体总资产 8800 亿元、占全国十分之一，集体经济年经营性收入 50 万元以上的行政村占比达 51.2%。[①]

三、"千万工程"的深刻内涵

推进"千万工程"时，浙江并未就环境抓环境，而是把它放到了城乡统筹的高度，秉持着让乡村像城市一样全面享受公共服务和生活便利的初心，不断解决好农业农村发展最迫切、农民反映最强烈的实际问题，着力推动城乡公共服务均等化。

（一）坚持城乡一体化发展

马克思认为："城乡关系的面貌一经改变，整个社会的面貌也跟着改变。"习近平同志在全省农村工作会议上也曾指出，存在城乡二元结构的现代化，是不健康不合格的现代化。正是城乡关系和"三农"问题急剧变化的宏观背景，党的十六大才提出"统筹城乡经济社会发展"这一解决"三农"问题的重大战略，这是我们党解决"三农"问题战略和思路的重大调整——从就事论事的"治标疗法"提升为全面系统的"治本疗法"。

实际上，现代化进程中的客观规律是，城的比重上升，乡的比重

---

① 郑毅等：《持续发力，久久为功，不断谱写美丽中国建设的新篇章》，《光明日报》2023 年 6 月 29 日。

下降。从国际经验看，导源于农业相对于非农产业的生产率落差，以及城市因人口集聚产生的规模经济、分工经济和网络经济，农村人口和劳动力向城市流动，工业化和城市化随即发生。新中国成立以来，中国也呈现出与普遍趋势类似的演变态势。据统计，1978年第一产业增加值占比为27.7%，第一产业就业人员占比为70.5%；2000年，第一产业增加值占比下降到14.7%，第一产业就业人员占比下降到50.0%；2022年，第一产业增加值占比为7.3%，第一产业就业人员占比为24.1%。但"城的比重上升、乡的比重下降"并不意味着城镇对农村、非农产业对农业的取代，特别是对于中国这样超大规模的国家而言，农业农村始终发挥着经济、政治、文化、社会、生态等多重功能。

"千万工程"的内涵之一就在于始终坚持统筹城乡发展、协调城乡关系、推动城乡融合发展和城乡一体化的根本方向。习近平同志在浙江工作期间就指出："我们现在推进城乡一体化就是要打破城乡二元结构。历史上，推进社会主义工业化建设就是靠牺牲农村、靠农民作出贡献来实现的，过去的价格剪刀差就是这样形成的。现在到了这个阶段，我们应该以工促农、以城带乡，打破二元结构。"从部分国家的现代化过程中就可以发现，如果抛弃乡村发展工业化城镇化，不仅会影响到工业化城镇化的质量，而且还可能扩大城乡收入差距，剥夺农民在城乡之间进退的依据，引发社会风险。比如印度，1995年1亩地约卖4万人民币，10亩地就是40万人民币，这对于农民来说太有吸引力，就赶紧把地卖完进城，但最终只有少数人能在城市立足，大部分人钱花完了、地又卖了、根也拔了，想回农村也回不去了，只能聚集在城市贫民窟里。到现在，孟买等大城市百分之六七十的人还住在贫民窟。通过"千万工程"，对乡村的认识突破了经济的视角，不断开拓乡村的文化、生态等价值。特别是以县域为重要切入点，统筹部署、协同推进，抓住重点、补齐短板，加大改革力度，破除妨碍城乡要素平等交换、双向流动的制度壁垒，促进发展要素、各类服务更多下乡，加快形成了工农互促、城乡互补、协调发展、共同繁荣的新型工农城乡关系。

（二）坚持环境建设与经济发展相互促进

通过环境整治发展特色经济，是"千万工程"的一个显著特征。"千万工程"推动了环境整治，推进了生态建设，发展了特色经济，在促进人与自然的和谐中发挥了"生态工程"的作用。不少地方把环境整治和村庄建设与创建生态品牌、挖掘人文景观有机结合起来，不仅建成了一批环境优美、具有文化内涵和区域特点的山乡村寨、海岛渔村、水乡新村，而且促进了地方特色产业的发展和农民就业增收。[1]

农村人居环境整治之所以能带动经济发展、促进农民增收，其关键在于对乡村资源的利用方式和价值实现方式实现了转变。在过去，对乡村资源的开发利用主要处于一种"食利经济"的阶段。在"食利经济"阶段，乡村的山、水、林、田、湖、草、沙等被拆散利用，以各种生产要素的状态被纳入经济框架当中。由于"食利经济"是以利润最大化为导向的经济体系，利润来自对成本收益的计量，为了最大程度地降低成本增加收益，只能将各种生产成本转嫁到生态环境当中，进而造成环境污染与破坏。与此同时，在农村产权制度仍然有待完善的情况下，农民并未在真正意义上享有对资源的任何主权，当外

---

① 　王庆丽、沈晶晶：《万千乡村　活力澎湃——我省深入推进"千村示范、万村整治"工程纪实》，《浙江日报》2018 年 4 月。

部的各类资本进入到乡村时农民只能参与到有外部资本控制的、对这些资源分散化利用的乡村产业当中，拿到微薄的产业利润和劳务工资。因此，城乡收入差距不断扩大。

在"千万工程"实施过程中，更多体现的是一种"吃租经济"的发展理念。与"食利经济"不同，"吃租经济"的租值主要来源于资产的增值。资产增值有两个来源，一个是自然增值，即随着自然变化带来的增值；另一个是社会增值，即非个人努力、自然变化，纯粹由社会变化带来的收益。其实，从"千万工程"的实施过程来看，首先，通过人居环境整治，将曾经被破坏的乡村环境恢复到"绿水青山"的面貌。其次，通过资源变资产、资金变股金、农民变股东的农村"三变"改革，将"绿水青山"的使用权转化为村集体所持有的股份加入到经营主体当中，当然，作为村集体成员的农民也都持有一定的股份。最后，通过对这些资产的有效维护和运营，不断提高这些资产的自然增值和社会增值。在这里需要注意的有两点，一是对资源的整体利用，变为资产的资源是一个涵盖山、水、林、田、湖、草、沙的综合体，不会出现对资源分散利用所导致的种种问题；二是村集体是这些资产的所有者，那么资产的自然增值和社会增值都留在了村里，获取的租金也被农民共享，进而提高了农民收入。

（三）坚持政府主导和市场运作相互协调

"千万工程"之所以能一以贯之、一抓到底，关键就在于党委领导、政府主导的制度作用。无论是乡村人居环境整治，乡村产业结构调整，或是农村"三变"改革，由于这里面均涉及生产生活习惯的调整和利益的重新分配，如果没有党委领导、政府主导，很多事情都是推不下去的。习近平同志在 2005 年"千万工程"现场会（嘉兴）上说，有些地方领导至今还认为，城市建设是政府应该管的，村庄整治建设主要应该由农民自己搞，把城乡差距、贫富差距的扩大归咎于发展市场经济的原因，这实际上是把社会主义市场经济等同于自由市场经济，忽视了政府在经济社会活动中的主导作用。社会主义市场经济与自由市场经济的区别，就在于政府是否发挥宏观调控的主导作用。例如，在解决"千万工程"投入机制的过程中，各级政府不仅每年都会安排专项资金，而且还明确从土地出让金中提取一定比例用于"千万工程"。

但是，乡村建设还涉及后期的运营和维护，为此就需要引入社会参与和市场机制。"千万工程"的社会参与，主要表现为政府引导下的企业捐建、"两进两回"（科技、资金进乡村，人才、乡贤回乡村）。"千万工程"的市场运作，不仅体现在有关项目建设采取招投标方式，引入市场主体实施，更体现在"经营村庄"上，将村庄作为平台，对村庄的自然资源、生态资源、文化资源、产业资源、人力资源等进行合理开发利用，从发展农家乐休闲旅游业开始，到发展美丽经济，再到发展乡村产业综合体。

因此，总结研究"千万工程"，必须深刻认识和把握党委领导和政府主导作用，深刻认识和把握社会主义市场经济体制下政府、市场、社会的关系，正确理解和处理党委领导下政府主导、部门配合、农民主体、社会赞助、企业参与、市场运作的各自涵义及相互关系，既不能把"政府主导"理解为"政府包揽"而替代其他各方的作用，也不能因强调"市场运作"或强调"农民主体"而忽视"政府主导"的不可或缺作用。这是理解"千万工程"的要害。

四、"千万工程"的经验启示

需要强调的是，由于浙江发展阶段的先行性、农村工业化道路的独特性、城乡规划体系编制的先行性、一批发达村先行实践的示范性等因素，在总结"千万工程"经验时需要把握"浙江特殊"与"各省实际"的关系。因此，学习浙江"千万工程"经验，更重要的是学习蕴含其中的发展理念、工作方法和推进机制。

（一）坚持党的领导，健全层层抓落实的工作机制

"千万工程"是一项系统工程，需要充分发挥党的领导核心作用。在浙江工作期间，习近平同志每年都出席全省"千万工程"工作现场会，明确要求凡是"千万工程"中的重大问题，地方党政"一把手"都要亲自过问，形成了党政"一把手"亲自抓、分管领导直接抓、一级抓一级、层层抓落实的工作推进机制。每年召开"千万工程"高规格现场会，省市县党政"一把手"参加。将农村人居环境整治纳入为群众办实事内容，纳入党政干部绩效考核，强化奖惩激励。党政主导、各方协同、分级负责，确保各项工作落到实处，促进美丽生态、美丽经济、美好生活有机融合。

特别是从党的领导与农民主体的互动来看，"千万工程"之所以能成为一项得民心的工程，其关键就在于抓住农民主体的核心利益诉求。面对老百姓普遍反映的农村环境问题，党委、政府选择从人居环境整治破题，通过党的领导带动了农民主体参与乡村建设的积极性。特别是在村内的公共性事项方面，通过党的领导，当地普遍形成了自治、法治、德治相结合的乡村治理体系，并通过"积分制"的方式，

提高农民参与乡村治理的积极性,引导农民群众主动参与公共事务,凸显农民群众在乡村治理中的主体地位,激活乡村发展内生动力。因此,党委领导、政府主导要找到切实有效的抓手,关键在于抓住农民这一乡村振兴主体的核心利益诉求,让农民真正动起来。

(二)坚持农民需要,始终把群众所思所盼作为出发点和落脚点

坚持农民需要,这句话说起来很简单,但做起来却十分困难。在实际工作过程中,往往面临的不是单个农民,而是数以万计的农民。大家的需求和意见并不统一,如果不能精准识别出农民的需要就推行一些项目,很可能会出现"甲之蜜糖乙之砒霜"的问题。因此,坚持农民需要的本质,是要精准识别出农民最本质的需要。

为了识别出最本质的需要,就必须广泛开展调查研究。习近平同志到浙江工作,就跑遍11个地市开展调研,提出要从解决农民反映最强烈的环境问题着手推进"千万工程"。尽管在"千万工程"实施过程中,也遇到了许多的困难和阻力,但是这些困难和阻力的背后,是农民对美好环境和提高收入的迫切需求。"千万工程"的提出,正是从人居环境整治的"小切口"入手,进而形成了具有显著正向溢出效应的大工程,在改善生活环境的同时,通过发展乡村产业,带动了农民增收致富。浙江当地就有同志讲:"在浙江,改革开放以来,除了土地承包,还从来没有一项工作像'千万工程'这样,让农民如此发自肺腑地认同。"因此,坚持农民需要,关键就是要优先发展群众需求强烈、能够使生产生活条件同时改善的项目。

(三)坚持软硬结合,统筹推进物质文明和精神文明协调发展

农村精神文明建设很重要,物质变精神、精神变物质是辩证法的

观点，实施乡村振兴战略要物质文明和精神文明一起抓，特别要注重提升农民精神风貌。但是在部分村庄，随着农民物质生活的改善，出现了物质文明和精神文明"倒挂"的问题，即一个村庄的经济发展水平越高，该村庄名目繁多的不良风气可能越盛行。浙江在纵深推进"千万工程"的过程中，始终注重面子、里子一起抓，把改造传统农村与提升农民精神风貌、树立乡村文明新风有机结合起来。

乡村和城市不同，乡村是中华民族优秀传统农耕文化的发源地，每一位村民都是乡村文化的传承者。统筹推进物质文明和精神文明协调发展，关键要做的是把农耕文明和现代文明的要素有机结合起来。结合起来的连接点，就在于"和"文化。一方面，农耕文明讲求"和"文化，农业生产讲求得时之和、适地之宜，农村生活讲求人心和善、以和为贵，村落民居讲求顺应山水、和于四时；另一方面，现代文明突出"和"文化，我们经常讲的包容、和谐、协调、协同、融合、共生等理念，背后体现的都是"和"文化基因。因此，坚持软硬结合，重点是在"和"文化上下功夫，用"和"文化的精华来滋养、滋润"三农"精神，用"和"文化赋能乡村振兴。

（四）坚持久久为功，一以贯之推进重点任务落实

坚持久久为功，一以贯之推进重点任务落实，这是"千万工程"里最根本、最重要的经验。习近平同志在浙江工作期间指出，要坚持不懈抓好这项惠及全省千百万农民的"德政工程"。20多年来，"千万工程"在实施过程中，没有因换一届领导就换一种思路，避免了规划设计的走样。尽管在表述上，"千万工程"先后发生了从"千村示范、万村整治"到"千村精品、万村美丽"再到"千村未来、万村共富"不断迭代升级的变化，但是"千万工程"的精神实质和重点任务始终

没有发生改变，就是通过环境整治，把资源转变为资产，实现绿水青山向金山银山的转化。

从不同阶段的重点任务中就可以梳理出蕴含其中的逻辑。在"千村示范、万村整治"阶段，主要是通过环境整治，把那些被占用、破坏的资源腾出来，为资源转变为资产创造基本条件；在"千村精品、万村美丽"阶段，通过基础设施完善，借助农村"三变"改革，把资源转化为资产，并通过有效运行，推动资产不断增值；在"千村未来、万村共富"阶段，通过把数字经济等新要素纳入乡村建设当中，进一步推动资产增值，而且在共享发展的主题下，提高农民收入，实现城乡共富。因此，乡村建设既要明确重点，又要坚持"一张蓝图绘到底、一任接着一任干"，久久为功。

（五）坚持因地制宜，差异化推动建设发展

习近平同志多次强调，从浙江农村区域差异性大、经济社会发展不平衡和工程建设进度不平衡的实际出发。这也意味着即使是在浙江内部，每个地方的资源禀赋和发展条件也不一样，并不是每个地方都适合发展旅游和休闲农业。但是，这里面共同的经验是"千万工程"蕴含的发展理念、工作方法和推进机制。比如，推动城乡一体化发展，通过农村"三变"改革，从过去的"食利经济"转变为"吃租经济"，在乡村建设过程中既要坚持党委领导和政府主导，也要引入市场机制和社会力量等。这些经验，不仅具有一般性的规律，而且具有可推广性。

事实上，全国各地发展较好的乡村，都遵循了上述几条发展规律。比如，有的地方可能没有山清水秀的旅游资源，但是农业生产能力比较强。那么，有的地方就通过农村"三变"改革，加快形成产业，

并通过土地流转等方式把农民变为村内产业的员工，这样一来，不仅农民的收入得到显著提高，而且也推动了农产品质量的提高，进而形成了地理标识，从过去的"卖产品"转向了现在的"卖品牌"。广东的荔枝、陕西的苹果、福建的食用菌、山西的黄花等，均是通过做大做强农村集体经济，形成了完备的农业产业链，进而取得了比较好的发展。

第十一章
加强国家战略腹地建设

中央经济工作会议首次提出："优化重大生产力布局，加强国家战略腹地建设。"将"战略"置于"腹地"之前，表明这不局限于地理区位和经济层面的意义，而是关乎统筹高质量发展和高水平安全的重大支撑。"加强国家战略腹地建设"，着眼构筑更为均衡完备的生产力布局，夯实战略纵深，是维护战略安全的必要之举。进入新发展阶段，我国经济发展面临的内外环境都发生了深刻变化。面对国内区域经济发展不平衡问题长期存在、国际上西方遏制打压愈演愈烈、地区冲突频发等情况，党中央提出加强国家战略腹地建设是对国家发展战略布局的一次重大优化，这一举措关乎国家经济发展与政治安全，具有重要意义。

2023 年中央经济工作会议首次提出，"优化重大生产力布局，加强国家战略腹地建设"。2024 年 3 月《政府工作报告》中再次强调"加强国家战略腹地建设"，明确其对于实现区域经济协调发展的关键作用。2024 年 7 月，党的二十届三中全会进一步指出，要"建设国家战略腹地和关键产业备份"。因此，正确认识和把握这一重大举措是理解我国经济高质量发展的重要课题，是深入贯彻新发展理念、推动建设现代化经济体系的新要求。

一、加强国家战略腹地建设的重大意义

近年来，伴随着全球化退潮，部分西方国家对我国的打压遏制不断加剧，加之疫情后全球产业链格局重塑、地缘政治冲突频发，我国经济发展正面临着新的严峻态势。在此背景下，加强国家战略腹地建设，对未来我国更好统筹发展与安全、优化生产力空间布局、提高大国战略支撑力、承受力等方面都具有重大意义。

（一）加强国家战略腹地建设是保障国家安全的必然选择

国家安全是民族复兴的根基。在影响国家安全的诸多因素中，国土安全尤为重要，是国家安全的重中之重，是国家生存和发展的基本条件，是人民生活幸福安康的重要保障。国土是主权国家国民赖以生存和发展的物质基础，维护国土安全是维护国家安全的重要组成部分。只有确保国土不受外来侵略或威胁、资源不因战争或预防战争过分消耗，国家才能稳定发展，人民才能安居乐业。同时，国土安全作为国家安全最敏感的要素，具有很强的联动性，和其他领域的安全息

息相关。如果国土安全能够得到切实有效维护，国家的政治、经济、文化、社会等多领域的安全就有了根本保障。

在绝大多数情况下，一个国家的安全风险通常不会在同一时期同时出现于整个国家的国土空间范围内，而是会受到国家的地理空间结构与国际风险的爆发区位等因素的多重影响，一个国家的边境位置和比较重要的区域往往会率先遭遇安全威胁，这就为国家战略腹地建设提供了现实依据和可能。从我国发展实践来看，我国的国土空间结构面临较大的国土安全风险。这是由于我国在改革开放之后长期实施的东部地区沿海开放战略，使得东部地区成为我国经济增长的主要引擎。但与此同时，东部地区地处国家边界，已无地理屏障可以依托，一旦爆发战争，将是重点打击对象。当前，国际局势并不稳定，全球战争风险正在上升，俄乌冲突僵持难解，巴以冲突骤然升级，亚太对抗阵营分明，传统与非传统安全威胁相互交织，激烈的大国对抗和紧张的权力博弈使得全球安全格局面临较大挑战。作为我国主要增长极的沿海地区时刻面临巨大的安全威胁。在此背景下，加强国家战略腹地建设，助力我国新型工业化和新型城镇化向经济腹地快速推进，从而扩大和增强我国的战略纵深，是保障国土安全的有效途径和重要支撑。

（二）加强国家战略腹地建设是构建新发展格局的重要支撑

加快构建"以国内大循环为主体、国内国际双循环相互促进"的新发展格局，是以习近平同志为核心的党中央提出的重大战略举措。过去两年多的实践充分证明，加快构建新发展格局，是立足实现第二个百年奋斗目标、统筹发展和安全作出的重要决策，是把握未来发展主动权的关键部署。只有加快构建新发展格局，才能夯实我国经济发展的根基、增强发展的安全性和稳定性，才能在各种可以预见和难以预见的狂风暴雨、惊涛骇浪中增强我国的生存力、竞争力、发展力、持续力，确保中华民族伟大复兴进程不被迟滞甚至中断，胜利实现全面建成社会主义现代化强国目标。

加快构建新发展格局，首先要处理好国内发展动力和国际发展动力的关系。改革开放后，我国长期实施了出口导向型发展战略，经济增长较为依赖国际动力，东部沿海地区也凭借其自身区位优势成为我国经济发展的重要增长极。然而，我国是幅员辽阔的大国，不同地区在自然环境、地理条件、资源禀赋、人文历史等方面存在较大差异，相比于东部沿海地区因其区位优势而实现了长达数十年的高速发展，中西部地区的发展态势则显得较为滞后，与东部地区的发展差距也在逐渐拉大。东部地区和中西部地区之间较大的发展差距不仅严重阻碍了我国推动实现共同富裕的目标要求，也严重影响了国内大循环发展格局的顺利形成。对此，党中央于 2017 年提出要实施区域协调发展战略、于 2020 年提出要稳步推动共同富裕进程，这就要求我们尽快缩小区域发展差距。在这些重要战略部署的指引下，相关部门已经从交通一体化、产业转移和合作、生态补偿等多个领域采取了有效措施推动区域协调发展，目前东部与中西部地区之间的区域发展差距已经明显缩小。

在此情形下，国家战略腹地建设作为一项系统性的区域开发工程，与上述举措相比，将会具有投资规模更大、发展举措更系统、资源要素更集中等优势，无疑能为中西部地区提供更加强大、更加系统和更可持续的发展动力，这将极大提高中西部地区的发展速度和发展质量，为区域发展差距的缩小作出巨大贡献，并最终为新发展格局的顺利形成提供坚实的空间支撑。

（三）加强国家战略腹地建设是扩大内需的必然要求

经济高质量发展需要高质量供给和有效需求有机结合。在外向型经济不稳定性不断增加的情况下，注重扩大国内需求以提升经济内生发展动力是必然选择。党的二十大报告指出，"着力扩大内需，增强消费对经济发展的基础性作用和投资对优化供给结构的关键作用。"扩大内需是我国在新发展阶段应对国内外发展困局、稳定经济增长、促进国家长远发展和长治久安的必要之举。要缓解当前经济运行面临的下行压力、保障社会再生产良性循环，必须着力扩大国内需求，充分发挥消费的基础性作用和投资的关键性作用，释放消费潜力、提升投资效率、促进消费与投资协调发展，更好地发挥内需对稳增长和提质量的双重价值，推动经济高质量发展。

从战略区域的角度来看，中西部地区扩大内需的潜力巨大，加强国家战略腹地建设有利于进一步释放中西部地区的强大内需潜力。

一方面，与东部地区相比，中西部地区当前工业化水平仍处于初中期阶段，在很多领域具有巨大发展空间。首先，中西部地区尤其是西部地区，基础设施建设还不完善，城镇化水平较为滞后，公共服务水平也较为落后，需要进一步加大投资力度与规模，不断缩小与其他区域的发展差距。其次，部分中西部地区在多年承接东部沿海地区转移产业后会逐渐步入产业转型升级的发展阶段，未来这些区域在高新技术产业、先进制造业等领域将会引来大量投资需求，不仅能拉动区域经济增长，也为未来我国的新兴产业调整布局奠定基础。

另一方面，在面对重大冲击时，中西部地区经济发展具有较强的韧性，有利于布局更多重点项目。在新冠疫情最严重的 2020 年上半年，中西部地区 18 个省份中只有河南、山西、陕西、湖北和内蒙古

5 个省份的经济增速为负，其他 13 个省份均为正增长。而当时全国大陆 31 个省级行政区中保持正增长的省份总共有 16 个，中西部省份占了 81.25%，这足以表明中西部地区抗风险能力较强。在此背景下，加强国家战略腹地建设能够进一步释放中西部地区的强大内需潜力，促进区域经济发展更加平衡、充分。

二、国家战略腹地建设面临的主要挑战

加强国家战略腹地建设是新时代党和国家对中西部地区的新要求、新定位，为中西部地区发展带来了新的机遇与考验。加强国家战略腹地建设并非一蹴而就，正确认识和把握这个重要课题，必须首先要站在对国家重大生产力布局的角度进行中长期战略性思考的基础上，明确当前在建设过程中面临的主要问题与挑战。

（一）世界安全形势日益严峻，但战略实施起步较晚

中国是世界上唯一一个尚未实现完全统一的大国，也是世界上周边安全形势最复杂的国家之一，钓鱼岛、南海、中印边境等地的领土领海争端形势仍十分严峻。虽然能导致大国面临生死存亡的战争威胁并不是常态，但是却不能不居安思危有所准备。近年来，全球紧张局势持续升温，2023 年世界各地冲突数量达 183 起，创近 30 年之最。第一，局部冲突和动荡频发。俄乌冲突陷入僵局，短期内看不到和平解决的征兆；巴以冲突骤然升级，地区外溢效应凸显；亚太地区暗流涌动，同盟阵营化趋势明显；等等。第二，全球军费增长进入加速期。2023 财年，美国国防预算达 8579 亿美元，较 2022 年 7530

亿美元的国防预算增长近 14%；英国国防预算是 500 亿英镑，增幅17%；法国国防预算为 487 亿美元，较 2022 年增加 7.4%；日本防卫费年度预算提高至约 6.8 万亿日元，是 2022 年度原始预算的 1.26倍；印度国防预算提升至 5.94 万亿卢比，比此前初步估计的数据高出13%……① 第三，全球核安全形势持续恶化，核威慑行动与核讹诈行为频发。截至 2024 年 1 月，北约已发起两次大规模核威慑军演。

可以说，面对严峻复杂的国际形势，加强国家战略腹地建设、优化重大生产力布局是我国提高战略威慑能力、支撑我国战略安全的重要举措。虽然在党的十八大之后就有学者提出发展腹地经济的理念，但更多是基于理论层面。2023 年中央经济工作会议首次在国家层面正式提出将建设国家战略腹地作为一项重大举措。然而，相较于全球安全严峻形势的剧烈变化，我国加强国家战略腹地建设却还处于起步阶段，战略实施相对较晚，而且对于实施战略腹地建设的范围、规模、领域、内涵等具体方面也不明确。面对当下紧迫的形势，未来我国亟须组织专门力量对相关问题进行系统研判分析，进一步加大建设力度，提升建设速度。

（二）主要承载地区经济发展水平相对落后

中西部地区是建设国家战略腹地的主要承载地区，具有国土面积大、矿产资源丰富等优势，但由于开发历史较短，其经济发展、基础设施、科技创新、管理服务等水平相较于东部地区存在较大差距，承接东部地区转移产业有一定难度，为加强国家战略腹地建设带来挑战。

---

① 贾平凡：《世界安全局势更加严峻》，《人民日报》（海外版）2023 年 5 月 6 日。

第一，从经济总量来看，中西部地区经济总量与东部地区存在较大差距。2023年，我国大陆31个省份中GDP排名前10位的是广东、江苏、山东、浙江、四川、河南、湖北、福建、湖南、上海，其中只有4个省份位于中西部地区。东部10省份的GDP总量为65.2万亿元，中西部18省份的GDP总量为53.9万亿元，东部10省份的GDP总量比中西部18省份的GDP总量还要多11.3万亿元。

第二，从经济增速来看，中西部地区增速并不理想。2023年，中部地区经济表现明显不及预期，江西、湖南、河南GDP增速不足5%，幅度跑输全国，分别低于年初政府工作目标2.9%、1.9%、1.9%。部分西南省份受到地方政府债务风险和高企、房地产投资冲击的严重影响，云南、贵州、广西GDP实际增速低于政府工作目标超1个百分点。

第三，从基础设施建设水平来看，西部地区尤其是西北地区由于工业化起步较晚，交通运输、电力、通信、网络、医疗、教育等领域基础设施条件还很不完善，城市化水平严重滞后，与东部地区甚至中部地区相比都有较大差距，需要进一步加大建设力度。从数据来看，2023年西部地区固定资产投资（不含农户）同比增长0.1%，低于全国平均水平（3.0%）2.9个百分点，低于东部地区（4.4%）4.3个百分点。

第四，从科技创新水平来看，目前中西部整体科技创新能力仍显不足。与东部地区相比，受经济发展条件、创新生态环境等因素的影响，中西部在吸引创新资源方面处于弱势。2018年，中部研究与实验发展人员数和经费投入大约为东部的25%左右，西部则不足20%。《中国区域科技创新评价报告2020》对全国31个省份科技创新能力的综合排名结果显示，东部地区包揽前6名，中部6省份中有4个省份排在15位之后，西部12省份中有8个省份排在23位之后。

（三）主要承载地区新旧动能转换存在压力

面对当前的经济发展压力和国家战略腹地建设使命，中西部地区保持经济持续健康发展的关键动力之一就是培育壮大新动能、促进新旧动能及时接续转换。如果新旧动能转换"断档"，中西部地区的经济增速将面临不小的下滑风险。然而，面对错综复杂的国内外环境，尽管有国家和地方发展政策的支持，中西部地区新旧动能转换依然存在较大压力。造成这一问题的重要原因之一就是当前中西部地区内部面临核心城市崛起而中小城市"塌陷"的分化态势。随着区域协调发展战略、区域重大战略、新型城镇化战略、城市群发展战略等区域战略深入实施，当前我国中西部地区已经涌现出一批区域核心城市，例如郑州、合肥、武汉、长沙、重庆、成都、西安等，这些核心城市通常为本省的省会城市，城市发展受到了国家和地方的大力支持，取得了瞩目的经济成绩，经济实力有了质的提升。

但与此同时，中西部地区的中小城市受自身发展能力有限和核心城市"虹吸效应"的双重影响，面临着要素集聚能力低、产业结构层次低、经济发展活力弱、城市综合竞争力差等劣势，导致其与核心城市的发展差距不断拉大，经济发展呈现"塌陷"趋势。这就导致中西部地区的中小城市在新一轮发展中存在与核心城市发展差距进一步拉大的风险，严重影响到这些城市的资源配置能力、研发投入强度、人才集聚能力、科技创新能力等各个方面，严重制约了这些城市承载产业和人口的能力，为中西部地区整体新旧动能转换带来不小的压力。

（四）政府与市场合力建设的社会共识尚未形成

加强国家战略腹地建设并不是要再进行一次"三线建设"，虽然"三线建设"的长期综合效益及其留下的宝贵精神财富对当前的国家战略腹地建设都有较为深刻的影响，但二者之间有重要区别。"三线建设"是处于战争边缘的新中国，出于备战和改变旧中国长期不合理的工业布局两大主要目的不得不做出的建设工程，此时对生产力布局的调整完全由政府主导。而当前的国家战略腹地建设的主要目的是优化重大生产力布局，更好统筹发展与安全，对生产力的优化调整需要靠政府与市场主体的合力，既要充分尊重市场规律，发挥市场配置资源的决定性作用，又要充分发挥政府在市场制度建设、市场失灵矫正、基础设施和公共服务提供以及政策实施保障等方面的积极作用。但是目前社会上尚未形成这一共识。

通过分析中西部地区的投资内部结构可以发现，当前中西部地区主要依赖以"铁公基"为代表的基础设施建设投资，政府主导特征非常明显，而以市场投资力量为主体的房地产投资、民间投资均不瘟不火，市场化水平低。以经济发展水平较高的西部地区重点城市重庆为例，2023 年 1—2 月份，重庆全市固定资产投资（不含农户）同比增长 6.8%，高于同期全国水平 1.3 个百分点，其中民间固定资产投资同比下降 2.4%，而全国水平为同比增长 0.8%，基础设施投资同比增长 16.8%，高于全国 7.8 个百分点，房地产开发投资下降 14.9%。① 市场内生投资动力不足不利于加快推进国家战略腹地建设的步伐，仅靠政府投资拉动难以形成持久动力。

---

① 吴刚：《1—2 月重庆基础设施投资同比增长 16.8%》，《重庆日报》2023 年 3 月 19 日。

三、加强国家战略腹地建设的政策建议

国家战略腹地是我国重要的战略资源接续地和产业转移承接地，同时也是我国推进高水平对外开放的战略前沿和重要支点。加强国家战略腹地建设是今后一个时期我国优化重大生产力布局、促进区域协调发展、推进国内大循环进程、把握未来发展主动权的重要抓手，要立足新发展阶段、贯彻新发展理念、构建新发展格局，以推动高质量发展为主题，统筹发展和安全，开创腹地建设新局面，拓展国家持续健康发展新空间。

（一）坚持和加强党的全面领导，做好系统研判和统筹规划

中国共产党的领导是中国特色社会主义最本质的特征，是中国特色社会主义制度的最大优势。加强国家战略腹地建设，是党中央立足全局、着眼长远作出的重大决策部署，要坚持以习近平新时代中国特色社会主义思想为指导，增强"四个意识"、坚定"四个自信"、做到"两个维护"，把党的全面领导贯彻和体现到国家战略腹地建设的全过程、各领域，有效总揽全局、协调各方，充分调动一切积极因素，广泛团结一切可以团结的力量，形成全国上下一盘棋，实现党的主张、国家意志和人民意愿达到高度统一，形成推动建设国家战略腹地的强大合力，确保国家战略腹地建设各项工作沿着正确的道路不断前行。

加强国家战略腹地建设事关国家安全和发展全局，覆盖范围广，影响效果深远，需充分发挥我国社会主义制度能够集中力量办大事的政治优势，在决策之前凝聚各方力量对当前国际政治和经济发展形势以及未来区域发展定位进行精准研判、系统分析。可组织中央和国家

机关、战略腹地所属地区的有关政府部门、职能部门、高等学校、科研机构等单位的从事相关领域工作的领导干部和专家学者形成专门力量，凝聚各方合力，对国家战略腹地的覆盖范围、核心承载区、建设规模、涉及领域、具体内容乃至不同方案可能产生的不同影响效果进行系统分析、科学考量、全面权衡，厘清战略实施具体思路，做好统筹规划，加强顶层设计，形成战略腹地建设的政策体系，最大限度地避免重复建设和资源浪费。

（二）推进交通基础设施建设，提升主要承载地区的通达性

交通运输是经济发展的先导性因素。中西部地区作为战略腹地建设的主要承载地区，其交通运输覆盖仍需加强。重点城市群、都市圈的城际和市域（郊）铁路存在明显短板，部分农村地区、边境地区的交通通达程度仍需提升、条件有待改善，区域间各种运输方式衔接协同有待强化。这些短板影响了中西部地区交通运输的效率和质量，限制了中西部地区经济社会发展、区际交流以及对外开放的潜力。因此，加强国家战略腹地建设需要通过政策支持和资金投入，加快补齐这些短板，提升中西部地区交通运输的通达性。

第一，不断完善中西部地区综合立体交通网络。继续推进中西部地区公路、铁路、机场、内河航道等交通基础设施的建设和升级，特别是加快高速铁路和高速公路的建设，提高交通网络的覆盖面和连通性。

第二，提升综合交通效能，推动多式联运融合发展。不断加强区域间不同交通运输方式之间的衔接，推动铁路、公路、水运、航空等多种交通运输方式的有机结合，发展多式联运，提高交通运输效率。

第三，改善农村地区的交通运输条件。农村地区是城市地区的发

展腹地，推动城乡融合发展首先要加强农村地区的交通基础设施建设。要持续推进"四好农村路"建设，改善农村地区的交通条件，确保乡镇和建制村通硬化路、通客车和通邮车，提高农村地区的交通通达性。

第四，加强与周边国家的互联互通。不断推进中西部地区与周边国家交通基础设施的联通，如中欧班列、跨境铁路等项目，加强西部陆海新通道建设，促进区域内外部的人流、物流、信息流的高效流通。

（三）发挥比较优势，强化主要承载地区的内部联动与区际协同

当前，中西部部分地区产业布局与资源环境的匹配性不足，地区间产业同质化发展、低水平重复建设等问题仍然突出，部分西部地区由于承接产业转移的政策、资金、环境、人才等方面的限制，产业"弱质化"特征明显，区域间难以形成优势互补、高质量发展的产业格局。这就要求中西部地区在加强国家战略腹地的建设过程中，一方面，要强化内部联动，基于各区域在资源环境、要素禀赋和市场需求方面的比较优势，引导产业向优势地区集聚，发展适合当地的具有竞争力的产业，形成特色鲜明的产业集群。着力避免区域内部的无序竞争和低水平重复建设，促进多层次开放平台基于各自优势实现有效联动。另一方面，要加强和其他区域之间的协同发展。积极对接京津冀协同发展、粤港澳大湾区建设、长三角一体化发展等区域重大战略，有序推动东部地区产业向中西部地区转移，促进中西部地区产业结构调整和转型升级。例如，推进成渝地区双城经济圈建设，增强中心城市和城市群的辐射带动能力；推动广西北部湾经济区等重点地区高质量发展；支持陕甘宁等革命老区振兴发展；推动川南渝西等跨省毗邻

区域融合发展；支持跨区域共建产业园区建设，探索"飞地经济"模式；支持西北省份借助黄河流域生态保护和高质量发展契机，加强与京津冀及江苏、山东等东部省份的互惠合作；等等。

（四）全面深化改革，增强主要承载地区的内生发展动力

全面深化改革是新时代中国发展的强大动力。中西部地区受思想观念、路径依赖等因素影响，在要素市场化配置改革、行政体制改革、优化营商环境等领域的改革速度相对滞后，严重影响了市场活力的释放和经济发展潜力的充分发挥。对此，中西部地区需进一步全面深化改革，不断增强区域发展的内生动力，为支撑国家战略腹地建设打好坚实基础。

1.推进要素市场化改革

充分发挥市场在资源配置中的决定性作用，着力破除体制机制障碍，提高资源配置效率，激发市场活力和社会创造力。一是深化户籍制度改革。推动超大、特大城市调整完善积分落户政策，探索以经常居住地登记户口制度，实现基本公共服务常住地提供。二是深化土地管理制度改革。探索赋予中西部地区更大的土地配置自主权，允许符合条件的地区探索城乡建设用地增减挂钩节余指标跨省域调剂使用机制，优化产业用地供应方式，推动城镇低效用地腾退出清。三是探索建立数据要素流通规则。完善公共数据开放共享机制，建立健全数据流通交易规则，拓展规范化数据开发利用场景，加强数据安全保护。四是加强资源环境市场制度建设。完善资源市场化交易机制，构建绿色要素交易机制，探索建立碳排放配额、用能权指标有偿取得机制。

2.深化行政体制改革

优化政府职能，提高行政效率。一是推进简政放权。减少行政审批事项，简化审批流程，降低行政成本，提高行政效率。通过下放管理权限，赋予地方政府更多的自主权，使其能够根据实际情况灵活应对发展需求。二是优化政府组织结构。调整和优化政府部门设置，合并职能交叉、重叠的机构，减少层级，提高决策效率和服务效能。三是创新行政管理方式。运用现代信息技术，如大数据、云计算等，提高行政管理的智能化、精细化水平，提升政府服务的便捷性和个性化。四是加强基层治理能力。强化基层政府的社会管理职能，提高基层治理的效能，确保政策措施的有效落实。五是强化公共服务职能。加强政府在教育、卫生、社会保障等公共服务领域的职能，提升服务质量，确保基本公共服务均等化。

3.优化营商环境

一是建设法治化营商环境，确保法律的公正执行，保护企业和投资者的合法权益。二是实施便利化措施，简化行政审批流程，提高办事效率，减少企业开办和运营成本，如合并规划选址和用地预审、简化外资项目审批流程等。三是提升政务服务水平，推行"最多跑一次"等便民措施，加强政务公开，提高政府服务的透明度和可预期性。四是建立诚信文化，通过政务公开和负面清单等制度设计，减少政府在企业准入、资源配置、市场监管等方面的弹性空间，建立推诚守信的鲜明导向。五是完善城市综合服务功能。中西部城市尤其是西部地区重要城市如重庆、成都、西安、贵阳等，需加快完善与国际接轨的城市综合服务功能，以吸引更多国际知名机构和企业入驻。

第十二章
大力发展海洋经济

发达的海洋经济是建设海洋强国的重要支撑。改革开放40多年来，我国海洋经济发展取得巨大成绩，特别是党的十八大以来，以习近平同志为核心的党中央高度重视海洋强国建设，海洋经济不断发展。但与西方发达国家相比，我国海洋经济还存在产业能级与实际需求尚有差距、海洋经济发展不平衡不充分、海洋科技领军人才稀缺、新兴产业培育不足、开发方式比较粗放等问题。新征程上，必须瞄准构建现代海洋产业体系，完善陆海统筹的规划体系和促进海洋经济发展的体制机制，保障"蓝色人才"专业供给，完善海洋新兴产业融资体系，提高海洋资源开发能力，不断塑造海洋经济竞争新优势，不断推动海洋经济高质量发展。

先立后破：走好中国经济稳定发展之路

党的二十大报告明确指出，要"发展海洋经济，保护海洋生态环境，加快建设海洋强国"。2024 年《政府工作报告》中再次强调，要"大力发展海洋经济，建设海洋强国"。海洋是人类赖以生存发展的资源宝库，是国际贸易和国际交往的重要通道，更是实现我国经济高质量发展的战略要地，在构建新发展格局和扩大对外开放中具有重要作用。随着经济全球化、区域一体化趋势增强以及国民经济的快速发展，大力推进海洋国土开发、实现海洋经济发展已是拓展国民经济发展空间的必然选择。同时，海洋经济的发展水平也已成为新时代衡量一个国家综合实力的具体体现。习近平总书记强调，"发达的海洋经济是建设海洋强国的重要支撑。"[①] 统筹推动海洋资源高效利用，推进建设现代化海洋产业体系，提高海洋环境保护水平，实现海洋经济高质量发展是推动中国式现代化的重要一环。

一、大力发展海洋经济的重大意义

科学利用海洋资源、加快海洋经济发展是保持国民经济平稳较快发展的新增长点，对进一步拓展国民经济发展空间、推进发展方式转变、促进资源持续利用、完善海洋综合管理体制具有重要意义。

（一）加快新旧动能转换，打造经济发展新动力

加快经济发展方式转变是我国经济领域的一场深刻变革，也是增强国家抵御国际市场风险能力、提高可持续发展能力的必然选择。海

---

① 王历荣：《中国和平发展的国家海洋战略研究》，人民出版社 2014 年版，第 97 页。

洋经济通常具有知识密集、资本密集和技术高端、产品高端等特点，是我国战略性新兴产业的重要组成部分，发展迅速，潜力巨大，已经成为新常态下经济增长的重要动力引擎。2005 年，我国海洋经济占GDP 的比重仅为 4%；[①] 至 2022 年，这一比重已达到 7.8%，15 个海洋产业中，传统产业平稳发展，海洋药物和生物制品业、海水淡化与综合利用业等海洋新兴产业较上年增长均超过 3%，特别是海洋电力业，增长幅度超过 20.9%，增速迅猛，体现出更高的成长潜力。[②] 同时，我国港口规模位居世界第一；水上运输、船舶建造、渔业产量等指标稳居世界前列，海运航线和服务网络遍布全球；自动化码头设计建造、港口机械装备制造等方面技术也已达到世界领先水平。海洋经济的高速发展，海洋尖端科技的突破有利于新兴产业的形成，为我国经济发展注入新的活力，并通过上下游产业链带动地区整体经济发展，对国民经济的贡献不断增大。

（二）激活海陆联动机制，推动区域的协调发展

发展海洋经济的实质分为两个维度：在时间维度上关注海洋与海岸带经济的可持续发展和海洋资源的代际公平分配，在空间维度上关注海洋和相邻陆域经济布局的优化整合，通过提升海洋经济发展的活力和创造力，促进海陆统筹和人海合一的协调发展，最终实现地区整体经济的高质量发展。

回顾我国改革开放的历史，从早期设立经济特区、沿海开放城市，再到深圳建设中国特色社会主义先行示范区、浦东打造社会主义

---

① 国家海洋局：《2005 年中国海洋经济统计公报》，国家统计局 2006 年 3 月 27 日。
② 自然资源部海洋战略规划与经济司：《2022 年中国海洋经济统计公报》，中国海洋网 2023 年 4 月 14 日。

现代化建设引领区、浙江高质量发展建设共同富裕示范区，长期以来，我国沿海地区依靠其区位优势和经济先发优势，肩负着创新发展先行探路的历史使命。可见，在构建新发展格局的进程中，海洋是畅通国内国际"双循环"的重要载体，建设更高水平的开放型经济新体制离不开海洋。同时，"十二五"以来，我国已基本形成三大海洋经济圈，基于不同区位优势，三大海洋经济圈形成了与国家战略协同发展的良好局面。具体来看，北部海洋经济圈服务东北地区对外开放与东北亚经济合作，能进一步推动京津冀地区经济发展；东部海洋经济圈处于"一带一路"与长江经济带交汇区，在打造国际航运中心上具有国际竞争力；南部海洋经济圈与粤港澳大湾区形成良性互动，深化了与"21世纪海上丝绸之路"沿线国家和地区的交流合作。发挥产业主体带动与先行示范作用，激活陆海经济双向发展，有助于促进形成优势互补、良性互动的区域发展新格局。

（三）践行绿色生态理念，提高可持续发展韧性

海洋作为自然界的重要生态系统，是山水林田湖草沙生命共同体一体化保护和系统治理的重要领域，为人类提供绿色能源和接续空间，具有巨大的经济价值和社会价值。

从资源供给来看，海水淡化规模化利用可以增加水资源供给、优化供水结构、解决沿海地区水资源短缺的现实问题，深海挖掘作业发现的种类繁多的生物、丰富的矿产油气资源能为众多产业提供丰富的原材料。从空间开发来看，随着技术的发展，广阔的海洋世界能在未来提供新的城市开发领域，将有效解决人类生存空间日益拥挤的问题。从能源安全来看，海洋拥有的天然气、潮汐能、风能等绿色能源将成为未来发展的重要资源接替，以海上风电、海洋能为代表的海洋

清洁能源已成为国家绿色低碳转型的重要方向。

因此，发展海洋经济是解决当前人类所面临的资源匮乏、空间紧张、环境恶化等问题的一条有效途径。同时，发展海洋经济的前置环节，如建立海洋保护区、制定海洋开发规则、明确海洋污染处理方案等举措都能在一定程度上保护海洋生态系统、维护生物多样性、维持生态平衡，实现低碳发展，助推美丽中国建设。

（四）回应国家发展战略，形成全面开放新格局

发展海洋经济是新常态下推进更高层次对外开放的重要支撑。在我国经济新旧常态的转换过程中，只有不断提升开放水平，实现更高层次的经济国际化，进一步拓展经济增长的战略空间，才能有效地完成经济常态的转换。高质量共建"一带一路"机制等国家战略的推出，正是不断加强国际合作、促进我国经济换挡升级的重要举措。

海洋经济是深度对外开放的重要产业基础。自古以来，走向海洋，就意味着开放，落实高质量共建"一带一路"、建设"海上丝绸之路"有助于推动与周边国家和地区的交流合作。例如丰富的海洋资源和经济增长潜力可以吸引外商直接投资，尤其是离岸能源、港口基础设施和海洋服务等领域，经济活动的发展不仅创造了更多的就业机会，同时实现技术和专业知识的转移。而海洋经济创新示范区等平台的建设，更是有助于形成内外联动、互利共赢、安全高效的开放型经济体系，助推构建开放水平高、辐射范围广、带动作用大的对外开放新高地。

另外，涉海产业的发展壮大不仅有助于对外经济贸易的成长，也是赢得当前国际政治博弈优势地位的基础支撑。全球海洋治理体系正面临深刻变革，治理规则秩序也面临深度调整。习近平总书记指出：

"海洋的和平与安宁关乎世界各国安危和利益"。① 海洋经济的发展有利于增强社会层面的海洋意识，提高对深远海资源的开发利用水平，避免他国侵占中国海洋权益，既为海军建设提供坚实的经济支撑，也能为全球海洋治理贡献更多的中国智慧、中国方案，彰显中国在世界舞台上的大国责任，共同构建海洋命运共同体。

二、我国海洋经济发展的成效及问题

党的十八大以来，以习近平同志为核心的党中央高度重视海洋经济的发展，采取了一系列具有划时代意义和里程碑标志的重大举措，海洋经济的建设已取得不少的成效。

经济总量平稳发展。2012 年至 2022 年，我国海洋经济总产值从 5 万亿元增长至 9.5 万亿元，近年来占国内生产总值的比重保持在 9% 左右。② 海洋传统产业转型升级加速，海产品产量多年位居世界第一，海运量超过全球三分之一，海洋经济在国民经济稳增长和保障经济安全方面发挥了重要作用。三大海洋经济圈发展特色逐步显现：北部新旧动能转换提速；东部一体化步伐加快，世界港口打造进程加速；南部集聚带动力明显提升，经济绝对优势显著。

资源开发合理有序。海洋石油成为我国油气上产关键增量，2023 年国内海洋原油产量突破 6200 万吨，占全国原油增量比例达 70% 以上。海洋电力业产值呈现快速增长势头，"十三五"期间年均增长率

---

① 徐步：《积极推动构建海洋命运共同体》，《人民日报》2024 年 4 月 23 日。
② 王宏：《以建设海洋强国新作为推进中国式现代化》，《学习时报》2023 年 9 月 22 日。

为 13%。① 海上风电项目建设加快推进，新增装机容量 600 万千瓦左右。"蓝色粮仓"海洋渔业产值平稳增长，在主要海洋产业增加值的占比保持 11% 左右。海水淡化工程规模已超过 200 万吨／日②，为沿海缺水城市和海岛水资源安全提供了重要保障。加快海洋资源开发、推动海洋经济发展，成为破解资源瓶颈、拉动国民经济持续增长的重要途径。

创新能力不断提升。科技对海洋经济的贡献显著增强，海洋药物和生物制品、海水淡化与综合利用、海洋电力等战略性新兴产业快速发展。在海洋高端装备领域，国内首艘 17.4 万立方米浮式液化天然气储存电气化装置于上海完成制造并顺利交付。在海上能源领域，我国自主设计、自行集成建造的第六代深水 3000 米半潜式钻井平台在南海投入实际应用，"蓝鲸一号"水合物试采在南海取得重大突破，深水高精度地震勘测设备、海上油气装备初步实现产业化。海洋能技术进入了从装备开发到应用示范的发展阶段，兆瓦级海洋潮流能装备正式并网发电，兆瓦级波浪能装备进入工程应用阶段，海洋工程装备总装建造能力进入世界第一方阵。在海洋生物领域，抗老年痴呆药物 HS971 成功上市，抗肿瘤药物 BG136 进入临床试验阶段，海洋生物高值化利用硕果累累。而海洋重器，如"蛟龙"号、"深海勇士"号、"奋斗者"号等系列潜水器的接连问世都显示着我国在海洋科技领域的重大突破。近 10 年，我国海洋新兴产业增加值年均增速超过 10%。

外贸格局明朗向好。基于我国海洋经济的固有韧性及利好的政策环境，在全球经济逆行的情况下，我国海洋支柱产业，如海洋交通运

① 位林惠：《全国政协委员汪东进：推动海洋经济高质量发展融合发展是关键》，《人民政协报》2024 年 3 月 11 日。

② 王宏：《以建设海洋强国新作为推进中国式现代化》，《学习时报》2023 年 9 月 22 日。

输业与海洋船舶制造业竞争优势愈发明显，对外开放新格局正向着高层次阶段迈进。2023 年我国海运市场发展持续向好，沿海港口完成货物吞吐量 131.7 亿吨，同比增长 6.6%，增速比上年加快 5.3%，上海、宁波舟山位列全球航运中心城市综合实力前 10 位。① 同时，伴随着全球新造船市场超预期回升及我国造船技术更新换代，我国造船完工量、新接订单量和手持订单量以载重吨计分别占全球总量的50.2%、66.6% 和 55.0%，市场份额连续 14 年稳居世界第一。② 受益于防疫政策的优化调整，我国海运进出口同比强劲增长，目前我国海运进出口贸易占全球贸易总量已超 30%，海运贸易增量在全球海运贸易增量中的比重达到 34%。③

作为建设海洋强国的重要支撑，我国海洋经济正处于向高质量发展的战略转型期，仍然面临诸多不充分、不协调、不平衡等挑战。

（一）产业能级与实际需求尚有差距

海洋经济发展的不充分主要体现在产业整体能级上。当前，我国水产品加工业仍处于起步阶段，初级产品为主，深加工水平有限，海洋渔业等传统资源开发型产业增加值偏低。同时，我国海洋资源开发受历史原因影响，常有"重近海、轻远海"的现象，海洋经济产品、服务及其他开发活动呈现显著浅海型特征，海底、海床的资源未能得到有效开发和利用，远洋渔业、深水资源勘探有待进一步发展。港口

---

① 《2023 年全国港口经济运行分析·沿海篇》，2024 年 3 月 1 日，见 http://www.ccera.com.cn/136/202403/20397.html。

② 刘志强、王政：《我国造船三大指标国际市场份额首次全部超过 50%》，《人民日报》2024 年 1 月 17 日。

③ 《克拉克森报告：中国海运进出口在全球贸易占比突破 30%》，2024 年 2 月 28 日，见 https://m.thepaper.cn/baijiahao_26492506。

吞吐量方面，虽位居世界前列，但主要产业仍以装卸型服务业为主，提供综合物流服务的水平还有欠缺，国际竞争力不强。而高端船舶与海工装备制造领域的大部分企业仅能提供组装服务，在核心技术、关键配件的研发生产上缺乏相应能力。

虽然我国的海洋产业结构已连续多年保持"三二一"的态势，但第三产业中包含大量的滨海旅游业数据（不仅包括涉海旅游业，还包括沿海地区的城市旅游数据），产业内部高端服务业如海洋运动、海洋康养等比值实际并不高。目前，海洋新兴产业增加值仅占海洋生产总值的30%左右[1]，高新产业集聚效应还未形成。另外，海洋产业结构演变具有特殊性，不能仅以传统的三次产业演进理论加以解释，海洋三次产业比重受海洋产业地位、海陆依存关系等表现出更为复杂多变的演变路径。因此，现阶段并不能仅仅通过"三二一"的产业态势就说明海洋经济已经发展到一个较高水平。海洋产业距离实现高质量发展目标依然任重道远。

（二）空间布局与全面发展仍不平衡

一方面，我国海岸线漫长，海域面积辽阔，海洋资源丰富，现已形成三大海洋经济圈，但三大海洋经济圈发展情况有所不同。南部海洋经济圈近10年来始终处于上升领先地位，该区域受益于粤港澳大湾区、中国（海南）自由贸易试验区等区域发展战略，产业结构不断优化，基本形成了行业门类较为齐全、优势产业较为突出的现代海洋产业体系。同时，受益于经济圈的辐射，广东多个地区海洋生产总值居全国前列。东部海洋经济圈以上海为核心，包含江苏、浙江等地，

---

① 自然资源部海洋战略规划与经济司：《2022 年中国海洋经济统计公报》，2023 年 4 月 14 日，见 https://www.nmdis.org.cn/hygb/zghyjjtjgb/2022hyjjtjgb/。

得益于良好的经济基础、天然的港口禀赋，以及近年来积极的引才育才政策、科创优势，长期位列三大海洋经济圈的第二，并保持连年增长趋势，显示出较强的发展潜力。北部海洋经济圈自 2007 年起，其生产总值一度呈下降趋势，目前该区域生态环境承载力下降，产业的升级转型存在滞后现象，其中多个省市占全国海洋生产总值的比重也逐年下降。可见，我国海洋经济圈的布局发展面临明显的不平衡不充分问题。

另一方面，沿海大部分省市已进入工业化的中后期，工业产能大多超过了需求，从而压缩了一些后发地区的发展空间，使区域间的海洋产业竞争加剧，产业同质化严重。同时，沿海城市高度"压缩型"城市化的发展模式以及陆海联动互馈共享不足导致社会、资源等矛盾日益突出，在陆海统筹的进程中，空间同质化产生的城市特色消亡危机、陆海资源分配不均导致的文化生存危机等现象都表明，沿海城市亟待整体统筹、分而治之。

（三）人才结构与经济发展存在错位

随着我国海洋经济快速发展，海洋从业人员逐步增多，人才队伍不断扩大，但与新时代实现经济高质量发展、建设海洋强国的目标相比仍存在差距。

第一，海洋人才范围宽泛，地方现有的海洋人才主要由政府、国企工作人员组成，对于海洋人才的概念缺少清晰的定位规则，导致社会层面海洋人才整体情势掌握不准。各地区尤其是沿海地区，专门从事海洋战略制定、产业发展研究的高端科研院所相对较少，在研究内容侧重上，理论性研究占比较高，应用性研究占比较低，研究成果转化与市场需求匹配度不高，导致海洋经济高质量发展技术支撑后劲不足。在人才保障上，对涉海企业、人才在科技创新的鼓励与引领效用不足，已出台的相关政策针对性不够，亟须修订完善。

第二，海洋科技人才的培育需要体系化建设。目前我国海洋领域科研院所和涉海高等院校建设落后于海洋经济社会发展需要，在海洋工程装备、海洋空间利用和海洋生物等学科领域的人才培养模式、评价机制仍有欠缺。同时，新兴海洋产业需要新兴的复合型人才，这不仅需要具备海洋专业学科素养，还要掌握国内外经济产业等知识。但目前国内高校对于培养与新时代海洋经济相适配的复合型人才，无论是专业院校设置层面，还是学科软件配置层面都有所欠缺。海洋学科与其他学科的相互渗透程度较低，还未达到构建海洋大科学体系的要求，导致带动海洋战略新兴产业的创新型、复合型人才，引领特色海洋产业发展的领军型人才稀缺。

第三，我国虽然在战略层面已经明确了海洋技术创新企业的主体地位，但相当一部分涉海企业还存在着创新意识不强、创新动力不足、创新效果不佳等问题，引才主体意识不强，科技研发投入不足，整体发展活力受限。

（四）金融支持与企业需求不相适应

第一，海洋产业门类众多，涉海金融支持力度有限，涉海企业往往面临融资难题。一方面，海洋传统行业中渔民基数众多，其还款能力、借款额度不尽相同，由于渔民普遍具有资产估值低、收入不稳定等因素，申请贷款难度通常较大。另一方面，相比普通陆上企业，海洋装备、造船甚至能源利用对资金的需求量较大，但海洋产业的不动产较少，抵押物价值评估难度大，产业发展又具有周期长、风险大、收益不确定性等特点，并易受天气、水文等自然因素，国际贸易争端、国际汇率等市场因素，以及国际政治经济形势因素等影响，这不仅给银行的传统抵押融资模式带来挑战，也让金融机构在风险控制上变得更加谨慎。

第二，对海洋产业的金融支持配套举措不全面。海洋产业项目通常需要先进的技术支持和大量的资金投入，如深海资源开发、海洋能源利用等，这些产业的政策导向性较强，但目前国家财政资金相对分散、规模较小等特点也使资金聚合使用不足。同时，海洋产业的地域性特征明显，不同地区的发展状况和需求差异较大，但目前市场上针对海洋领域的风险分担、补偿机制并不健全，涉海金融机构提供的金融产品又创新欠缺，财政贴息和风险担保措施也有待加强。

第三，海洋产业的专业性强、技术门槛高，金融支持专业化水平亟须提升。航运融资业涉及航运市场、海事法律、行业监管、船舶资产评估、资产管理和运营、专业英文行业术语等多个领域，因此，涉海保险又在定价、估损以及理赔等方面对金融机构的综合专业化能力提出了更高的要求。但专业人才配给不足，又导致了海洋保险行业发展相对滞缓，尤其是针对海洋新兴产业。目前，涉海高新产业既面临着专利权、商标专用权以及股权质押的问题，又缺少相应的信贷资源。

（五）资源开发与环境保护矛盾凸显

发展海洋经济需要兼顾环境保护和生态可持续性，但部分领域粗放的开发方式让海洋资源环境压力较大。在产业发展上，传统渔业长期高强度捕捞开发导致生物资源衰退，渔获低值化问题突显；海洋资源的开采又与部分功能区划分重叠，造成部分水体污染，增加环境保护的潜在风险。在岸线问题上，一些海洋产业聚集区，特别是大城市岸线附近，各产业竞争性、粗放性的抢占行为普遍，生产、生活与生态空间缺乏协调，造成港城矛盾凸显、亲水空间缺乏、生态空间受损等一系列问题。同时，随着气候变化和海平面上升，沿海湿地和海洋保护区面积正日益萎缩，海岸侵蚀问题凸显，这可能对砂质岸线、盐沼、红树林和珊瑚礁等海岸带生态系统造成巨大破坏。加之地方性及区域性围填海、盗采海砂、人工岸线及其他工程性活动对海岸生态造成的不可修复性破坏，海洋环境承载力不断降低，尤其是近海地区，日趋逼近海洋生态红线。在制度规范上，海洋经济活动参与主体参差不齐，利益冲突频繁，环境监测和预警服务平台建设仍然落后，长期监测数据缺乏，生态环境保护的相关体制机制有待健全。

三、加快培育海洋经济成为新的增长点

我国正处于由海洋大国迈向海洋强国的关键时期，以习近平同志为核心的党中央从统筹中华民族伟大复兴战略全局和世界百年未有之大变局的高度，擘画建设海洋强国宏伟蓝图。新时期，我们必须坚定不移贯彻新发展理念，立足推进中国式现代化，深刻理解和把握新时代海洋强国建设的主攻方向，主动迎接新环境、新挑战，拿出务实举措推动海洋经济的高质量发展。

（一）构建现代海洋产业体系

构建现代海洋产业体系是推进发达的海洋经济的重要支撑。加强海洋产业规划和指导，优化海洋产业结构，培育壮大海洋战略性新兴产业，加速升级改造传统产业，着力构建创新驱动、绿色智能、协同

高效的现代海洋产业体系，是我国促进海洋经济提质增效的关键着力点。

1. 由分散布局向有序集聚转变

打造海洋产业集群是沿海省份充分发挥区域特色优势，构建现代海洋产业体系的重要抓手。针对部分区域集聚程度低、集而不群等问题，应依据各地的资源禀赋、环境容量和产业基础，在明确定位、取长补短、错位竞争的基础上，统一规划，引导具有密切经济技术联系的企业及相关机构在特定地理空间上形成集聚，并依据不同层级、不同规模、不同领域的海洋产业集群，建设梯次培育发展体系，以产生规模经济、范围经济和集群竞争优势。同时，鼓励开展跨区、跨国的产业合作。

2. 由要素驱动向创新驱动转变

国家"十四五"规划提出，要"围绕海洋工程、海洋资源、海洋环境等领域突破一批关键核心技术"，必须深刻把握现代产业体系的发展需求，以科技创新推动海洋产业创新。在资金支持上加大投入，鼓励海洋科技创新，加大对海洋新兴产业发展企业的引导和扶持力度。集中政策优势，统筹海洋科技资源，搭建公共服务平台，强化行业龙头与中小企业、国内企业与国外企业之间的科技创新合作交流，培育建设一批海洋技术创新平台，提高海洋研究成果的转化率，为海洋经济发展提供有力的科技支撑。同时，合理调整不同地区海洋经济的重点发展方向，科学促进地区产业链的上下延伸，按照供给侧结构性改革的总体要求，推动新型海洋产业智能化、绿色化、集约化发展。尤其要借助好数字经济发展的东风，以"互联网+"的思维，智能化改造提升海洋渔业、海洋盐业、海洋运输业等传统产业，战略化拓展海洋新能源、新材料、海洋生物医药等新兴产业的经济效益。

（二）统筹陆海协调发展格局

完善陆海统筹的规划体系，是我国优化功能布局，建立陆海资源、产业、空间互动协调发展新格局的坚实基础和制度保障。

1. 利用基础优势，以陆带海

海洋经济是陆域经济系统向海洋延伸的结果，海陆产业在再生产过程中存在着紧密的技术经济联系，发展海洋产业必须坚持海陆经济一体化原则。一般来说，海陆产业系统间具有基本对应性，并且通过海陆之间的产品、服务、技术等要素关联形成立体性、蛛网状海陆产业系统结构，呈现集群发展态势。但相比之下，陆域经济起步早、基础好，海洋经济则相对薄弱，产业结构和技术水平有待提升，这种天然差异性决定了陆域经济在技术、资金、信息等方面具有更多优势。因此，在统筹区域经济发展时，必须坚持以陆带海，让陆域经济的优势成为海洋经济的动力，提升海洋产业的全要素生产率，协调整体经济发展，优化地区产业结构。

2. 发挥新兴优势，以海促陆

沿海大型港口城市通常是带动地区经济增长的重要"极点"，要充分发挥其纽带作用，不断完善交通、通信等基础设施，促进产业链沿海岸线和交通干线迅速向海岸带和内陆腹地延伸，形成空间上的"双轴线"。随着海洋经济进一步发展，人流、物流、资金流、商品流和信息流不断向"轴线"集聚，各种生产要素频繁互动，沿海地区与内陆地区资源要素实现了高效整合，海洋产业链条向内陆腹地不断延伸，陆域经济因此被海洋经济所带动，各个关联性产业交错布局，最终实现海陆经济优势互补。我国目前的三大海洋经济圈，能进一步带动粤港澳大湾区建设、长江经济带开发、京津冀协同发展、东北老工业基地振兴等国家重大战略的推进。要进一步巩固圈内中心省份和全球海洋中心城市的先发优势，充分发挥其在产业转移、创新孵化、腹地经济、生态安全等方面的辐射带动作用，构建海陆一体新发展格局。

（三）保障"蓝色人才"专业供给

布局一批高能级海洋科研培育基地。针对高等院校，通过统筹涉海优势科研力量，明确涉海类"双一流"学科建设和海洋交叉学科建设范围，推进建成省级海洋科学学院、落地国家海洋重点实验室，建立健全海洋人才的梯队培育体系。对于已有海洋学科的重点院所，应积极引导鼓励其争创国家级创新基地，打造海洋经济新智库。

发挥一批高能级海洋创新企业作用。以涉海龙头企业为创新主体，辐射带动周边中小企业，充分发挥集聚集群效应，集成各种资源，加快实现产业共性技术的研发，推动重大科技成果应用落地。并依托企业创新平台和实施科技专项等方式，推进海洋技术人才的合理吸纳和流动。

建设一批高能级海洋科创战略平台。搭建多方参与、高水平的公共服务平台，同时为企业、科研院所等提供交流服务，孵化科创项目，开展对外交流。重点围绕深海材料、海洋新能源、海洋生物资源等领域，共享海洋监测、设施建设、海洋科学调查等数据，打通信息壁垒，提高海洋科研成果的转化效率，加快海洋科技成果产业化、项目化，构建起"产学研用"一体化的集群网络，抢占关键领域海洋科技创新制高点。同时，平台还应发挥推进海洋领域国际合作的功能，加强对外交流，有序推进重大海洋科技创新项目，并争取吸引培育一批世界级高层次海洋科学领军人才，提升国际协同合作能力。

（四）完善海洋产业融资举措

涉海金融是海洋经济发展的重要推力，同时具有优化资源配置、助力行业转型升级等多种功能。

1.强化政策支持

加快蓝色金融发展，离不开政策的强化支撑。在制度层面，完善和支持海洋经济发展。在前期调查、研判的基础上出台蓝色金融的政策指引，适当扩大支持海洋经济的信贷范围；针对涉海企业办理抵押贷款过程中抵押物价值评估难、权属实现难、风险管控难等问题，提出科学评估标准，明确使用权限范围，或考虑推出"海洋银行"品牌，全力服务海洋强国国家战略。在国家财政层面，充分发挥财政杠杆作用。借鉴新兴产业基金的运作模式，建立海洋产业基金，政府支持投入机动资金，通过产业投资基金、风险投资基金等形式，吸引更多社会资本进入海洋经济领域，推动海洋新兴产业的科技创新。

搭建蓝色金融平台，集聚涉海金融信息、资源，提升金融生态环境，提升服务的能力和水平。一是成立海洋经济金融的行业性组织。邀请银行、保险、投资、租赁等领域机构加入，加强与渔业互助协会、海洋商贸协会等机构的合作，打破信息不对称壁垒，引导金融资源要素有效配置。二是在区域层面上，利用区位优势，如大湾区金融优势、浦东金融优势，建立跨区域蓝色金融服务联盟，辐射区域周边海洋经济发展圈，加强沟通协作，深化金融合作机制。三是在国际层面上，依托亚洲基础设施投资银行、丝路基金等金融机构，提高国际合作频次，进一步发挥全球金融资本的撬动作用。

2.创新融资产品

优化现有金融产品，增加支持海洋新能源、海洋生物、海洋绿色石化等新技术产业的金融产品。一是创新担保业务。可适当拓展抵质押物范围，如将船坞、养殖用海经营权、海产品仓单等涉海资产作为抵押；对于涉海科技企业，可以推出专利权质押贷、碳排放权融资等新型金融产品，全面支持海洋新经济的发展。二是拓展金融融资服务形式。发挥金融租赁在产融结合、融资融物上的天然优势，提供船舶项目融资、经营性租赁、咨询等服务，拓展针对海洋产业的风险管理服务，包括风险评估、信用保险、环保评测等，帮助客户降低经营风险。

（五）推动海洋资源集约利用

海洋是支撑未来发展的资源宝库和战略空间，发展海洋经济必须注重海洋资源的开发利用和海洋环境的保护治理，健全海洋资源开发保护制度。

1.健全资源开发管理体系

当前，海洋资源面临供需矛盾和优化开发利用等问题，人民在生产生活过程中对海洋资源的要求更加宽泛也更加多元，必须统筹好、维护好，以更有力的措施提高海洋资源开发保护水平。在节约优先、保护优先、自然恢复优先的方针下，进一步优化海洋资源配置，做好资源开发利用总量、时序和结构的科学安排，健全海洋资源有偿使用制度、价格形成机制和收益分配制度，提升海洋资源利用效率和效益。在此基础上，可以继续鼓励发展海洋相关科技，增加技术研发投入，深耕关键领域，着力突破海洋核心装备和技术瓶颈，提高资源开发效率，提升资源运用能力。同时，健全海洋资源资产的监管体系，对于造成海岸线破坏、私占海域空间、无度开发海域造成环境破坏等不可持续的开发利用行为，予以适当的惩处，以完善的法规法制推进海洋经济的发展。

2.构建陆海环境保护协同机制

由于海洋辽阔的面积和复杂的生态系统，人为干预海洋生态相对困难。海岸带及近海区域是陆地与海洋之间的过渡带，生态系统丰富，容易受到气候变化和人类活动的影响，必须做好陆海统筹的环境保护，实行区域联动的综合治理，促进人与海洋的和谐发展。在明确陆域生态环境标准的基础上，严格控制陆域污染排放总量，划分海洋污染防治区，加强海洋生态环境的保护和督查。以"河海联动、一湾一策"的方针开展近岸海域污染防治和生态修复，推进重点海域的综合治理，构建海洋生态廊道和生物多样性保护网络，不断提升红树林等典型海洋生态系统的质量。另外，还要健全海洋生态预警监测系统，建立国家海洋立体观测网络，真正构建起从山顶到海洋的保护治理大格局。

第十三章
积极稳妥推进碳达峰碳中和

　　"碳达峰"是指在某一个时间点，二氧化碳的排放不再增长而是达到峰值，之后逐步回落。"碳中和"是指在一定时间内直接或间接产生的温室气体排放总量和通过一定途径吸收二氧化碳总量相等，实现二氧化碳"零排放"。2020 年 9 月 22 日，习近平总书记在第七十五届联合国大会一般性辩论上首次提出实现"碳达峰、碳中和"的目标："二氧化碳的碳排放力争于2030 年前达到峰值，努力争取到 2060 年前实现'碳中和'。"积极稳妥推进碳达峰碳中和，是推动我国经济社会绿色转型与高质量发展的必然要求，也是彰显我国主动承担国际减排责任的大国担当，是党中央深思熟虑后提出的科学的战略安排。新征程上，积极稳妥推进碳达峰碳中和，必须坚持和加强党的全面领导，必须把握推进碳达峰碳中和的重点工作，构建绿色低碳的产业体系，发展双碳领域的新质生产力，推动新时代中国经济高质量发展。

先立后破：走好中国经济稳定发展之路

　　积极稳妥推进碳达峰碳中和，是我国在新发展阶段寻求包容性增长、推动高质量发展和实现人与自然和谐共生的现代化的必由之路，是我们对国际社会的庄严承诺，也是推动经济结构转型升级、形成绿色低碳产业竞争优势，实现高质量发展的内在要求。① 党的二十大报告明确提出，积极稳妥推进碳达峰碳中和。2024 年《政府工作报告》把"加强生态文明建设，推进绿色低碳发展"列为 2024 年经济社会发展的十大重点任务之一，并明确提出"积极稳妥推进碳达峰碳中和。"碳达峰碳中和是推进中国式现代化的必然要求，是以习近平同志为核心的党中央坚持以人民为中心、破解资源环境约束突出问题、实现人与自然和谐共生的现代化所作出的战略部署。

一、碳达峰碳中和的政策体系逐步成型

　　2023 年中央经济工作会议提出，深入推进生态文明建设和绿色低碳发展，积极稳妥推进碳达峰碳中和。2024 年 4 月 29 日，碳达峰碳中和绿色发展论坛以"落实'双碳'行动，建设美丽中国"为主题，为加快推动发展方式绿色低碳转型、以高品质生态环境支撑高质量发展，凝聚共识合力、营造良好氛围。以习近平同志为核心的党中央从党和国家事业发展全局出发，对推进碳达峰碳中和作出一系列战略部署。

---

　　① 国务院研究室编写组：《十四届全国人大二次会议〈政府工作报告〉辅导读本》，人民出版社 2024 年版，第 332 页。

（一）我国碳减排政策的发展演变

中国共产党一直心系国家和人民的根本利益，在不同历史时期审时度势、创造性地提出推进生态建设与绿色发展的战略决策，从顶层设计到具体安排，从时间表到路线图，逐步绘就实现碳达峰碳中和的蓝图。

从"八五"计划开始到"十一五"规划，每一次国民经济和社会发展五年规划都明确提出了控制温室气体排放的目标要求。"十二五"规划提出，健全节能减排激励约束机制，健全节能减排法律法规和标准，强化节能减排目标责任考核；坚持减缓和适应气候变化并重，提高应对气候变化能力，综合运用调整产业结构和能源结构、节约能源和提高能效、增加森林碳汇等多种手段，大幅度降低能源消耗强度和二氧化碳排放强度，有效控制温室气体排放。同时还提出要"探索建立低碳产品标准、标识和认证制度，建立完善温室气体排放统计核算制度，逐步建立碳排放交易市场"。"十三五"规划强调，有效控制碳排放总量，减少主要污染物排放总量，推动低碳循环发展；推进能源革命，提高非化石能源比重，推动煤炭等化石能源清洁高效利用；推行节能低碳电力调度，推进交通运输低碳发展；提高建筑节能标准，推广绿色建筑和建材；主动控制碳排放，加强高能耗行业能耗管控，有效控制电力、钢铁、建材、化工等重点行业碳排放；支持优化开发区域率先实现碳排放峰值目标，实施近零碳排放区示范工程。

"十四五"是碳达峰的关键期、窗口期。《"十四五"规划和2035年远景目标纲要》明确指出，要加快推动绿色低碳发展，强化绿色发展的法律和政策保障；发展绿色金融，支持绿色技术创新；推进清洁生产，发展环保产业，推进重点行业和重要领域绿色化改造；推动能源清洁低碳安全高效利用，发展绿色建筑；降低碳排放强度，支持有条件的地方率先达到碳排放峰值；制订《2030 年前碳达峰行动方案》（本章简称《方案》），积极参与和引领应对气候变化等生态环保国际合作。

（二）构建碳达峰碳中和的"1+N"政策体系

自提出碳达峰碳中和目标以来，我国已经成立了中央层面的碳达峰碳中和工作领导小组，构建起"1+N"政策体系，完成了碳达峰碳中和顶层设计，积极稳妥推进碳达峰碳中和工作扎实有序推进。

"1"是中国实现碳达峰碳中和的指导思想（即习近平总书记关于碳达峰碳中和的重要论述）和顶层设计，具体政策文件包括：《中共中央　国务院关于完整准确全面贯彻新发展理念做好碳达峰碳中和工作的意见》（本章简称《意见》），是新发展理念指导下做好碳达峰碳中和工作的系统部署，是管总管长远的纲领性文件；《2030 年前碳达峰行动方案》，聚焦"十四五"和"十五五"两个关键五年，明确各地区、各领域、各行业推进碳达峰具体任务部署；《国家适应气候变化战略2035》，对当前至 2035 年适应气候变化工作作出统筹谋划部署；《减污降碳协同增效实施方案》，对推动减污降碳协同增效作出系统部署。其中，《意见》《方案》是双碳的顶层设计文件，管总管长远，贯穿碳达峰、碳中和两个阶段。[①]"N"是重点领域、重点行业实施方案及相关支撑保障方案，包括能源绿色转型行动、工业领域碳达峰行动、交通运输绿色低碳行动、循环经济降碳行动等。总体上我国已构建起目标明确、分工合理、措施有力、衔接有序的碳达峰碳中和政策体系。

---

① 《积极稳妥推进碳达峰碳中和》，《人民日报》2023 年 4 月 6 日。

（三）碳达峰碳中和的重点领域相关政策要求

1.能源结构

推动能源革命，加快构建以新能源为主体的新型电力系统，推进工业电动交通和提高能源利用效率。优化能源结构，"十四五"时期严控煤炭消费增长，"十五五"时期逐步减少，控制和减少煤炭等化石能源。合理调控油气消费，有序引导天然气消费。安全高效发展核电，因地制宜发展水电，大力发展风电、太阳能、生物质能、海洋能、地热能，发展绿色氢能。

2.推动产业和工业优化升级

坚决遏制高耗能、高排放行业盲目发展，推动能源、钢铁等传统产业优化升级。发展新一代信息技术、高端装备、新材料、生物、新能源、节能环保等战略性新兴产业，发展智能制造与工业互联网，努力构建高效、清洁、低碳、循环绿色制造体系。

3.推进节能低碳建筑和低碳基础设施

推进既有居住建筑节能更新改造，持续提高新建建筑节能标准，优化新建建筑节能降碳设计。加快发展超低能耗、净零能耗、低碳建筑，鼓励发展装配式建筑和绿色建材，在基础设施建设运行管理的各个环节，落实绿色低碳理念，建设低碳智慧型城市和绿色乡村。

4.构建绿色低碳交通运输体系

优化运输结构，提高铁路、水运、海运、航空等低碳运输方式比重，建设绿色机场和绿色港口。推动公共交通优先发展，发展电动氢燃料电池等清洁零排放汽车，建设加氢站、换电站、充电站。

5.发展循环经济

提高资源能源利用效率，从源头上实现经济社会发展与污染排放脱钩，减缓气候变化。加强相关领域的立法，坚持生产责任延伸制度，推动静脉产业、动脉产业的发展，鼓励推广再制造，形成循环耦合、协调发展的有机统一。推进产业园区循环化发展，促进企业实施清洁生产改造。提高矿产资源综合利用水平，推动建筑垃圾资源化利用。

6. 推动绿色低碳技术创新

研究发展可再生能源、智能电网、储能、绿色氢能、电动和氢燃料汽车、碳捕集利用和封存、资源循环利用链接技术等成本低、效益高、减排效果明显、安全可靠、具有推广前景的低碳、零碳和负碳技术。

7. 发展绿色金融

扩大资金支持和投资，建立健全有利于绿色低碳发展的财政投入体系，加大公共资金支持力度，发挥公共资金引导与杠杆作用，鼓励吸引社会资本参与绿色投资，设立相关产业投资基金。建立完善绿色金融体系，支持金融机构发行绿色债券、创新绿色金融产品和服务，积极推进绿色"一带一路"建设。

8. 出台配套经济政策和改革措施

完善财政、税收、价格等鼓励性经济政策，明确鼓励什么、限制什么，引导资金、技术流向绿色、低碳领域。加快应对气候变化立法，健全生态环境、清洁能源、循环经济等方面的法律法规和标准。深化电力体制改革，完善电价形成机制以及差别化用能价格政策。

9. 建立完善碳交易市场和碳定价机制

2021 年 7 月，全国碳市场上线交易正式启动，发电行业成为首个纳入全国碳市场的行业，下一步还将稳步扩大行业覆盖范围，丰富交易品种和交易方式，以市场机制控制和减少温室气体排放，以尽可能低的成本实现全社会减排目标。推动绿色低碳发展，设立支持碳减排货币政策工具，以稳步有序、精准直达方式，支持清洁能源、节能环保、碳减排技术的发展，并撬动更多社会资金促进碳减排。

10. 实施基于自然的解决方案

基于自然的解决方案既有助于增加碳汇控制温室气体排放，也有助于提高适应气候变化的能力，保护生物多样性。不断强化森林、草原、湿地、沙地、冻土等生态系统保护，科学划定并严守生态保护红线，实施重大生态修复工程，持续推进大规模国土绿化。加强农田管理，发展生态绿色农业，提高气候适应能力，保障粮食安全。发展"蓝碳"，保护和修复海岸带生态系统，提升红树林、海草床、盐沼等海岸蓝碳生态系统的固碳能力。积极推动该领域的行动与合作，与联合国及有关国家继续推动相关领域国际合作的倡议。

11. 实现资源依赖向创新驱动发展转型

制定国家低碳科技发展战略，以数字经济推动绿色低碳发展，促使经济发展从高碳排放、高能耗强度、要素投入驱动型的发展方式向低碳零碳排放、低能耗强度、创新驱动的发展方式转变，推动技术和产业升级，推动实现零碳经济。以科技为重要支撑，加强核能技术创新与安全保障，加大清洁能源地质勘探力度，发展太阳能、风能、水能、氢能、地热高效利用技术。

二、积极稳妥推进碳达峰碳中和的重点工作

我国向世界作出庄严承诺，力争于 2030 年前碳排放达到峰值，争取到 2060 年前实现"碳中和"，兑现这项承诺时间紧、任务重。在 30 年内从碳达峰到实现碳中和，我国不仅要严格控制达峰时的二氧

化碳排放总量，还要在达峰后尽快实现碳排放的持续下降，所面临的能源和产业转型任务更加艰巨。

（一）构建绿色低碳的产业体系

当前，我国产业结构一直在调整，但问题依旧存在，结构性污染问题依然突出。全国各地为实现碳达峰碳中和目标积极采取行动的同时，也暴露出高耗能、高排放（以下简称"两高"）项目盲目扩张的问题。一些地方"两高"项目上马冲动、管控不严，去产能工作不严不实，借碳达峰来"攀高峰、冲高峰"，发展高耗能产业的冲动强烈，严重影响了碳达峰目标的实现和区域环境质量的改善。

要坚决遏制"两高"项目盲目发展，推动绿色转型实现积极发展。"十四五"时期是实现 2030 年前二氧化碳排放达峰目标、持续改善环境质量的关键时期，要把实现减污降碳协同增效作为促进经济社会发展全面绿色转型的总抓手，不符合要求的"两高"项目要坚决拿下来。严格控制"两高"项目盲目发展是实现碳达峰碳中和目标的必然要求，也是推动绿色转型低碳发展的必由之路。如果任由"两高"项目盲目发展，将会直接影响产业结构优化升级和能源结构调整，直接影响碳达峰碳中和目标的如期实现。

1.正确处理好"增量和存量"的关系

我国工业二氧化碳排放量占全国总排放量的 80% 左右，火电、钢铁、水泥、有色、石化、化工、煤化工等重点行业又占其中的 80% 以上，遏制火电、钢铁等重点行业盲目发展，解决存量行业减污降碳需求，是确保全国在 2030 年前实现碳达峰目标的关键。[①] 一方面，

---

① 党春阁：《推动重点行业审核创新和清洁低碳改造 支撑减污降碳协同增效》，2021 年 12 月 4 日，见 https://www.ndrc.gov.cn/xwdt/ztzl/qjsctx/zcjd2/202112/t20211204_1306896.html。

上述"两高"行业确实单体能耗高、碳排放量大，但又都是不可或缺的重要基础产业，而新上项目的技术工艺往往处于本行业先进水平，如果把"降耗减碳"的发力点大部分放在控制增量上，实质上是保护"落后"生产力，一定程度阻碍了生产力发展。另一方面，现有存量"两高"项目以及其他行业，点多面广且有很大的技术进步空间，更应作为"降耗减碳"的重点，以腾出发展空间给新项目、好项目，进而推动全产业提质增效。因此，总体上既要控"增量"，更要减"存量"，同时区别对待整体行业和个体项目；在当前有序控制增量的同时，更要加快存量改造升级，把握窗口时间、争取发展空间。

2. 交易时突出企业主体和低碳导向

对"两高"项目实行碳排放权总量控制、存量交易和区域调控等措施，并对重点行业实行"只出不进"，防止出现区域和企业"越有钱越能买到排放权"的情况，促进产业布局优化、加快结构调整。进一步扩大交易行业范围，实现"两高"项目全覆盖，并允许跨区域、跨行业流转，防止交易碎片化。

3. 健全碳配额管理机制

改革当前按照"自下而上"方法，即由地方逐级核算重点排放单位配额数量，加总形成行政区域配额总量基数的方式，以碳排放监测统计核算体系为依托，以碳达峰碳中和总体目标为依据，全面摸清全国碳排放现状和控制目标。由国家层面统一分解下达各省份碳配额总量，同步建立"两高"项目等各类重点碳排放行业全口径管理台账，有的放矢精准管理，"由上而下"推进碳减排工作，增强碳配额管理体系对碳减排的刚性约束力。

4. 优化资金投入机制

针对碳达峰过程中，因限制"两高"项目而造成的地方财政收入减少等情况，通过加大财政转移支付、生态补偿等方式，尽可能减少同失去发展机会成本的差距。同时，分阶段、渐进式征收碳税，加强碳税与碳排放权交易市场联动。税率参照碳市场价格分档确定，对碳税收入实行专款专用，专门用于低碳科技发展与项目投资建设；辅以节能降碳、资源综合利用等税收优惠政策，更好发挥税收对市场主体绿色低碳发展的促进作用。

5.推动传统产业全面绿色转型

作为中国国民经济的主导产业，推动工业绿色低碳循环发展是实现碳达峰碳中和目标的本质要求，也是解决中国资源环境生态问题的基础之策。要依靠经济社会发展全面绿色转型，下大气力推动钢铁、有色、石化、化工、建材等传统产业优化升级，调整传统工业行业结构，严格能源消耗总量和强度"双控"，加快工业领域低碳工艺革新和数字化转型。

6.推动高耗能行业产量尽快达峰

为贯彻落实新发展理念，推动构建"双循环"发展新格局，严控高耗能行业新增产能，落实推进钢铁、石化、化工等传统的高耗能行业的绿色化改造，加快高耗能行业的转型升级。同时，随着全球的低碳转型，中国高耗能产品出口面临碳关税征收导致竞争力不足的问题，需要建立绿色贸易体系，大力发展高质量、高附加值的绿色产品贸易，从严控制高污染、高耗能产品出口，推动国际贸易高端化发展，实现国内国际双循环相互促进。尽快制定电力、钢铁、水泥、有色、石化、煤化工等重点行业碳达峰行动方案和路线图，明确行业达峰时间和达峰排放量，制定相关配套政策工具和手段措施，推动重点行业碳排放尽早达峰。在电力、钢铁、水泥等高碳排放行业开展碳排放总量控制，在排污许可证制度基础上探索试点碳排放许可制度。

7.统筹低碳转型与工业化、城镇化进程

一方面，抓住中国正逐步从工业化中期向后期转变过程中生产要素组合方式和增长动能发生重大变化的机遇，推动经济绿色低碳转型，走好新型工业化道路。另一方面，要抓住产业发展推动和消费升级推动城镇化加速的新机遇，完善绿色基础设施建设，同步加大对居民节约绿色消费习惯的培养和引导，推动全社会绿色低碳转型，加快城镇化进程。

8.出台支持政策和保障机制

在促进工业低碳转型中，发达国家普遍采用财税激励手段确保制造业稳定发展。美国通过减税的方式以鼓励企业进行节能和绿色低碳发展；日本对于采购节能低碳设备的企业给予税收减免，并对节能改造项目予以财政补助，同时安排专项资金支持节能技术的研发；德国为保障制造业比重稳定，赋予制造业比民生领域更低的用能成本。借鉴发达国家对制造业低碳绿色发展转型的相关做法，中国可以根据不同行业的用能成本负担，适时出台税收抵免等优惠政策。同时，要重视完善就业保障和财政转移机制，对重点区域和行业进行补贴，推进制造业绿色转型、可持续发展。

全面建成社会主义现代化强国，总的战略安排是分两步走：到2035年基本实现社会主义现代化，到21世纪中叶，建成富强民主文明和谐美丽的社会主义现代化强国，战略安排客观要求我国经济维持年均5%左右的GDP增长速度。努力保持制造业比重基本稳定，对于我国构建新发展格局、实现高质量发展、推动经济行稳致远无疑具有重大的战略意义。按照碳达峰碳中和目标，我国力争于2030年前实现碳达峰，2060年前实现碳中和。因此，要兼顾"经济持续增长""制造业占比稳定""实现碳达峰碳中和目标"三者，在考虑这三个变量的生产函数中求最优解，需要多目标平衡。2020 年，我国 GDP 约 100 万亿元，其中制造业占比约 27%。从经济增长的视角来看，2035 年 GDP 要翻一倍，增加到约 200 万亿元，如果保持制造业占比基本稳定的情况下同时实现 2030 年前碳达峰目标，届时将新增 27 万亿元制造业增加值。我国经济发展目标与实际情况客观要求制造业实现根本变革，即由低碳排放甚至"零碳"排放、"升维"后的高附加值来创造未来制造业增加值。

（二）发展双碳领域的新质生产力

要紧紧抓住新一轮科技革命和产业变革的机遇，发展新一代信息技术、高端装备、新材料、生物、新能源、节能环保等战略性新兴产业，发展智能制造与工业互联网，努力构建高效、清洁、低碳、循环的绿色制造体系。支持低碳发展创新可以在国际竞争中保持主动性，未来中国能否在低碳领域处于世界发展前列，很大程度上取决于能否大力推进新质生产力发展。

化石能源一直以来都是我国能源提供的基石，无法在短期内全面被替代，因此，在全面考虑资源禀赋、经济发展等要素的基础上，逐步实现以新能源为基础的低碳化发展模式，是符合我国当前基本国情、基本能情的必然选择。

随着低碳技术的创新和成果转化，碳达峰碳中和目标将在未来催生百万亿数量级的绿色低碳产业和市场，带来广阔投资机会。既有传统制造业高端化、智能化、绿色化改造机会，又有培育战略性新兴产业、发展新业态新模式的机会，相应新材料、新技术、新工艺、新装备的发展潜力巨大，需要进行长期大规模的绿色投资。特别是在许多赛道将出现"换道超车"的难得机会，有利于不断推动制造强国建设取得新进展、实现新突破。截至 2023 年底，我国新能源汽车保有量达 2041 万辆，占汽车保有量比重为 6.1%。[①] 如果这个比例提高到 30% 甚至 50%，新能源汽车将成为巨大的增长点。

1. 氢能

氢能，就是燃烧氢所获取的能量。氢能具有如下优点：第一，氢能的燃烧热值高，每千克氢燃烧后的热量约是汽油的 3 倍、焦炭的 4.5 倍、酒精的 3.9 倍。且氢气在所有气体中是导热性最好的，因此氢能成为能源工业中极好的传热载体；第二，氢本身无毒、无污染性，燃烧后生成水，因此，氢能源被称为世界上最干净的能源；第三，氢资源丰富，可以由水制取，而水是地球上最为丰富的资源；第四，氢可以以气态、液态或固态的金属氢化物出现，能适应贮运及各种应用环境的不同要求。因此，它很有可能在 21 世纪世界能源舞台上成为举足轻重的二次能源。

2. 太阳能

太阳能具有清洁、可再生的特点，利用太阳能供热和发电的潜力早已得到充分认证。我国绝大多数地区太阳能辐射资源分布广泛，太阳能资源很丰富的地区（年辐射总量达到每平方米 1400 千瓦时以上）约占国土面积的三分之二，非常适合光伏设备的装置与运行，可以加强太阳能开发投入，有效利用光伏能源，促进能源的多样化和清洁化。作为广泛利用的新型清洁能源之一，太阳能有如下特征：第一，广泛分布，一定程度上转换之后即可就地使用，不像化石能源需要运输成本；第二，利用经济可行性良好、资源免费、无污染、用之不竭，相对传统能源竞争优势明显，部分太阳能设备一次性安装完成

---

① 申佳平：《国家发改委：我国新能源汽车产销连续 9 年位居全球第一》，2024 年 1 月 18 日，见 http://finance.people.com.cn/n1/2024/0118/c1004-40161886.html。

之后几乎没有运行成本（如：太阳灶）。近年来，我国光伏制造技术获得了重大突破、快速迭代，量产单晶硅、多晶硅电池平均转换效率不断提高，分别达到 22.8% 和 20.8%，已领先全球；[①] 与此同时，成本同步降低，光伏电池组件成本下降超过 90%，2021 年我国占据全球市场份额超过 70%。

3. 风能

风能是自然界的动能，现代的风力发电技术将动能转换为电能，是风能最有效的利用形式之一，对能源发展、结构改革和节能减排作出了重大贡献。我国风能资源丰富，包括陆地风能和海洋风能两类，风能利用及资源评估主要还是集中于陆域。风能资源特点与太阳能资源相似：蕴藏量丰富、分布广泛，可以就近利用，没有运输成本。风能的利用具有良好的经济可行性，随着风能利用技术的不断发展，其相对传统能源的竞争优势也在不断提高。

4. 水力

我国水力资源丰富，根据 2023 年水利部公布的《2022 年水资源公报》显示，2022 年，全国水资源总量 27088.1 亿立方米，比多年平均偏少 1.9%。我国河流众多，地形和降雨量等差异导致水资源分布极不均衡。总体上西多东少，西南地区河流水量丰富、落差集中，是中国水电资源最丰富的地区，水力资源技术可开发量最为丰富，占全国总量的 72.85%，而经济发达、能源需求量大的东部地区水力资源量极小。分省而言，我国水力资源技术可开发量最为丰富的省份依次为四川、西藏、云南、湖北。目前水力资源的主要利用方式是用水动能发电，近 10 年，我国水电设备利用小时数提高，市场消纳情况向好。

---

① 邱丽静：《发挥科技创新第一动力作用——能源发展成就报告之能源科技篇》，2022 年 11 月 11 日，见 https://new.qq.com/rain/a/20221111A07A1W00。

5. 生物质能

生物质能是自然界中植物提供的能量，通过植物光合作用，将太阳能储存在生物质之中。生物质能是利用历史最为久远的能源，最初的利用方式为直接燃烧。生物质能的来源有两大类，一是植物燃料，包括柴草、树叶、作物秸秆；二是动物粪便，部分农业废弃物、林业剩余物、家庭生活垃圾、人畜粪便等有机废弃物以及工业及城市有机废弃物也被用作燃料。据测算，2021 年，全国农作物秸秆利用量为 6.47 亿吨，综合利用率达 88.1%。我国每年秸秆理论产生量在 10 亿吨左右，其中还田利用量近 4 亿吨，是秸秆利用的主要方向。生物质能的另外一个方向是综合利用畜禽污生物资源，截至 2020 年 6 月底，我国畜禽粪污综合利用率达到 75%，规模养殖场粪污处理设施装备配套率达到 93%，畜禽粪污资源化利用的步伐明显加快，有力促进了畜牧业生产与环境保护的协调发展。但由于缺乏统一规范要求，各地在推进畜禽粪污资源化利用过程中执行标准不一，资源化利用不当而导致环境污染的现象时有发生。

6. 核能

核能作为一种清洁能源，在降低煤炭消费、有效减少温室气体排放、缓解能源输送压力等方面具有独特的优势和发展潜力，是实现碳达峰碳中和目标的重要能源组成。根据《经济参考报》报道，2023 年，中国核电机组发电量为 4334 亿千瓦时，位居全球第二，占全国发电量的 4.86%，年度等效减排二氧化碳约 3.4 亿吨。2021 年 8 月 31 日，国家能源局研究制定了《国家能源局贯彻落实中央生态环境保护督察报告反馈问题整改方案》，其中提出：切实做好核电厂址保护，在确保安全的前提下积极有序推进沿海核电建设。未来几年内，中国核能的核心任务是沿小型反应堆、可控核聚变和低能核聚变 3 个方向的多条技术路线加快技术突破和商业化。为进入核能时代做准备的同时，时刻记住日本福岛核事故教训，在安全、技术、管理方面严格把关，保证核能的安全、高效供给。除此之外，培养备灾管理能力，做好风险对冲和能源储备设计。

第十四章
发展银发经济

　　银发经济是向老年人提供产品或服务，以及为老龄阶段做准备等一系列经济活动的总和。"十四五"规划和 2035 年远景目标纲要明确提出，"发展银发经济，开发适老化技术和产品，培育智慧养老等新业态。"发展银发经济，一方面，是应对人口老龄化、实现人民对美好生活向往的必然要求。另一方面，人口老龄化也蕴含着发展新空间，面向老年人及家庭的银发经济，有望成为推动国内经济高质量发展的新支柱。要以养老服务质量提升、增加养老产品有效供给开拓广阔的市场空间，要做强养老金融业务推动银发经济高质量发展，增加银发经济人才供给，发展银发经济的新质生产力，为迎接我国人口老龄化带来的挑战积蓄力量，推动我国经济高质量发展。

发展银发经济，满足老年群体多方面需求，妥善解决人口老龄化带来的社会问题，事关国家发展全局，事关人民福祉。2021 年 12 月国务院印发《"十四五"国家老龄事业发展和养老服务体系规划》，首次专章提出要"大力发展银发经济"。2023 年中央经济工作会议将发展银发经济作为 2024 年重要工作之一："加快完善生育支持政策体系，发展银发经济，推动人口高质量发展"。党的二十届三中全会进一步明确指出，积极应对人口老龄化，完善发展养老事业和养老产业政策机制。发展银发经济，创造适合老年人的多样化、个性化就业岗位。[1] 这是积极应对人口老龄化、培育经济发展新动能、发展新质生产力、推动人口高质量发展的战略举措。

一、把握发展银发经济的实际情况

银发经济一词来源于 20 世纪 70 年代的日本，最初是指为老年人提供的产品和服务。[2]2024 年 1 月，国务院发布了《关于发展银发经济增进老年人福祉的意见》，首次界定了银发经济的内涵和外延，"银发经济是向老年人提供产品或服务，以及为老龄阶段做准备等一系列经济活动的总和"。具体而言，银发经济包含"老年阶段的老龄经济"和"未老阶段的备老经济"，体现了政策的前瞻性和系统性。

按照国家统计局公布的数据，2023 年底，我国 60 岁及以上人口数量达 2.97 亿，占全国人口的 21.1%，65 岁及以上人口数量达 2.17 亿，

---

① 《中共中央关于进一步全面深化改革　推进中国式现代化的决定》，人民出版社 2024 年版，第 38 页。

② 彭希哲、陈倩：《中国银发经济刍议》，《社会保障评论》2022 年第 4 期。

占比达 15.4%。根据联合国关于老龄化的划分标准，60 岁以上人口占总人口比重超过 20% 或 65 岁以上人口比重超过 14%，则认为该国进入"老龄"社会，也可以说是"中度老龄化"社会。按照该标准，我国已正式步入中度老龄社会。根据测算，我国将在 2035 年进入重度老龄化社会，届时 60 岁及以上的老年人口预计将超过 4 亿，在总人口中的占比将超过 30%。人的生命要经过出生、发育、成熟、衰老、死亡等不可逆的阶段，整个过程是连续的、动态积累的，老年人面临的诸多问题，在很大程度上是中年时财富与健康管理、青年时教育培训与就业甚至少儿时营养与健康等不全面发展所造成的多种问题的延续；老年人的当下需求，将是年轻人的未来需要。

我国 46—50 岁的人口有 1.14 亿，51—55 岁的人口有 1.21 亿，56—60 岁的人口有 1 亿，也就是说，我国有超过 3 亿多人处于"备老"阶段。国家把"备老经济"纳入银发经济，提早做好变老准备，其目的就是要更加积极地应对老龄化，在应对老龄化各种挑战的同时推动经济社会高质量发展，创造更多物质和技术基础，增强老百姓的获得感和幸福感。在未老阶段进行物质和财富储备、健康管理，在老年阶段才能更好实现老有所养、老有所为、老有所乐。比如，推动老年人的健康长寿，要着眼于生命全周期健康，将健康管理前移到中青年阶段，为步入老年阶段后获得健康幸福的晚年奠定良好基础。又如，从中青年阶段起就更好地规划财富储备，通过发展多层次的养老保障体系，做好养老金融这篇大文章，不断夯实老年阶段的收入保障。①

银发经济具有明显的公共产品的属性，政府在制度建设和财政支持等方面具有不可或缺的责任。同时也要充分发挥市场作用，调动市

---

① 《老年人的当下需求将是年轻人的未来需要》，中国政府网 2024 年 1 月 22 日，见 https://www.gov.cn/xinwen/jdzc/202401/content_6927573.htm。

场各类主体积极性，激发创新创造活力，推动银发经济高质量发展。银发经济的制度安排和政策设计，如教育、医疗、就业、社会保障、住房、休闲娱乐、体育健身、老龄产品等，都需要多个部门甚至多代人的通力合作，需要增强各类发展战略、各类政策的整体性、协同性和融合性。因此，《关于发展银发经济增进老年人福祉的意见》指出，发展银发经济，要以习近平新时代中国特色社会主义思想为指导，深入贯彻党的二十大精神，立足新发展阶段，完整、准确、全面贯彻新发展理念，加快构建新发展格局，着力推动高质量发展，坚持以人民为中心的发展思想，实施积极应对人口老龄化国家战略，坚持尽力而为、量力而行，推动有效市场和有为政府更好结合，促进事业产业协同，加快银发经济规模化、标准化、集群化、品牌化发展，培育高精尖产品和高品质服务模式，让老年人共享发展成果、安享幸福晚年，不断实现人民对美好生活的向往。

二、发展银发经济的重大意义

人口规模巨大的现代化、全体人民共同富裕的现代化都是中国式现代化的特色。人口老龄化是人类进步的标志，是经济发展、科技进步、医疗卫生条件改善的成果。因此，人口老龄化带给我们的不仅仅是挑战，更是发展机遇。近年来，我国高度重视老龄化问题，出台了一系列政策措施，为银发经济的发展提供了有力保障。

（一）积极应对人口老龄化，促进社会和谐

2023 年春节前夕，习近平总书记通过视频连线慰问基层干部群

众时指出，"一个社会幸福不幸福，很重要的是看老年人幸福不幸福。"要坚持以人民为中心的发展思想，实施积极应对人口老龄化国家战略，让老年人同享改革发展成果。

发展银发经济有助于提高老年人的生活质量，满足他们对美好生活的向往，同时也有利于缓解老龄化社会带来的养老压力，促进代际和谐，构建老年友好型社会。在以人民为中心的发展思想指导下，银发经济将关注并服务于老年群体的需求，通过提供更好的养老服务、产品和环境，提升老年人的生活质量，保障老年人的权益，这也是实现社会公平正义和共享发展成果的重要体现。在实践中，以人民为中心的发展思想会指导我们在发展银发经济时注重普惠性和包容性，确保老龄人口享受到经济社会发展的红利。

发展银发经济，就是要确保老年人享受更多经济社会发展成果，过上幸福的晚年生活，同时为经济社会更高质量发展提供动力源泉。完善社会保障体系，尤其是养老保障体系，为老年人提供稳定的生活保障。加强老年健康服务，建立全方位、全周期的健康服务体系，满足老年人的医疗和健康需求，延长健康预期寿命。促进老年人社会参与，支持他们在教育、文化、体育等多领域发挥作用，实现老有所为，共享社会发展成果。构建老年友好型社会，推进老年友好型社区和城市建设，实施"智慧助老"行动，解决老年人在日常生活中遇到的实际困难，提升其生活质量。在制度设计、立法进程、资源整合等方面，均强调要以满足老年人的需求为导向，保障其权益，改善其生活质量，真正做到从老年人的根本利益出发，落实以人民为中心的发展思想。

（二）激发市场活力，推动形成高质量发展新动能

当前我国经济有效需求不足，必须把坚持高质量发展作为新时代的硬道理，发挥超大市场规模和强大生产力优势，推动经济实现质的有效提升和量的合理增长。老龄化在改变劳动力供给结构、消费需求结构、投资需求结构的同时，将推动健康产业、养老产业以及包括养老金融在内的相关服务业的发展和新业态的形成；在积极应对人口老龄化的过程中会提供更多的科技创新应用场景，进而推动产业转型升级，形成新质生产力。同时，虽然人口老龄化和少子化会造成整体劳动力供给的减少，但会引发二次就业、终身学习等推动经济发展的新动力。

1.推动产业结构优化和产业链升级

银发经济涉及养老服务业、老年医疗保健业、老年金融保险业、老年旅游休闲业、老年教育文化业等多个领域，能够有效带动相关产业的发展，各产业之间的深度融合将为银发经济提供广阔的发展空间，创造新的经济增长点，推动产业结构优化和产业链升级。银发经济发展也对科技创新提出更高要求和更多需求。随着科技的不断发展，大数据、物联网、人工智能等新兴技术在银发经济中的应用前景更加广阔，包括智能养老设备的研发、大数据在养老服务中的应用、远程医疗技术的推广等，为老年人提供更加优质的产品和服务。2019年12月，工业和信息化部等五部门联合印发的《关于促进老年用品产业发展的指导意见》明确提出，到2025年老年用品产业总体规模超过5万亿元。截至2024年1月17日，我国银发经济规模约为7万亿元，占GDP的比重约为6%。预计到2035年，我国的银发经济规模将达到30万亿元左右。根据国家社科基金《养老消费与养老产业

发展研究》课题组的测算，预计到 2050 年我国老年用品市场规模将达 100 万亿元，占国内生产总值的 33%。

2. 开拓新的消费市场

消费是经济发展的重要动力，不同年龄阶段的消费态度和结构不同。随着生活水平的提高，老年人对生活品质的需求日益增长，消费观念不断升级，发展银发经济可以满足老年人多样化、个性化的需求，开拓新的消费市场。老年人消费需求结构与年轻人消费需求结构存在很大差异：一是老年人对工业制成品，比如电视、冰箱、汽车、电子消费类产品以及住房等的消费需求大幅度减少。二是老年人由于身体原因，是生活性服务的高消费人群，对照料、护理、保健、文化等方面的服务即银发经济需求大幅度增加。随着我国人口老龄化不断加深，消费需求将从第二产业向第三产业转移，促进第三产业的发展，尤其是推动老年医疗保健业、老年家庭服务业、老年娱乐业、社区服务业的发展。这些产业多数是劳动密集型产业，能够创造大量的就业岗位和机会。例如，如果按照护理人员与失能、半失能老人 1:3 的配比，我国将需要 1000 万护理员，加上社区上门服务、家政服务等人员需求，银发经济促进就业的空间更大。

随着经济社会的发展，人民生活水平的提高和预期健康寿命的延长，老年人的需求已经越来越多样化，消费结构和方式也日趋多元化，正从传统的"衣、食、住、用、行"等消费向医疗保健、康复护理、旅游休闲等服务消费不断拓展。老年人多元化、差异化、个性化的需求，正变得越来越旺盛和迫切，这其中蕴含着巨大的发展机遇。目前，我国即将进入老年期的人口多数出生于 20 世纪 60 年代，这部分老年人的教育程度与收入水平相对提高，对生活品质有更高追求。他们不仅有传统意义上的照护服务需求，更有着范围更大、层次更高的各类需求，包括健康管理、文化娱乐、休闲旅游、教育培训、适老产品等方面多元化、个性化的需求，并且消费需求与消费意愿都较之前的老年人有明显提升。[①] 一方面，预期寿命的提升、更好的健康水平让老年人可消费的商品及服务更加多样；另一方面，老年人购买力的增加使得老年人购买商品及服务的能力提升，有效需求有所扩大。健康预期寿命提升，养老潜在需求逐渐多样。

（三）传承优秀传统文化，提升国家软实力

孝道是中华传统文化核心价值观之一，强调子女对父母的尊敬和供养义务，要求子女尽心尽力照顾年迈父母，提供物质和精神上的双重支持。由于现代社会的发展和家庭结构的变化，以家庭养老为基础的养老模式受到了挑战，迫切需要社会共同参与应对。发展银发经济，推动养老事业和产业健康发展，提高老年人的获得感，有助于弘扬中华优秀传统文化，传承孝道、敬老等传统美德，将引导社会更加关注老年人，推动全社会形成尊老、敬老、爱老的良好氛围，从而传承中华优秀传统文化，弘扬民族精神。

发展银发经济有助于提升国家养老服务的整体水平，树立国际品牌，提高国家软实力。当前，全球范围内老龄化问题日益严重，各国都在积极寻求应对之策。我国发展银发经济，可以为世界各国提供借鉴和参考，展示我国在养老领域的成就和优势，提升国家形象和国际地位。

---

① 王莉莉等：《新时期我国老龄服务产业中长期发展路径与政策建议》，《老龄科学研究》2023 年第 8 期。

三、发展银发经济的实践路径

发展银发经济，既是实现老年群体美好生活向往的现实需要，也是经济社会高质量发展的新动能，事关国家发展全局，事关人民福祉。满足老年人日益增长的多样化多层次的产品和服务需求，让广大银发群体共享发展成果、安享幸福晚年，是人口高质量发展的应有之义。要坚持问题导向，以需求为牵引，从养老服务、养老产品、养老金融、养老服务人才等领域入手，助推银发经济高质量发展。

（一）增加养老服务供给，提高养老服务质量

养老服务，是指向老年人提供的解决老龄问题的各类服务，包括健康教育、预防保健、疾病诊治、康复护理、长期照护、安宁疗护等，包括基本养老服务和非基本养老服务。2023 年 5 月，中共中央办公厅、国务院办公厅印发的《关于推进基本养老服务体系建设的意见》中，将基本养老服务界定为：由国家直接提供或者通过一定方式支持相关主体向老年人提供的，旨在实现老有所养、老有所依必需的基础性、普惠性、兜底性服务，包括物质帮助、照护服务、关爱服务等内容。同时指出，基本养老服务的对象、内容、标准等根据经济社会发展动态调整，"十四五"时期重点聚焦老年人面临家庭和个人难以应对的失能、残疾、无人照顾等困难时的基本养老服务需求。因此，基本和非基本是相对的，随着经济发展，政府保障能力的提升，基本养老服务范围会不断扩大，服务质量也会逐渐提高。在非基本养老服务领域，要充分发挥市场活力，鼓励社会力量提供服务，满足老年人多样化、差异化、个性化需求。

相关调研发现，目前中国老年人总体服务需求满足率仅为 15.9%，尚有 84.1% 的老年人的服务需求未能得到满足。[①] 一个产业的蓬勃发展离不开旺盛的需求，目前我国市场上供给的许多老龄服务仍以满足中高端收入的老年人及其家庭的需求为主，中等收入以下的老年人及其家庭仍然很难在市场上寻求到价格合适、服务较好的老龄服务机构，特别是一些中低收入的失能、失智等特殊老年群体的个性化服务需求仍未得到有效满足。[②] 养老机构床位紧张，社区居家养老服务设施不完善，无法充分满足老年群体的多元化和个性化需求。特别是在农村地区和欠发达地区，养老服务设施和服务水平存在明显短板。

1. 加快基本养老服务体系建设

近几年来我国养老服务机构及床位供给不断扩大。截至 2021 年底，全国各类养老机构和设施总数达到了 35.8 万个，养老机构床位 815.9 万张。但总体而言仍然存在并将长期存在养老服务供给不足及养老床位缺口较大的问题。

对此，应充分发挥政府作用，加快公立养老机构建设，完善基础设施和产业标准化体系，吸引更多市场主体投资发展养老服务，进一步增加和优化养老服务供给。例如，有的地方政府为养老机构统一购买养老机构责任保险。养老机构因疏忽或过失，导致服务对象及第三者发生人身损害，其中应当由养老机构支付的医疗、赔偿、法律等费用，将由保险公司进行赔付。实施好居家社区基本养老服务提升行动，推动各地着力加强社区居家养老服务网络建设，在县（市、区）、乡镇（街道）层面发展具备全日托养、日间照料、上门服务等综合功

---

① 曾红颖、范宪伟：《进一步激发"银发"消费市场》，《宏观经济管理》2019 年第 10 期。
② 王莉莉等：《新时期我国老龄服务产业中长期发展路径与政策建议》，《老龄科学研究》2023 年第 8 期。

能的区域养老服务中心。通过中央财政支持为经济困难失能老年人提供集中照护服务，实施特殊困难老年人家庭适老化改造，等等。完善养老服务相关的法律法规体系，明确政府、企业和社会各方责任和义务，规范行业发展，提高老年人的满意度。

2.推动医疗资源与养老服务的有效结合

调查显示，老年人最为强烈的需求是在医疗保健和安全保障方面。需要提供更多的、更便利的就医诊疗、健康管理、居家安全监测等服务来满足老年人的需求。老年医疗服务需求旺盛，而能够提供全方位、连续性医养服务的机构较少。同时由于行业回报周期长、投资风险相对较大，社会资本投入积极性不高，公共财政支持也未能完全跟上实际需求的增长。

一是应加快长期护理保险发展，鼓励通过购买服务等方式整合社区养老服务资源，推动医养康养服务在社区、机构的深度融合。二是应进一步加大公共财政资金投入，同时发挥国有企业引领示范作用，鼓励和引导国有企业结合主责主业积极拓展银发经济相关业务。国有企业发展布局银发经济相关产业，提供场地设施用于医养结合服务，相关投入在经营业绩考核中予以统筹考虑。三是在推进分级诊疗和基层首诊制的同时，提高基层医疗机构医护人员待遇并打通职业上升渠道，吸引优秀人才扎根基层，真正提高医养结合的质量和水平。

（二）增加养老产品有效供给，开拓广阔市场空间

养老产品是指为满足老年人生活需求、提高老年人生活质量而设计生产的产品，主要包括保健食品、老年服饰、日用辅助用品、养老照护用品、康复训练及健康促进辅具等多种产品。根据功能和用途的

不同，养老产品可分为生活照料类、健康管理类、娱乐休闲类、康复训练类、安全防护类等。老年人对上述产品的需求正变得越来越旺盛和迫切，但尚未得到有效满足，其中蕴含着巨大的发展机遇。我国养老用品发展仍存在产品种类匮乏、有效供给不足的问题，且存在对高科技产品、无障碍设备、生活自助类产品的认识不足从而导致市场上该类产品较少。据调查，在全球 6 万多种老龄产品中，中国市场上可见的仅为 2000 余种，而日本市场上则有 4 万多种。[①] 因此，当前我国银发经济市场仍具有很大的发展空间，在整个市场经济中还将发挥更大的作用。

针对这些短板弱项，《关于发展银发经济增进老年人福祉的意见》结合供给端的发展基础，依据老龄群体和备老人群的需求特征，从老年人自身需要的老年用品、智慧健康养老产品和康复辅助器具，到抗衰老、养老金融和老年旅游等高品质服务，再到全社会适老化改造，重点谋划了七大潜力产业。这些产业涉及面广，需要产业链协同创新发展、深度融合，形成优势互补、互利共赢的产业发展格局。

同时，应鼓励企业加大研发投入，推动技术创新，以提升银发产业的竞争力。鼓励个性化、定制化的服务发展，满足老年人群细分市场的特殊需求。企业应深入了解老年人的需求和痛点，细分养老服务需求，推广适合老年人的商品和服务，逐步培养不同支付能力、不同模式选择的银发市场，最终激发、释放和转化市场需求，培育成熟的银发消费市场。

---

① 张雪永：《积极应对人口老龄化视域下的涉老人才教育初探》，《西南交通大学学报》（社会科学版）2017 年第 1 期。

（三）做强养老金融，助推银发经济高质量发展

随着人口老龄化趋势加剧，我国养老金缺口日益显现。许多人由于早期没有充分的养老储备，造成退休后收入减少、生活质量下降等众多需要解决的问题。发展养老金融十分重要。

当前我国养老金融产品和服务供给不足，一是养老金融产品种类相对较少，且针对老年人的风险承受能力和收益需求设计的个性化产品不足，难以满足广大老年群体多元化的养老投资需求。二是养老金体系不健全，公共养老金压力大，企业年金和个人储蓄性养老保险发展滞后，"三支柱"养老金体系尚未形成有效互补和风险分散机制。三是老年人金融知识缺乏与权益保护难度大，部分老年人对金融产品的理解能力有限，易受骗于非法集资、诈骗等金融活动，其合法权益保障存在挑战。

2023年10月底召开的中央金融工作会议上，养老金融首次被明确提出，并成为会议关注的焦点之一。会议明确指出，要大力发展养老金融，助力我国养老保障体系的建设和完善。养老金融包括养老金金融和养老产业金融两大领域，其发展壮大将为实现全体人民老有所养、提高老年人生活质量提供有力保障。

1.构建多层次养老保障体系，弥补第三支柱短板

在我国，养老保险体系包括三大支柱：基本养老保险、企业年金或职业年金以及个人养老金制度和市场化的个人商业养老金融服务。目前，第一支柱基本健全，第二支柱和第三支柱初步建立，但仍存在明显短板。还需进一步健全养老金制度，完善公共养老金制度，大力推广和发展企业年金和个人储蓄型养老保险，形成多层次、多支柱的养老保障体系。

对此，一是加强养老金融教育，提高老年人金融素养。普及养老金融知识，引导老年人合理规划养老储备，科学选择养老金融产品。二是完善养老金融产品体系，满足老年人多元化需求。金融机构应创新开发符合老年人需求的养老金融产品，如长期护理保险、反向按揭贷款、信托等。同时，加强监管，完善养老金融服务平台，强化风险管理，提高金融服务效率，确保产品的安全性与合规性。三是要严格金融市场管理，保护老年人合法权益。为保障养老金融市场的健康发展，应加大对金融欺诈行为的打击力度，建立健全老年人金融消费者权益保护机制，切实维护老年人的合法权益。

2.发展养老产业金融，助力养老产业发展

一是加强信贷支持。利用银行业普惠养老专项再贷款政策，加大银行对普惠养老机构的信贷支持，助力养老机构、社区居家养老服务设施等项目的建设和改造升级。利用融资租赁工具，为养老机构购置更新设备、设施提供融资服务。

二是创新养老产业金融产品，实现风险分散。鼓励和支持金融机构设计推出符合养老产业特点的金融产品，如养老产业投资基金、养老专项债券等，实现风险分散，助推养老产业健康持续发展。

三是引导社会资本参与养老产业发展，实现政企合作共赢。政府和社会资本在养老领域的合作至关重要。引导社会资本通过股权、债权等方式参与养老产业发展，实现政企合作共赢，推动养老产业金融的快速发展。

四是完善养老金融市场环境。近年来，以异地养老、旅游养生、办理会员卡优惠等名义诱骗老年人的诈骗案件频发。涉老诈骗不仅损害老年人的财产权益，还会严重影响老年人身心健康，甚至危及家庭和睦。应加大立法和强化执法力度，依法严厉打击以投资"养老项目"、销售"养老产品"、宣称"以房养老"、代办"养老保险"、开展"养老帮扶"等名目侵害老年人合法权益的各类诈骗犯罪。应建立健全部门协同机制，加强信息共享，形成打击涉老诈骗的合力。广泛开展老年人识骗防骗宣传教育活动，提高老年人的法律意识和防范能力。

（四）增加银发经济人才供给

养老服务队伍的培养和建设是重中之重。目前，养老机构招人难、留人难、用人难，专业人才短缺，这些问题是制约养老服务高质量发展的瓶颈。

养老服务人才队伍的数量和质量均难以满足市场需求。中国老龄科学研究中心发布的报告显示，截至 2022 年底，我国 60 岁及以上老年人达到 2.8 亿，其中失能、半失能老人大约 4400 万，他们不同程度上需要医疗护理和长期照顾服务。据统计，我国对养老护理员的需求达到 600 万名，但目前相关从业人员只有 50 万名。[①] 人才缺口大，且现有工作人员普遍缺乏专业的老年照护技能、医疗知识和心理疏导能力。社会对于养老服务行业的认知和价值认同有待提升，从事养老服务工作的职业地位和待遇偏低，进一步阻碍了优秀人才向该领域的流入。2023 年 12 月，中国老龄科学研究中心官网发布的《社会服务机构参与居家社区养老服务供给调查报告》显示，在参与居家社区养老服务中，社会服务机构面临的"工资待遇低""服务人才匮乏""员工劳动强度较大""员工队伍不稳定，流动性较大"等问题整体较为突出。另外，上海市的一个调查统计表明，老龄护理人员存在着"三低三大"现象：地位低、工作强度大；薪酬低、流动大；技能低、年

---

① 郝赫：《养老护理员数量和质量"齐缺"亟待破局》，《工人日报》2023 年 4 月 10 日。

龄大。从事养老服务的大中专以上学历的人不到整个养老机构人员的
1%，30 岁以下的人也不到 1%，养老护理人员过于老龄化。《2023 养
老护理员职业现状调查研究报告》显示，养老护理员的平均年龄为
49.14 岁，当前从事养老护理员的人群主要集中在中老年阶段。分年
龄段看，养老护理员中高龄劳动者居多，年龄集中在 50—59 岁，超
过被调查者数量的一半，占比达 51.52%；其次是 40—49 岁，占比为
28.66%。[①] 解决上述难题，有如下措施。

一是提高待遇，吸引更多养老服务人才。各地陆续出台政策，鼓
励年轻人进入养老服务业工作。北京、上海、深圳等地，对养老护理
员发放入职补贴。在北京，对于毕业生进入养老服务机构专职从事养
老服务工作的，按照本科及以上 6 万元、专科（高职）5 万元、中职
4 万元的标准，发放入职奖励，非京籍高层次养老服务人才可按照政
策办理人才引进或享积分落户加分。

二是加大人才培养力度。加快养老服务人才的培养十分迫切，应
加大力度培养银发产业的专业人才，提高他们的专业素养。支持和引
导普通高校、职业院校结合自身优势和社会需求增设银发经济相关专
业，合理确定老年学、药学、养老服务、健康服务、护理等专业招生
规模。鼓励开展养老护理等职业技能等级培训及评价，建设一批以养
老服务技能人才为主要培养方向的国家级高技能人才培训基地，支持
校企合作共建产教融合实训基地。涵养老年人力资源，支持老年人参
与文明实践、公益慈善、志愿服务、科教文卫等事业。

---

① 叶红梅、王子诚：《养老护理员人才缺口大，"朝阳产业"缘何不朝阳》，《新京报》
2024 年 1 月 19 日。

第十五章
开辟低空经济新赛道

　　低空经济是低空飞行活动与产业融合的一种新型经济形态，是以低空空域为依托，以通用航空产业为主导，涉及低空飞行、航空旅游、支线客运、通航服务、科研教育等众多行业的综合经济概念，具有明显的新质生产力特征。2010 年 8 月，国务院、中央军委下发《关于深化我国低空空域管理改革的意见》，正式拉开了我国低空空域管理改革的大幕。低空经济作为战略性新兴产业和新质生产力的代表性产业，既面临着发展的难题和挑战，也承接着新时代我国经济高质量发展赋予的科技和政策红利，必须要完善低空经济发展的政策体系和基础设施，加强和完善低空经济发展的顶层设计和法律法规，先立后破，发挥新型举国体制优势，拓宽低空经济应用场景，培养相关科研人才，推动我国经济实现新的转变和提升。

党的十八大以来，以习近平同志为核心的党中央多次部署低空空域管理改革，为低空经济快速发展壮大注入强心剂。2016 年 5 月，国务院印发的《关于促进通用航空业发展的指导意见》中提出，要提升服务保障能力，促进产业转型升级，实现通用航空业持续健康发展。2021 年 2 月，低空经济被写入《国家综合立体交通网规划纲要》，"发展交通运输平台经济、枢纽经济、通道经济、低空经济"。2023 年 12 月，中央经济工作会议提出，"打造生物制造、商业航天、低空经济等若干战略性新兴产业"。2024 年《政府工作报告》指出，"大力推进现代化产业体系建设，加快发展新质生产力"，其中提到"积极打造生物制造、商业航天、低空经济等新增长引擎"，"低空经济"首次被写入政府工作报告。2024 年 2 月，中央财经委员会第四次会议强调，"鼓励发展与平台经济、低空经济、无人驾驶等结合的物流新模式"。党的二十届三中全会明确提出，"发展通用航空和低空经济"。

根据国务院、中央军委发布的《关于深化我国低空空域管理改革的意见》，"低空"指距正下方地平面垂直距离在 1000 米以下，根据不同地区特点和实际需要可延伸至 4000 米的空域。随着无人机技术的日趋成熟和低空空域管理改革的大力推进，低空经济在我国的发展如火如荼，成为网络热词，产业链与创新链雏形初现，不断催生出新业态、新模式、新产业，日益成为我国经济发展的新增长极。

一、开辟低空经济新赛道的重要意义

习近平总书记高度重视新赛道的战略意义，"抓住全球产业结构和布局调整过程中孕育的新机遇，勇于开辟新领域、制胜新赛道"，

"战略性新兴产业是引领未来发展的新支柱、新赛道"，"我们在新赛道上不能掉队"。根据《中国低空经济发展研究报告（2024）》，2023年中国低空经济规模达 5059.5 亿元，增速达 33.8%。作为战略性新兴产业，低空经济具有高科技、高效能、高质量特征，创新要素集中，带动产业链强，辐射效果明显，发展空间广阔，是产业发展新赛道、经济增长新引擎。

（一）开辟低空经济新赛道，实现科技高水平自立自强

当今世界面临百年未有之大变局加速演进，新一轮科技革命和产业革命深入发展，不确定、不稳定、难预料因素增加，我们必须保持战略定力，集中力量办好自己的事情，特别是抓好创新驱动发展战略。科技创新及其在产业链、供应链的应用，是世界百年未有之大变局中最关键的变量之一，是大国博弈格局中最重要的核心竞争因素。当前，国内外严峻形势对我国加快科技创新提出了更高要求，我们必须要走好中国特色的自主创新道路，聚焦关键核心技术，突破"卡脖子"问题，真正把握未来发展的竞争权和安全权。

低空经济作为一种新兴的经济形态，它的发展离不开科技创新的支撑。近年来，随着技术和研发的进步，低空飞行器技术也越发成熟，支持的业务种类和场景更加丰富，安全性能也越来越有更多保证。不同类型的无人机的载重能力、航行时间都在不断突破自我的天花板。2023 年 10 月 13 日，eVTOL[①] 制造产业发生了一个里程碑意义的历史性事件。中国民用航空局向亿航智能设备（广州）有限公

[①] Electric Vertical Takeoff and Landing：电动垂直起降飞行器，具有垂直起降、智能操作、快捷机动、低成本、低噪音、零排放、易维护、高安全性等特点，可使人和货物以无缝、经济的方式在城市低空快速流动与灵活作业，具有无需跑道、绿色环保等优点。

司颁发 EH216-S 型载人无人驾驶航空器系统型号合格证，这标志着 EH216-S 的型号设计符合中国民用航空局适航要求，具备了载人运营的安全能力，这也是全球首个获得该类合格证的航空器。这个适航证的颁发，不仅仅代表中国 eVTOL 技术的成熟度，也代表了 eVTOL 的适航审定程序也已建立起来。根据 2024 年低空经济发展研究报告，中国 eVToL 产业规模达到 9.8 亿元，同比增长 77.3%，并在此后几年将保持较高增长态势。

低空经济的天然全数字化、丰富场景、多领域技术融合、绿色环保的特点，以及其引领产业升级构筑新竞争优势的潜力，符合战略性新兴产业的定义，是典型的"新质生产力"的代表。从低空制造产业、低空飞行产业、低空保障产业到综合服务产业，每一个环节都涉及科技创新。例如，无人机技术的快速发展为低空经济提供了强有力的支撑，而无人机的研发、制造、运营等环节都离不开科技创新的支持。随着低空空域的开放，通用航空器的需求将大幅增长。这将促使国内外航空器制造商加大研发力度，推出更多性能优异、安全可靠的通用航空器，满足市场需求。同时，通用航空器的生产也将带动相关产业链的发展，包括航空材料、航空电子、航空制造等领域。无人机应用的不断拓展和深入，对无人机技术的要求也越来越高。未来，无人机将朝着智能化、自主化、集群化等方向发展，具备更强的环境感知、自主决策和协同作战能力。这将促使国内外科研机构和企业加大研发力度，推动无人机技术的不断创新和突破。

（二）开辟低空经济新赛道，实现动力变革和动能转换

低空经济作为新兴产业，具有广阔的发展空间。随着科技的不断进步和应用，低空领域的发展潜力正在逐渐释放。近年来，以通用航

空为主体的低空经济得到快速发展，截至 2023 年底，获得通用航空经营许可证，且使用民用无人机的通用航空企业 1.98 万家，比上年底净增 4695 家；全行业无人机拥有者注册用户 92.9 万个；全行业注册无人机共 126.7 万架，比 2022 年底增长 32.2%；全年无人机累计飞行 2311 万小时，同比增长 11.8%。[①]

　　低空经济新赛道有助于推动产业创新，构建高效融合产业生态，实现动能转换。在低空经济领域，通过科技创新可以推动新型航空器的研发，拓展新的应用领域，赋能通用航空。无人机、旅游和物流等行业发展，为这些产业的发展注入新的动能。"低空经济＋通用航空产业"为通用航空产业带来巨大的机遇。随着低空空域的开放，通用航空器的需求将大幅增长，进一步推动通用航空器的研发和生产、通用航空基础设施的建设和完善以及通用航空运营服务的创新和发展等。"低空经济＋无人机产业"的发展将带来无限商机。低空经济将推动无人机技术朝着智能化、自主化、集群化等方向发展，推动无人机技术的不断创新和突破。"低空经济＋旅游业"的发展将为低空旅游产业带来广阔的发展空间。随着低空空域的开放和利用，如空中观光游览、热气球体验、滑翔伞飞行等多样化的低空旅游产品将更加丰富多样，满足不同游客的需求。"低空经济＋物流产业"将赋能物流行业，为其带来巨大的发展机遇。低空经济将推动无人机在物流配送领域的应用和普及，显著提高物流配送效率和质量，降低物流成本和风险，提供即时配送服务和定制化的物流配送服务等。这些产业之间将相互融合、相互促进，形成更加完整、综合化的低空经济产业链和服务体系，助力传统产业变革和动能转换。

---

　　① 《2023 年民航业发展统计公报》，中国民航网 2024 年 5 月，见 http://www.caacnews. com.cn/1/1/202405/t20240531_1378677.html。

低空经济新赛道助推消费升级，以新消费激发新产业发展。消费对拉动经济增长具有基础性作用，恢复和扩大消费是做好当前和今后一个时期经济工作的重要抓手。近年来，无人机催生了一系列新的消费场景，包括利用无人机解决"最后一公里"的配送难点，采用"支线级"无人机提升运输效率，引入基于 eVTOL 的"空中的士"打造城市交通新方式，开发景区"空中游览"带来旅行新体验，无人机与安防融合发展助力智慧城市建设，等等，低空消费活力、投资价值逐步得到进一步释放。据罗兰贝格研究预测，到 2040 年和 2050 年，全球城市空中交通市场规模将分别达到 7 万亿美元和 9 万亿美元，中国市场需求强，将分别占据全球 30%、亚太 55% 的市场份额。低空经济所特有的点对点、地域限制小、经济成本低、运行效率高等优势，必将带来更多新场景、新应用、新服务和新业态。

（三）开辟低空经济新赛道，推动实现经济高质量发展

开辟低空经济新赛道，助力产业结构优化升级。低空经济涉及先进制造、无人驾驶、智能网联等一系列前沿技术，这些技术的应用和发展，将推动相关产业的技术创新和产业升级，提升整个经济体系的科技含量和附加值。低空经济具有辐射面广、产业链条长、成长性和带动性强等特点，从上游的原材料和核心零部件制造业，到中游的低空制造、低空飞行、低空保障与综合服务等，再到下游的低空经济各种应用场景，包括旅游业、物流业、巡检业等，上中下游产业联动方面效应显著。载人客运方面，eVTOL 是"传统航空器 + 人工智能 + 新能源"的完美结合，必将带来通用航空技术与产品的革命性发展。2023 年 2 月，峰飞 eVTOL 载人航空器"盛世龙"在单次充电状态下完成 250.3 公里飞行，刷新了全球 2 吨级 eVTOL 飞行器航程纪

录。在物流配送领域，无人机更是代表新质生产力开辟新赛道，以顺丰、美团为代表的快递企业、终端配送企业已在广东深圳、上海等地开通 10 余条无人机配送航线。低空经济赋能千行百业，提升生产效率，推动传统产业升级改造，不断催生新业态，实现经济结构的优化升级。

开辟低空经济新赛道，拓展经济发展空间。低空经济作为新的经济增长点，将为中国经济提供新的发展空间。粤港澳大湾区数字经济研究院发布的低空经济白皮书显示，到 2025 年，低空经济对我国国民经济的贡献值将达 3 万亿—5 万亿元，市场空间广阔。城市空中交通是未来 eVTOL 重要落地场景之一，金融公司摩根士丹利（Morgan Stanley）在 2018 年发布的报告指出，到 2040 年，自动驾驶的城市空中交通市场可能高达 1.5 万亿美元。根据云图智行披露的信息，2022年中国低空经济行业市场规模为 2.5 万亿元，预计到 2035 年，中央对国家低空经济的产业规模预期达 6 万多亿元。随着低空领域的逐步开放和低空基础设施的完善，低空经济将成为经济增长的新动力。

开辟低空经济新赛道，促进区域协调发展。低空经济具有显著的区域性、立体性特征，在当前优化区域经济布局，促进区域协调发展中无疑将发挥重要作用，推动区域经济由"平面"向"立体"模式转变，打造区域经济新的增长极。例如，通过发展航空物流、公务航空、航空水域监测、公共管理和服务等，将对京津冀协同发展、长江经济带发展、粤港澳大湾区建设和长三角一体化发展等产生极大促进作用。多个城市和地区已经积极布局低空经济发展，出台相关规划和支持政策，通过打造低空经济高地，促进区域经济的协调发展，提升地区经济的整体实力。同时，低空经济的发展也将为城市建设和交通出行带来新的模式和机遇。

开辟低空经济新赛道，提升国际竞争力。低空经济是全球经济发展的新趋势，发展低空经济有助于提升中国在国际竞争中的地位。一方面，国际上发展低空经济的方法大多固化在对商业航空和通用航空标准和规则的扩展，而中国从低空智能融合基础设施的建设出发，用全数字化的方法解决低空经济中面临的种种新问题，同时兼容传统的规则，已经在国际上处在技术领先地位。另一方面，相较于发达国家，中国在基础设施建设上具备领先优势，为低空经济领域改变百年来依赖国外规则和标准的局面创造重大契机。中国在低空经济领域大力发展低空智能融合基础设施，借助全数字化和数据优势，加速制定与低空经济相关的产品、人员运行、责任、权利、登记、环境、安保、保险等方面的规则及标准，积极掌握行业发展主动权，为我国在全球的科技角力中赢得先机，提升我国低空产业的国际竞争力。

二、发展低空经济的难题和挑战

当前，低空经济发展如火如荼，市场规模不断扩大，应用场景更加多元丰富，其以智能化、数字化、便捷化的新兴技术形态引发了广泛关注。而且，低空经济作为新质生产力的代表性产业，各地政府也根据地方优势，正在大力推动低空经济产业发展。但是，低空经济发展还存在一些难题和挑战，主要表现在国家专项规划尚未形成、低空空域管理改革有待进一步深化落地、核心技术"卡脖子"问题有待解决、低空经济基础设施建设相对薄弱、低空经济规模尚待统计整理等问题。

一是，国家专项规划尚未形成，政策协同度有待提高。从地方实践来看，深圳先后出台了《深圳市低空经济产业创新发展实施方案（2022—2025年）》《深圳市支持低空经济高质量发展的若干措施》等文件，从政策、法律等多方面为深圳先行先试制定民用无人机管理规则和运行标准、推动低空经济发展提供有力支撑。然而，作为新兴的经济形态，国家层面关于低空经济的专项规划尚未形成。空域政策和产业政策在制定时缺少协同呼应，涉及低空经济的审批、运营、监管、统计等流程，在土地供应、航线补贴、机场运营、政府采购、应急救援、市场拓展等方面没有出台专项政策，没有形成宏观政策取向一致性。低空经济产业有关的法律法规存在缺失及滞后等突出问题，如低空飞行器的技术标准、应用规范、飞行规则不够清晰，低空监管法律法规尚不成熟。

二是，低空空域管理改革有待进一步深化落地。长期以来，低空空域管理模式不科学，通航飞行手续多、程序繁杂、审批周期长、保障技术手段滞后等问题，严重制约了我国通航产业发展。从局域上看，各地已经开始低空空域管理改革试点。自2020年以来，中央空管委先后批准湖南、海南、四川、江西、安徽等省份开展低空空域管理改革试点。其中，湖南作为全国首个全域低空空域改革试点的省份，已取得实质性突破。但国内仍未完全放开对低空领域的限制，造成了目前通航行业"上天难"的问题。随着低空技术发展，迅猛增长的低空飞行需求与有限的低空空域供给之间的矛盾不断加剧。低空空域管理模式滞后，以点状、线状、临时开放为主，尚未连片成网，而且各个地区对低空空域改革的标准也不统一。

三是，低空经济领域中的核心技术"卡脖子"问题有待解决。当前，我国通用航空器国产化率低，"卡脖子"情况突出，影响低空经济长远发展。低空航空器在飞控、传感器、动力系统等核心零部件存在"卡脖子"现象，通用航空器整机和发动机等核心零部件严重依赖进口，多数无人机企业飞控系统尚未实现自主可控，无人机主控芯片、传感器等高价值零部件仍以进口为主。我国企业距离研发制造一系列具有自主知识产权的无人机、固定翼飞机、eVTOL 及其核心零部件还有不小差距。而且，我国在无人机的飞行运营、生产制造、运行保障等方面的专业技能人才严重短缺。

四是，低空经济基础设施建设相对薄弱。低空经济基础设施需要系统规划和建设，在硬件方面，需要构建通信、导航、监视、气象、地图和数据中心等监测设备，在软件方面，需要形成服务体系、运营体系以及空管系统等配套体系。我国低空经济基础设施建设不足的问题，主要体现在缺少"四张网"：设施网包含分布式起降点等；空联网包含低空感知与通信等；航路网包含空域航路、3D 数字地图等；服务网包括低空飞行服务与监管系统等。以上新基建的不足限制了低空经济高质量发展。

五是，低空经济规模尚待统计整理。在国民经济行业分类中，通用航空仅在航空运输业中有明确的通用航空服务统计口径，但飞机制造、内燃机及配件制造、机场等一系列相关统计均与运输航空合并统计，无法区分。无人机方面只统计了智能无人飞行器制造，并没有统计无人机的行业应用服务等领域的代码。低空经济规模底数不清，没有统计明确数据，大多数研究机构对低空经济的产值均为估算，不够精准，难以形成有效的说服力。低空经济的综合指标体系建设的发展难以满足其如火如荼的发展态势，为政府实施政策、企业投资决策等造成了数据上的阻碍。

三、构建促进低空经济发展的政策体系

面对上述挑战，党和政府要加强顶层设计，强化军地协同机制，构建促进低空经济发展的政策体系，主要包括出台发展规划、制定政策和法律法规、加快培养人才队伍、攻克关键核心技术、加大基础设施建设、探索构建有效管控平台、拓展丰富应用场景等方面。

一是，加强低空经济发展的顶层设计，强化军地民协同机制。一方面，国家要加强顶层设计，在国家层面成立低空经济发展组织领导体系，明确牵头部门，设置低空经济发展专门机构，长期跟踪低空经济的发展业态，负责产业政策研究、重大项目对接和重点事项协调，强化经济主管部门和空域主管部门协调联动，提升低空空域动态使用和高效治理能力。另一方面，强化军地民协同机制，加强地方政府在低空空域资源协调、提升协同共管能力等领域承担更多责任，降低和分解安全责任集中现状；结合经济发展需求，深入研究空域使用需求，在低空空域分类划设、低空航线网络构建、飞行审批程序优化、飞行服务保障体系建设和联合监管机制建立等方面加强军地协同。同时，研究建立全国低空经济统计的综合指标体系，建议国家发展改革委、国家统计局共同牵头，联合相关职能部门研究建立低空经济统计指标体系，科学界定产业统计范围，全面、准确反映全国低空经济发展状况，满足行业统计监测需求。

二是，出台低空领域的发展规划，制定相关配套的政策和法律法规。国家应尽快制定我国低空经济短、中、长期发展规划及低空经济发展相关法律法规和监督管理制度；加快研究出台与低空经济发展阶段特征相适应的财政、金融、产业、市场监管等相关配套政策，强化

支撑保障能力；加快推进无人机产业顶层设计，持续巩固和提升我国无人机产业国际领先地位；建立健全无人机基础标准、技术标准、管理标准、行业标准体系，从规划层面、政策法规层面、行业标准层面，保障我国低空经济健康发展。

三是，发挥新型举国体制优势，攻克低空领域的关键核心技术。国家可以探索设立低空产业装备发展国家重大专项，引导企业加大航空器、机载系统、任务设备等低空产业装备研发投入，开发通用及"高精尖"低空产业装备，促进低空经济创新链、产业链、人才链、资金链深度融合；加快出台涉及技术、产品、应用场景等典型特征的行业级标准规范，促进低空产业装备科技创新、装备研制、服务保障和示范运营；坚持"以我为主、系统集成"的技术路线，加强产学研融通创新，强化大中小企业融通创新，依托航空制造龙头企业、军工科研单位、重点高校等，以航空小型发动机、航电系统、电动飞机为切入点，开展航空发动机、航空电子系统、航空材料的科研攻关，构建自主可控的智能化、数字化产业链，囊括航空新材料、通航整机、卫星、无人机、发动机、螺旋桨、通用航电、航空部附件、临空经济、低空运营等领域。

四是，加快培养低空经济相关领域的人才队伍。人才是低空经济发展的核心驱动力。国家要支持全国航空类高校开展低空经济学类人才培养，紧跟低空经济发展步伐，加大对飞行技术、低空航路规划与空中交通管制、智能飞行器技术等各类与低空经济发展密切相关专业的人才培养力度。同时，支持航空类高校、职业院校及社会培训机构大力开展专业航空飞机驾驶教育培训、无人机操作技能培训等航空消费类项目培训，为低空经济发展提供丰富的技能型人才。各级党委政府要营造良好的就业生活环境，加大对低空经济人才的培养和引进力度，积极吸纳国际性技术人才，为低空经济发展不断提供优秀人才资源。

五是，加大低空领域的基础设施建设。各级党委、政府应根据本地需求，建设一批无人机起降平台、换电站、中转站等地面配套设施。完善无人机识别、定位、气象等配套设施，构建设施互联、信息互通的低空物联网络，比如垂直起降场的建设和维护，这是无人机或飞行汽车实现商业化运营的前提。航空飞行安全对气象条件非常敏感，需要时空密度大、精细化程度高、航空要素全、手段方式灵活的气象保障服务，要进一步完善航空气象综合观测站网，统筹观测资源，开展多元组合灵动式航空气象观测站网规划设计，推动研发航空气象服务产品体系，发展完善针对国家和地方不同需求的航空气象服务业务平台。

六是，探索构建有效的低空领域管控平台。有效的监管是激活低空经济产业发展的基本前提。依托 5G 网络、低轨卫星网和地面互联网等基础设施，探索构建统一的数字化空域管理平台、智能调度监管系统和无人机空中交通管理平台，进一步提高行业统筹管理水平，探索使用低空智能网联等新形态，以数字化手段建立全流程自动化智能管控机制。鼓励集成化低空信息基础设施与地面基础设施合并部署，支持设施建设运营主体整合已有资源并完善无人机通信、导航、监视等配套设施，打造"空中智慧航路"。推动将无人机地面配套基础设施纳入城市交通基础设施布局规划，包括终端机场、换电站、中转站、停泊机场等，从规划、设计、建设、运维全生命周期进行管理，将空中交通系统基础设施融入城市交通系统，建立一体化、智能化低空空域和低空经济管理架构，支撑空域管控和低空经济协调高效运行。

七是，拓展低空领域的丰富应用场景。规模化的智能应用是低空经济产业发展的根本目的，也是低空经济成为产业发展新赛道的关键。当前，"低空经济＋"应用场景日益丰富，已经进行商业化探索的应用场景有物流、旅游、农业、消防、巡检等。在现有应用基础上，加强政府、企业和人民群众的沟通协调，进一步挖掘和创新无人机"急用、好用、管用"的新业态和新模式，充分释放 toC、toB、toG① 多元需求，助力低空经济规模化发展。要持续深化应用场景，为社会行业提供各种飞行作业活动。在生产作业方面，主要包括农林飞行、牧业飞行、渔业飞行、航空探测、石油服务、电力作业等；在公共服务方面，主要包括应急救援、医疗救护、短途运输、航空运输、航空物流、警用飞行、海关飞行、政务飞行等；在航空消费方面，主要包括飞行培训、空中游览、私人飞行、航空运动、娱乐飞行等；在低空保障业方面，主要包括飞行营地、飞行服务站、维修基地、通信、导航、气象、油库等基础设施建设和运营，也包括低空空域管控系统、无人机飞行信息系统等的建设与运行；在综合服务产业方面，主要包括航空会展、广告、咨询、科教、文化传媒等门类。要持续拓展新应用场景，充分发挥我国超大市场的规模优势，推动低空产品与更多领域深度融合，推动低空经济健康发展。

---

① toC、toB、toG：分别为商家对消费者、商家对企业、商家对政府。

参考文献

一、经典著作

1. 马克思：《资本论》第三十一卷，人民出版社 2004 年版。

2.《马克思恩格斯文集》第 1 卷，人民出版社 2009 年版。

3.《马克思恩格斯文集》第 7 卷，人民出版社 2009 年版。

4.《马克思恩格斯全集》第 31 卷，人民出版社 1998 年版。

5. 中共中央文献研究室编：《毛泽东文集》第七卷，人民出版社 1999 年版。

6.《邓小平文选》第三卷，人民出版社 1993 年版。

7.《江泽民文选》第三卷，人民出版社 2006 年版。

8.《胡锦涛文选》第二卷，人民出版社 2016 年版。

9.《习近平著作选读》第一卷，人民出版社 2023 年版。

10.《习近平著作选读》第二卷，人民出版社 2023 年版。

11. 习近平：《在纪念马克思诞辰 200 周年大会上的讲话》，人民出版社 2018 年版。

12. 习近平：《论把握新发展阶段、贯彻新发展理念、构建新发展格局》，中央文献出版社 2021 年版。

二、专著

1.《布哈林文选》上册，人民出版社 1981 年版。

2.《党的二十大报告学习辅导百问》，学习出版社 2022 年版。

3.《干在实处　勇立潮头——习近平浙江足迹》，人民出版社、浙江人民出版社 2022 年版。

4. 国务院研究室编写组：《十四届全国人大二次会议〈政府工作报告〉辅导读本》，人民出版社 2024 年版。

5. 马东玉：《梁漱溟传》，东方出版社 1993 年版。

6. 王历荣：《中国和平发展的国家海洋战略研究》，人民出版社 2014 年版。

7. 学习时报编辑部编：《中国式现代化六观》，人民出版社 2023 年版。

8.《中国共产党第十八次全国代表大会文件汇编》，人民出版社 2012 年版。

9.《中共中央关于进一步全面深化改革　推进中国式现代化的决定》，人民出版社 2024 年版。

10. 中共中央文献研究室编：《习近平关于科技创新论述摘编》，中共文献出版社 2021 年版。

11. [美] 西奥多·W. 舒尔茨：《改造传统农业》，梁小民译，商务印书馆 2017 年版。

12. [美] 威廉·阿瑟·刘易斯：《二元经济论》，施炜等译，北京经济学院出版社 1989 年版。

三、期刊论文

1. 国务院发展研究中心农村经济研究部课题组、叶兴庆、徐小青：《从城乡二元到城乡一体——我国城乡二元体制的突出矛盾与未来走向》，《管理世界》2014 年第 9 期。

2. 韩喜平、马丽娟：《新质生产力的政治经济学逻辑》，《当代经济研究》2024 年第 2 期。

3. 姜长云：《推进农村一二三产业融合发展的路径和着力点》，《中州学刊》2016 年第 5 期。

4. 刘守英：《乡村振兴战略是对重农业轻乡村的矫正》，《农村工作通讯》2017 年第 21 期。

5. 彭希哲、陈倩：《中国银发经济刍议》，《社会保障评论》2022 年第 4 期。

6. 芮明杰：《构建现代产业体系的战略思路、目标与路径》，《中国工业经济》2018 年第 9 期。

7. 王莉莉等：《新时期我国老龄服务产业中长期发展路径与政策建议》，《老龄科学研究》2023 年第 8 期。

8. 余泳泽、段胜岚、林彬彬：《新发展格局下中国产业高质量发展：现实困境与政策导向》，《宏观质量研究》2021 年第 9 期。

9. 邹一南：《户籍改革的路径误区与政策选择》，《经济学家》2018 年第 9 期。

10. 周立：《中国农村金融体系的政治经济逻辑（1949—2019 年）》，《中国农村经济》2020 年第 4 期。

11. 曾国安、胡晶晶：《论 20 世纪 70 年代末以来中国城乡居民收入差距的变化及其对城乡居民消费水平的影响》，《经济评论》2008 年第 1 期。

12. 张雪永：《积极应对人口老龄化视域下的涉老人才教育初探》，《西南交通大学学报》（社会科学版）2017 年第 1 期。

13. 曾红颖、范宪伟：《进一步激发"银发"消费市场》，《宏观经济管理》2019 年第 10 期。

四、报刊文章

1. 冯华等：《因地制宜发展新质生产力》，《人民日报》2024 年 4 月 20 日。

2. 国家统计局：《中华人民共和国 2023 年国民经济和社会发展统计公报》，《光明日报》2024 年 3 月 1 日。

3. 国家海洋局：《2005 年中国海洋经济统计公报》，2006 年 3 月 27 日。

4. 国家统计局：《2023 年国民经济回升向好 高质量发展扎实推进》，2024 年 1 月 17 日。

5. 郝赫：《养老护理员数量和质量"齐缺"亟待破局》，《工人日报》2023 年 4 月 10 日。

6. 蒋金法、盛方富：《努力构建体现区域特色和优势的现代化产业体系》，《光明日报》2023 年 12 月 5 日。

7. 寇江泽、丁怡婷：《积极稳妥推进碳达峰碳中和》，《人民日报》（海外版）2023 年 4 月 6 日。

8. 克拉克森研究：《中国海运进出口在全球贸易占比突破 30%》，2024 年 2 月 28 日。

9. 刘志强、王政：《我国造船三大指标国际市场份额首次全部超过 50%》，《人民日报》2024 年 1 月 17 日。

10. 位林惠：《全国政协委员汪东进：推动海洋经济高质量发展融合发展是关键》，《人民政协报》2024 年 3 月 11 日。

11. 吴刚：《1—2 月重庆基础设施投资同比增长 16.8%》，《重庆日报》2023 年 3 月 19 日。

12. 王宏：《以建设海洋强国新作为推进中国式现代化》，《学习时报》2023 年 9 月 22 日。

13. 余东华：《筑牢现代化产业体系的"四梁八柱"》，《中国社会科学报》2024 年 4 月 25 日。

14. 喻思南、范昊天：《加强基础研究，培育新质生产力》，《人民日报》2024 年 3 月 12 日。

15. 姚进：《2023 年我国跨境资本流动趋稳向好，来华投资总体保持净流入格局》，《经济日报》2024 年 2 月 19 日。

16. 郑毅等：《持续发力，久久为功，不断谱写美丽中国建设的新篇章》，《光明日报》2023 年 6 月 29 日。

17. 宗海平：《推动构建海洋命运共同体》，《人民日报》2023 年 2 月 15 日。

18. 中国人民银行：《2023 年金融统计数据报告》，2024 年 1 月 12 日。

19. 中国人民银行：《2023 年社会融资规模增量统计数据报告》，2024 年 1 月 12 日。

20.《中央人民政府政务院 发布关于实行粮食收购计划和计划供应的命令》，《人民日报》1954 年 3 月 1 日。

21. 自然资源部海洋战略规划与经济司：《2022 年中国海洋经济统计公报》，2023 年 4 月 14 日。

22. 中国民用航空局：《2023 年民航行业发展统计公报》，2024 年 5 月。

后　记

　　先立后破，稳中求进，确保经济社会发展的连续性和稳定性。当今世界，百年变局加速演变，国际政治纷争和武装冲突多点爆发，冷战思维、阵营对抗、强权政治抬头，严重威胁世界和平与发展，国内有需求收缩、供给冲击、预期转弱三重压力。面对严峻复杂的国际环境和艰巨繁重的国内改革发展稳定任务，越是任务艰巨、挑战严峻，越要洞察时与势、把握稳和进、悟透立与破，保持战略定力、坚定发展信心、积极担当作为，推动中国经济在高质量发展之路上行稳致远。在2023年12月召开的中央经济工作会议上，习近平总书记明确提出，"要坚持稳中求进、以进促稳、先立后破"，体现了对"稳"与"进"、"立"和"破"辩证关系的深刻把握，奠定2024年全国经济工作的总基调。2024年7月召开的党的二十届三中全会强调，"必须把改革推向前进"。当前，我国改革进入攻坚期和深水区，全面深化改革涉及经济社会各领域的方方面面，要讲究章法，尊重"先"与"后"、"立"与"破"的辩证关系和实践逻辑，坚持有序推进，加快发展新质生产力，扎实推进高质量发展。

　　当前和今后一个时期是以中国式现代化全面推进强国建设、民族复兴伟业的关键时期。如何走好经济稳定发展之路？如何发展新质生产力？为了帮助读者准确把握当前经济发展形势和未来经济发展新动向，主要由中央党校（国家行政学院）经济学部的专业学者们撰写此书。本书紧扣 2023 年中央经济工作会议精神和党的二十届三中全会精神，深刻分析中国经济当前形势、增长态势和长远大势。本书被纳入中央党校（国家行政学院）高端智库系列丛书，是深入学习贯彻党的二十大和二十届二中、三中全会精神，以及最新中央经济工作会议精神的经济类书籍。本书作者团队权威，由中央党校（国家行政学院）经济学教研部集体编著，对我国经济政策理解深刻，阐释准确，帮助读者正确理解和认识中国未来经济的重点热点问题。

按照本书内容的先后顺序，撰写分工具体如下：

导论：曹立，中央党校（国家行政学院）教授，博士生导师，经济学博士、经济学部副主任。

第一章：阎荣舟，中央党校（国家行政学院）经济学教研部教授。

第二章：王钺，中央党校（国家行政学院）经济学教研部讲师。

第三章：邹一南，中央党校（国家行政学院）经济学部教授。

第四章：崔琳，中央党校（国家行政学院）经济学部讲师。

第五章：解晋，中央党校（国家行政学院）经济学部讲师。

第六章：杨振，中央党校（国家行政学院）经济学部教授。

第七章：李蕾，中央党校（国家行政学院）经济学部教授。

第八章：高惺惟，中央党校（国家行政学院）经济学部教授。

第九章：郭威，中央党校（国家行政学院）经济学部教授。

第十章：孙生阳，中央党校（国家行政学院）经济学部副教授。

第十一章：李晨，中央党校（国家行政学院）经济学部讲师。

第十二章：汪彬，中央党校（国家行政学院）经济学部副教授。

第十三章：郭兆晖，中央党校（国家行政学院）社会与生态文明教研部教授。

第十四章：陈宇学，中央党校（国家行政学院）教务部副主任、教授。

第十五章：王声啸，中央党校（国家行政学院）经济学部讲师。

限于水平和学识，书中难免有不足之处，恳请读者朋友批评指正。

编　者

2024 年 8 月

责任编辑：吴继平　贾　珍

封面设计：汪　莹

版式设计：吴　桐

图书在版编目（CIP）数据

先立后破：走好中国经济稳定发展之路 ／ 中央党校
（国家行政学院）经济学部编著；曹立主编 . -- 北京：
人民出版社，2024. 8. -- ISBN 978 - 7 - 01 - 026746 - 3

I. F124

中国国家版本馆 CIP 数据核字第 20244LR455 号

先立后破：走好中国经济稳定发展之路

XIANLI HOUPO ZOUHAO ZHONGGUO JINGJI WENDING FAZHAN ZHILU

中央党校（国家行政学院）经济学部　编著

曹　立　主编

人民出版社 出版发行

（100706　北京市东城区隆福寺街 99 号）

中煤（北京）印务有限公司印刷　新华书店经销

2024 年 8 月第 1 版　2024 年 8 月北京第 1 次印刷

开本：710 毫米 × 1000 毫米 1/16　印张：18.75

字数：221 千字

ISBN 978 - 7 - 01 - 026746 - 3　定价：59.00 元

邮购地址 100706　北京市东城区隆福寺街 99 号

人民东方图书销售中心　电话（010）65250042　65289539